매너와 에티켓

Manner and Etiquette

_ 김영식 저

SEROMI

머리말

현대인들의 생활은 점차 과학화 · 합리화 · 전문화 되어 가고 있으며, 주 5일제 근무시대를 맞이하여 서비스 산업은 급속도로 성장하고 있다.

특히 세계 유수기업들의 서비스는 한 나라의 문화적 수준을 가늠해 볼 수 있는 척도로서의 기능까지 하게 되었으며, 많은 서비스기업들은 차별화와 비용의 우위를 동시에 추구하는 블루오션 전략의 핵심과제를 가지고 서비스에 더 많은 가치를 부여하고 있지만, 다변화되는 고객의 욕구는 서비스의 경쟁을 유도함에 따라, 이제 단순한 고객만족은 그 한계에 와 있는 실정이다.

이러한 변화의 소용돌이 속에서 기업의 '고객감동경영'과 개인의 '풍요로운 삶의 경영'은 무엇보다도 중요하다고 할 수 있는데, 첨단 정보화시대에 생존과 성공을 원하는 기업과 사람에게 세련된 매너와 국제적인 감각은 그 어느 때 보다도 절실한 요건으로 떠오르고 있다.

글로벌 시대에 발맞춘 비즈니스 매너와 에티켓의 필요성은 이제 현대인들에게는 필수불가결한 요소가 되었으며, 세련된 매너와 에티켓은 더불어 살아가야만 하는 우리 생활에 감미로움과 매력과 풍요로운 보상을 가져다 줄 것이며 세련된 자기표현은 인생의 격을 높여줄 것이다.

이 시대에 성공을 꿈꾸는 기업과 사람은 지구촌 어디에서나, 또는 어느 직종이나 위치에 상관없이 반드시 국제적인 매너를 갖춰야만 한다.

본 교재는 국제화 시대의 흐름을 인식하고 타 문화에 대한 이해, 그에 따른 매너와 에티켓을 지니고 행동화할 수 있는 스킬을 습득하게 하며, 학교와 일상생활 그리고 직장과 국제무대에서에서의 개인 및 조직의 이미지향상으로 인한 경쟁력 제고와 새로운 가치를 창출하는데 작은 도움이 되고자 하는 소망을 담아 세상에 내 놓았다.

또한 본 교재의 후반부에는, 전반부에서 언급한 매너와 에티켓에 대한 감각을 익혀 그 결실을 측정해 볼 수 있는 부분으로서, '준비'와 '도전'하는 자만이 아름답다는 명제 하에, 인생의 긴 여정을 시작하려는 많은 사람들에게 작은 도움이 되고자 '취업준비와 전략'이라는 분야를 다루었다.

많은 사례들을 대하면서 현실감각을 키우고, 평생직업 및 직장에 대한 흐름을 파악하고 희망을 쌓고, 철학을 다듬어 나가길 기대해 본다.

직장과 직업을 선택하는 데 있어서, 정도(正道)가 있는 것은 아닐 것이다. 그러나 복잡하고 변화무쌍한 현실에서 경제 효용의 법칙으로 "나의" 행복한 미래를 설계하는 것은 분명 중요한 일일 것이다. 단순히 돈을 벌고, 경제적인 활동을 하기 위한 것으로서의 직장과 직업이기에 앞서 진정 "하고 싶어서" "하지 않으면 안 되는" 자신의 "일"을 만들어 가길 바라는 마음이다.

이력서, 자기소개서, 면접 등에 관련된 단순한 사례 및 신문기사가 오히려 취업을 준비하는 사람들에게 방해가 될 수도 있다. 그러나 현실은 많은 정보를 가지고 준비하는 자만이 승리할 수 있다. 성공을 기원하는 마음을 간절히 실었다. 본 교재를 통하여 준비하는 모든 이들이 진정한 삶의 승리자가 되길 기원한다.

끝으로, 본 교재의 출판을 흔쾌히 허락해 주신 새로미 사장님께 깊은 감사를 드린다.

2021년 저자 씀

CONTENTS

CHAPTER 04 비즈니스 매너와 표정의 연출

CHAPTER 05 인사예절

CHAPTER 06 용모와 복장

CHAPTER 09 전화예절의 기본

CHAPTER 10 고객응대 매너

CHAPTER 11 테이블 매너

CHAPTER 12 일상·공공·글로벌 매너

CHAPTER 13 취업준비와 전략

CHAPTER 01

비즈니스 매너의 이해

01 매너의 의미

매너의 어원은 라틴어 '마누아리우스(manuarius)'이다. 이 말은 손(hand)이라는 의미를 지니며, 사람의 행동이나 습관을 뜻하는 '마누스(manus)'와 방법이나 방식(way)의 의미를 지닌 '아리우스(arius)'의 합성어이다. 매너는 어원으로 미루어 본다면 인간의 행동방식 혹은 표출된 습관이라 정의할 수 있다.

이와 같은 매너가 서양에서 타인에 대한 존경과 배려하는 마음의 표출방식으로 그 의미가 있고, 좋은 인간관계와 즐거운 생활환경을 조성하는 데 필요한 하나의 생활기술로서 의미가 있게 된 것은 르네상스 시대에서부터이며, 점차 그 중요성이 드러나 당시 시민 생활의 필수요소가 되었다.

따라서 매너는 상대방을 배려하는 마음과 공동체적 생활의식에 근거한 건전한 시민정신으로부터 출발한 것이다. 즉, 매너의 기본적인 의미는 타인에 대한 배려와 자아존중에 대한 형평성을 기초로 하고 있는데, 그 의미를 다음과 같이 2가지로 정리할 수 있다.

첫째, 매너는 타인에 대한 배려로부터 시작된다. 21세기 사회의 발전상과 인간관계를 대표하는 용어로 "High technology, High touch"와 "Cocooning" 현상이 있다. "High technology, High touch"는 과학기술이 발전하면 할수록 인간적인 접촉이 여러 방면에서 중요하다는 의미가 있는 것이다. 그리고 "Cocooning" 현상은 친밀한 인간관계는 더욱 강화되는 반면, 형식적인 관계는 사업현장 밖으로 연장하지 않는 가치관이 팽배해지는 것을 의미하는 것이다. 이러한 현상은 인간관계의 중요성에 대한 인식이 확대되고 있으면서도 개인주의가 팽배해지고 있는 것을 나타내고 있는 것이라고 할 수 있다. 즉 인간관계의 설정에 매우 신중해지는 반면 그 인간관계가 자신에게 손해가 되거나 불편해지는 상황은 절대로 수용하지 않으려는 경향이 두드러지고 있다. 이런 경우 자칫하면 타인에 대한 배려를 소홀히 하는 경우가 많으며 근본적으로 진실한 인간관계를 형성하는 데 장애 요인이 될 수 있다. 따라서 상대방을 배려하는 마음가짐을 갖는 것이 중요하며, 특히 상대방이 나에게 배려해 주기를 원하는 것처럼 나도 상대방을 배려하는 마음가짐이 중요하다.

둘째, 매너는 상호 간에 자아존중의 욕구를 충족시켜주는 도구이다. 인간은 누구든지 자아존중의 욕구가 있다. 자기가 속한 사회에서 정당한 구성원으로 인정받고 나아가 동등한 권리를 가진 인격체로 존중받기를 원한다. 올바른 매너는 상대방 처지에서 이해하고 배려하려는 마음과 인간에 대한 동등한 권리를 가진 인격체로서의 존중이라는 기본적 의미를 기초로 하여 행동을 수반하기 때문에 상호 간에 인격의 성숙한 자긍심을 가질 수 있으며, 상대방을 높이고 배려함으로써 사람들로부터 존중받고 원만한 대인관계를 통하여 사회생활을 잘해 나갈 수 있다.

매너는 바꾸어 말하면 사람마다 가지고 있는 독특한 행동방식으로, 어떤 일을 할 때 남들에게 바람직하고 유쾌하며 우아한 느낌을 주고자 소망하는 데서 비롯된 습관이라 할 수 있다. 이러한 매너는 상대방에 대한 일종 경의의 표현이자 배려 혹은 상대를 의식하는 행동 일부로 서비스의 기본을 이루기도 한다. 매너를 마음을 담은 행동으로 표출된 에티켓이라 설명하는 이들도 있다.

사실 일상생활을 영위하면서 자신이 즐겁고 행복하려면 무엇보다 상대방이 우선 즐겁지 않으면 안 된다. 상대방이 즐거워지려면 친절한 마음이 전제되어야 한다. 그러나 아무리 이쪽에서 친절을 베풀려는 자세를 지니고 있어도 상황에 맞지 않는 행동을 한다면 상대방은 결코 마음이 편하지 않을 것이다.

매너는 결코 어렵거나 까다로우며 거추장스러운 격식이 아니다. 그것은 언제 어디서나 서로의 존재를 인정해 주려는 노력 혹은 행동이다. 매너는 누구나 바란다고 해서 손쉽게 얻어지는 물질적 존재가 아니다. 늘 주변 사람을 배려하고, 또 특별한 상황에 대해서 진지하게 생각하는 습관, 아울러 생각과 행동을 일치시키려는 노력과 자세, 상대방의 문화나 전통에 대한 이해와 정보를 습득하려는 노력을 통해 저절로 생겨나는 것이다.

예전에는 귀한 손님이 방문하면 따뜻한 아랫목으로 모시는 것이 관례였다. 그러나 전통적인 한옥이 사라지고 대신 아파트나 단독주택이 보편화한 오늘날에는 아랫목이 이제는 상석이 아니다. 다시 말하면 전망 좋은 거실로 안내하는 것이 일반적이다. 이처럼 상황이 달라지고, 또 비록 방법론에서 차이는 있다고는 하지만 상대방을 배려하고 편안하게 하려는 그 따뜻한 마음씨 자체는 같은 것이다. 매너란 결국 친절한 마음으로 상대방을 배려하고 행동하려는 정신적 자세에서 나온다고 할 수 있다.

오늘날과 같이 세계화·국제화가 대세인 시대에는 나라마다 다른 생활양식과 관습을 인식하고 습득하는 일은 매우 중요하다. 다시 말하면 문화적 차이에 대한 깊은 배려와 이해가 필수적인 것이다. 이러한 인식과 이해가 바로 진정한 매너의 출발점이라 해도 지나친 말이 아니다.

02 매너의 기본정신과 기능

좋은 매너는 하루아침에 이루어지는 것이 아니라 평소 바른 예절을 배우고 익히는 과정에서 자신의 성숙함을 맛볼 수 있다. 또한, 매너는 마음만으로 되지 않고 지식으로도 되지 않는다. 상대방의 호감을 얻기 위해서는 무엇보다도 친절을 베푸는 것이 중요하다.

따라서 올바른 매너를 갖추기 위해서는 상대방을 존경하는 마음을 가지고 수양과 절제를 통해 매너가 몸에 배도록 의식적으로 노력하고 실천에 옮겨야 한다. 이를 위한 기본정신은 다음과 같다.

- 상대에게 폐를 끼치지 말 것
- 불쾌감을 주지 말 것
- 좋은 인상을 줄 것
- 언행을 조심할 것
- 신중을 기할 것

매너는 아름다운 마음씨를 상대편에게 행동으로 표현하는 것이다. 따라서 예의 바른 사람이 되기 위해서는 언제나 남을 존경하는 마음을 가지고 바른 생각을 하도록 노력하는 것이 중요하다. 지금 내가 이렇게 하면 상대방에게 어떤지 항상 상대방의 처지에서 생각하는 마음가짐(易地思之)이 중요하다. 바로 이것이 매너의 기본이므로 항상 염두에 두어야 할 것이다.

교통과 정보통신의 발달로 세계가 하나가 된 오늘날의 지구촌 시대에서 우리의 사고방식과 행동방식 또한 변화되어 취업 및 사회생활에 있어 매너가 실력 못지않은 개인의 중요한 평가요소이다. 매너는 단순한 사교적 위장이 아닌 경쟁력이라는 것이다. 이제는 더는 '내 방식' 또는 '우리의 방식'으로는 살아갈 수 없다는 것을 의미한다.

매너의 3가지 기능은 다음과 같다.

첫째, 자기관리의 기능

바람직한 매너를 갖추기 위해 말, 행동, 태도와 표정을 정돈함으로써 자신을 보다 매력적으로 관리할 수 있다.

둘째, 인간관계 강화기능

상대를 존중하는 진심 어린 마음으로 바른 매너를 실천하게 되면 상대방은 편안한 마음과 나에 대한 호감을 느끼게 된다.

셋째, 비즈니스 관계 강화기능

바람직한 매너는 상호 신뢰를 형성하기 때문에 더욱 성공적인 비즈니스를 위해 필수적인 요소라고 할 수 있다. 좋은 매너를 통해 상대를 기분 좋게 만들고 그러한 호감의 관계 속에서 더욱 활발한 비즈니스 관계가 성장하게 된다.

03 에티켓의 유래와 기본 요소

1) 에티켓의 유래와 의미

에티켓이란 사람들이 살아가면서 법적인 구속력은 갖지 않지만, 사회생활을 좀 더 부드럽게 하고, 쾌적한 기분으로 생활하기 위해 지켜야 할 규범적 성격의 그 어떤 것이라는 게 학자들의 공통적인 견해이다.

프랑스어에 기원을 둔 에티켓(etiquette)의 어원에 대해서는 두 가지 설이 있다. 하나는, 'estiquier(붙이다)'라는 동사에서 파생된 명사형으로 '입간판' 또는 '안내 표지'란 의미를 지니는 용어와 관련이 있다는 견해이다. 전해지는 얘기에 따르면 태양왕 루이 14세는 아름다운 베르사유 궁전에 혐오스러운 화장실을 둘 수 없다 하여 따로 마련하지 않았다고 한다. 사정이 그러다 보니 화단은 늘 오물로 넘쳐나고 악취가 진동했다고 한다. 이를 보다 못한 정원사가 정원의 보호를 위해 화단에 들어가지 말라는 호소문을 붙여놓은 입간판을 세웠다고 한다. 결국, 에티켓은 '게시판' 혹은 '설명서'의 의미를 지닌 전술한 'estiquier'의 명사형 'stiquette'에서 유래했다는 설명이다.

그리고 또 다른 유래는, 17C 역시 프랑스의 루이 14세가 상주하던 베르사유 궁전에 귀족들이 출입할 수 있는 출입증과 관련이 있다는 설명이다. 즉 '초청장' '입장권' 등의 의미가 있는 티켓(ticket)에서 유래했다는 것이다. 이 설명은 궁전의 분위기를 잘 아는 귀족들의 신분을 나타내는 일종의 '신분증'의 역할을 수행했다고 전제한다. 즉 에티켓은 국왕이 주체하는 행사에 참석할 수 있는 예의와 자격을 지닌 대상을 선정하여 입장권을 발부했다는 사실과 연관이 있다는 것이다. 이후 입장권은 세련된 몸가짐과 고상함의 상징 혹은 다른 사람으로부터 호감과 존경을 받는 사람들의 행동방식인 에티켓의 의미로 전이되었다는 주장이다.

한편 에티켓에 비견되는 동양의 예(禮)의 사상은 서양보다 훨씬 앞서서 발달하였다. 일례로 이미 2천5백 년 전 공자는 <예기(禮記)>라는 책에서 "사람을 바로 하는 법 가운데 예보다 중요한 것은 없다."라고 설파했다. "사회적 관습상으로서의 예의는 지켜야 하지만 그것으로 인해 인간 행동이 너무 번거로워져서는 안 된다."는 공자의 말씀이나 "의례나 의식은 지나침이 없이 간소해야 한다."는 공자의 가르침은 오늘까지 면면히 전해져 내려오고 있다. 우리나라가 예로부터 '동방예의지국'이라 불렸던 이유는 바로 이러한 공자의 가르침을 충실히 지켜왔기 때문임은 누구나 아는 일이다.

공동사회의 기초 단위든, 그것이 모여 형성된 국가든 인간이 집단생활을 하는 곳이라면 각기 다른 관습이나 풍습, 문화가 존재하기 마련이다. 이러한 것 중에는 다른 사람들이 보기에 대단히 우스꽝스럽거나 이해하기 어려운 것들도 존재한다. 예를 들면 폴리네시아인은 손님을 환영하는 의미에서 자기의 코를 상대방에게 비비며 인사를 한다.

이러한 관습은 우리 처지에서는 이상하게 느껴질지 모르지만 그들의 처지에서는 서양사회의 악수하고 키스를 하는 습관이나 동양인의 허리를 굽히는 인사법이 이해하기 어려울지 모른다. 또 뉴기니의 파푸아 족은 코에 뼈로 만든 장식으로 치장하고, 이를 아름답게 여기지만 우리는 그것을 엽기적으로 생각할 수도 있다. 그러나 반대로 파푸아 족은 서양인들의 양복에 달린 소매 단추나 목을 질끈 동여맨 넥타이, 또 한복의 마고자 단추를 이상하게 여길 수 있다.

그런가 하면 나라나 지역마다 풍습에 의해 엄격히 금지된 터부도 있다. 알제리의 회교도나 회교국가의 여성들은 외출할 때 눈 아랫부분을 베일로 가려야 한다는 일종의 터부를 지니고 있다. 또 미국에서는 남성이 실내에서 모자를 쓰는 것은 예의를 지키지 않는 것으로 간주한다. 어느 나라건 그 공동사회의 습관이나 관습을 지키지 않는 구성원과 터부를 무시하는 사람은 처벌을 받기 마련인데, 일반적으로 원시적인 사회일수록 처벌의 정도가 심각한 것이 상식이다.

최근 피지 섬의 생태를 조사한, 한 사회학자의 보고에 따르면, 선반 위에 놓여 있는 물건을 머리 위로 가로질러 가져갔다는 이유로 한 남자가 자신의 동료를 살해했다고 한다. 왜냐하면, 남의 머리 위로 손을 올릴 때는 사전에 반드시 상대편의 허가를 받아야 한다는 그 고장의 엄격한 관습을 어겼기 때문이라는 것이다. 이 부족 사회에서는 오래전부터 상대방의 머리 위로 손을 들어 올리는 행동은 적의를 품고 무기를 잡으려는 동작으로 간주했다고 한다.

동서양을 막론하고 에티켓은 오랜 세월을 거치면서 누구나 지켜야 할 규범으로 깊숙이 뿌리내리게 되었다. 자신이 소속된 지역은 말할 것도 없고 방문한 지역 혹은 사회에서 요구하는 기본적인 예절을 지키는 것이야말로 에티켓의 출발점이다. 국제화가 시대의 화두로 떠오른 오늘날 다른 문화와 전통에 대한 폭넓은 이해와 예절, 즉 에티켓을 지키는 일이야말로 무엇보다도 중요하다.

2) 에티켓의 기본 요소

에티켓은 누구나 원한다고 해서 곧바로 습득할 수 있는 것은 아니다. 다른 사람의 행동을 주의 깊게 관찰하고, 주변의 모든 상황에 대해서 한 번 더 생각하는 습관, 그리고 언행일치 곧 생각과 행동을 일치시키고자 하는 노력, 그리고 인쇄 매체나 인터넷 등을 통해 꾸준히 지식을 축적하고 지혜를 가꾸는 과정을 통해 몸에 저절로 배는 것이다.

상대방을 기쁘게 하고 남과 원만하게 지낼 수 있는 기술은 충분히 배울만한 가치가 있다. 살아가는 데 있어 배울 수 있는 많은 것 중에서 이만큼 유용하고 가치 있는 것도 드물 것이다.

에티켓의 개념에는 흔히 다음과 같은 명제가 포함되어 있다고 설명된다.

첫째, "상대방에게 호감을 주어라."
둘째, "상대방을 배려하라."
셋째, "상대방을 존경하라."

즉 다른 사람들에게 언제나 매력적으로 보여 호감을 주고, 상대방을 배려하며 존중하는 것이야말로 에티켓의 핵심이라는 것이다.

에티켓의 기본 개념 속에 용해된 기본 요소를 풀어 설명하면 다음과 같다.

(1) 에티켓은 상대방에게 베푸는 친절 혹은 따뜻한 마음씨이다.

필립 시드니 경은 유사 이래 가장 훌륭한 기사로 칭송받는 인물이다. 그는 1586년 주트펜 전장에서 상처를 입고 빈사 상태에 놓였다. 이때 죽어가는 그에게 누군가가 물을 건네주었다고 한다. 그런데 그는 자신이 목을 축이는 대신 곁에 누워 있던 한 무명의 부상 병사에게 물을 주도록 양보했다고 전한다.

에티켓의 기본은 이처럼 자신보다는 상대방을 먼저 생각하는 아름다운 마음씨에서 비롯된다. 친절을 베풀려는 감정이 솟아오르면, 상대방의 기분을 편안하게 해주려는 생각이 들고, 그렇게 되면 남에게 불쾌한 감정이 생기지 않도록 조심하게 된다.

일례로 극장이나 대중교통 수단을 이용할 때도 옆에 있는 사람에게 소곤소곤 귀엣말하거나 휴대전화 통화를 하는 등의 예의에 벗어나는 행동은 하지 않게 될 것이다. 또 다른 사람에게 편안한 의자를 권하거나, 대화에 끼지 못하고 겉돌고 있는 사람에게 말을 걸어주는 것 역시 친절한 마음씨에서 비롯되는 호의적 행동이다.

(2) 에티켓은 공명정대한 정신, 관대함, 자제심, 성실한 마음과 적당한 유머, 자존심과 관련이 있다.

에티켓은 공명정대한 정신에서 비롯된다. 공정한 정신이 전제된다면 "그런 식으로 말을 하는 사람은 절대로 이해할 수 없어!"라는 식의 포용성이 없는 태도는 취하지 않게 될 것이다. 또 남의 말을 가로막지 않고 주의 깊게 경청하는 등 타인의 의견에 대해 관대한 자세를 유지하는 것도 에티켓의 기본 요소이다.

에티켓을 지키려면 자제심도 필요하고, 성실한 마음과 적당한 유머도 필요하다. 물론 자존심도 없어서는 안 될 요소 중의 하나이다. 에티켓을 지키려는 마음이 있으면 매사에 차분한 기분으로 대응할 수 있으며, 나아가 다른 사람을 편안하게 해 줄 수 있다.

자존심은 쓸데없는 고집이나 아집이 아니라 자신에 대한 자신감과도 통하는 말이다. 자존심이란 체면을 세울 때와 장소를 분간하는 일이라 할 수 있는데, 자신감이 없는 사람일수록 남에게 양보할 줄도 모르는 경우가 대부분이다.

(3) 에티켓은 곧 상식을 따르는 일이다.

위에 언급한 것들 모두가 에티켓에서는 중요한 것들이다. 그러나 이밖에도 필요한 것이 또 하나 있다. 그것은 바로 상식을 이해하는 일이다. 여기서 말하는 상식이란 남다른 지성이나 전문적인 지식을 가리키는 것이 아니다. 그저 일상생활을 영위하면서 바른길에서 벗어나지 않고 살아가기 위한 올바른 판단과 분별이다.

예를 들면 여성과 자동차에 함께 탄 남성은 차가 멈추면 먼저 내려 여성을 위해 문을 열어주는 것이 매너다. 그러나 혼잡한 도로나 번화한 거리에 차를 세운 경우라면 먼저 내려 문을 열어주는 행동이 오히려 교통을 방해하는 행동이 될 수도 있다. 따라서

이 경우에는 상황에 맞추어 남성이 오히려 차에서 기다리거나 택시의 경우라면 나중에 내리는 것이 에티켓이 될 것이다.

간혹 상식을 따르다 보면 에티켓의 규칙에 어긋나는 경우가 생기기 마련인데, 상황에 따라 올바르게 판단하고 처신하는 자세야말로 참된 에티켓이라 할 수 있다.

남을 대할 때의 마음가짐이나 태도, 남에게 폐를 끼치지 않고 호감을 주려고 노력하는 일, 남을 존중하는 마음 등은 에티켓의 기본정신에서 빠질 수 없는 매우 중요한 것들이다. 이러한 것들을 염두에 두고 생활한다면 상대방을 기쁘게 할 수 있고, 역시 상대방으로부터 존중받을 수 있다. 인생을 즐겁게 살려면 에티켓을 지키는 것이 무엇보다 중요하다.

(4) 에티켓은 정해진 행동 규범이다.

사회생활을 하는 데 필요한 관행, 관습을 형식화하고 이를 지킴으로서 원만한 사회생활을 하도록 기능하는 것이 에티켓이다. 아울러 에티켓은 사회구성원들로부터 교양 있는 사람으로 평가받을 수 있는 일종의 기호와 같은 것이다. 에티켓은 궁극적으로 사람이 사람답게 살아가는 데 필요한 도리이자 질서다.

(5) 에티켓은 형식인 동시에 약속이다.

에티켓은 정해진 규범을 잘 지켰느냐 와 관련된 문제다. 통상 에티켓을 잘 지켰느냐에 따라 예의의 유무가 가려지기 마련이다.

에티켓의 기본 요소를 종합적으로 정리해 보면 다음과 같다.

- 상대를 먼저 생각하는 따뜻한 마음과 친절한 행동
- 공명정대한 정신과 자존심
- 성실한 마음과 적당한 유머
- 자제하는 마음
- 관대한 마음
- 상식

- 정해진 행동 규범
- 형식이며 약속

04 매너와 에티켓의 차이

매너와 에티켓은 종종 명확하게 구분이 되지 않고 쓰이거나 혼동되는 경우가 적지 않다. 매너와 에티켓의 개념을 제한된 범위에서 살펴보기로 한다.

(1) 에티켓은 지켜야 할 규범이고, 매너는 행동방식이다.

에티켓(etiquette)이라는 용어는 서양에서 사람과 사람 사이의 합리적인 행동기준을 가리킬 때 사용됐으며, 이것을 행동으로 표출한 것이 매너(manner)다. 즉 에티켓이 정해진 행동 규범이라면 매너는 에티켓을 행동으로 나타낸 것이라 할 수 있다.

에티켓이 형식(form)이라면 매너는 방식(ways)이라 할 수 있는데, 예를 들어 사람을 만나서 인사를 하는 것은 에티켓의 문제이며, 그 인사를 공손하게 하느냐 경망스럽게 하느냐는 매너에 속하는 문제이다. 또 남의 집을 방문하거나 화장실을 이용할 때 노크를 하는 것은 에티켓에 관한 일이며, 노크를 정중하게 하느냐 경박하게 하느냐, 거칠게 하느냐는 매너의 문제이다.

(2) 에티켓은 국가나 지방의 문화와 관습에 따라 다를 수 있지만, 매너는 국경, 관습, 문화를 초월한다.

에티켓의 관점에서는 사회 상호 간의 문화, 생활방식, 구조 등 타 문화에 대한 이해가 필요하지만, 매너의 관점에서는 에티켓의 기본 개념을 바탕으로 배려와 존중이라는 이타적 정신이 요구된다.

예를 들면 동양에서는 내면의 진실성에 더 많은 가치를 부여하는 반면 서양에서는 외면적인 측면을 중시한다. 따라서 동서양은 서로 다른 에티켓을 지니고 있다. 구체적으로 서로 다른 인사법을 지키고 있을뿐더러 심지어 화장실을 이용하는 경우, 노크하는 에티켓도 다르다. 즉, 대부분 국가에서는 화장실을 이용하려는 사람이 노크하는 게 상식이다. 그러나 프랑스에서는 노크하지 않고 문을 여는 경우가 많다. 그것은 볼일을 보는 사람이 문을 잠가야 한다는 일종의 합의가 형성되어 있기 때문이다. 이처럼 예외가 존재하긴 해도 노크를 한다는 전제는 어느 문화권에서건 성립되는 조건이다.

(3) 에티켓은 사회적 약속이고 매너는 독특한 습관과 몸가짐이다.

누군가와 만날 때 스스로 행동을 보다 단정하고 부드럽게 하며, 좋은 기분을 갖기 위해 지켜야 하는 일종의 사회적 약속이다. 반면, 매너는 개인이 저마다 가진 독특한 습관이나 몸가짐을 지켜야 하는 예절인 경우가 많다.

(4) 에티켓과 매너의 표현이 다르다.

에티켓은 공공의 의미로 “지킨다.” 또는 “지키지 않는다.”라고 표현된다. 하지만 매너는 개인적 혹은 개별적 의미로 “좋다.” 혹은 “나쁘다.”라고 표현되는 경우가 많다.

(5) 에티켓과 매너는 모두 개인의 인격과 교양을 가늠하도록 하는 일종의 척도다.

에티켓은 이처럼 공공성을 지닌 예절로써, 현대인들이 사회생활을 영위하는 데 있어서 필수적인 규범적 성격을 지닌다. 반면, 매너는 자의적으로 선택 가능한 인격의 표시로서 대인 관계에서 더욱 강조되는 덕목이라 할 수 있다.

이러한 에티켓과 매너는 일종의 습관처럼 몸에 배어 자연스럽게 실천되는 것이다. 습관을 바꾸기 위해선 상당한 의지와 결단이 필요하다. 매너와 에티켓을 갖추기 위해선 의식적으로 언행이 순화 혹은 변화될 수 있도록 노력을 기울여야 할 필요가 있다.

에티켓을 실천하는, 매너를 갖춘 사람이 되겠다고 생각을 했다면 지금 이 순간부터 행동으로 옮겨 습관화하는 일이 무엇보다 중요하다.

05 비즈니스 매너의 개념과 의의

비즈니스(Business)는 일, 직업, 사업 등 다양한 사전적 의미가 있다. 즉, 비즈니스는 경제활동의 주체로서 개인, 기업, 단체가 목표를 달성하기 위해 수행하는 다양한 형태의 활동 또는 과정이라고 할 수 있다. 따라서 비즈니스의 기본은 관련된 업무지식과 능력이다. 그러나 그것만으로는 성공적인 비즈니스를 보장할 수 없다.

비즈니스는 다양한 경제활동 주체들과 여러 가지 형태의 네트워크를 통해서 이루어지기 때문이다. 사업상의 계약을 맺는 것도 계약당사자가 필요하고, 기업이 신상품을 개발하기 위해서는 소비자의 수요를 파악해야 하고, 파악된 소비자의 수요를 충족시킬 상품을 생산하기 위해서는 기업 내부의 개발팀과 생산팀의 커뮤니케이션이 원활하게 이루어져야 하고, 생산된 상품을 판매하기 위해서는 소비자 혹은 중간상들을 대상으로 판매를 해야 하는 등 모든 비즈니스는 상대와 네트워크를 기반으로 이루어지는 것이다. 따라서 성공적인 비즈니스를 위해서는 비즈니스상에 놓여 있는 모든 관계가 원만하게 이루어져 있는 것이 중요하다. 따라서 성공적인 비즈니스는 관련된 업무지식과 아울러 대내외적인 원만한 인간관계, 고객에 대한 서비스 정신과 자세, 인간을 존중하는 마음 등으로 기업 내·외부의 모든 관계에서 지켜야 할 행동방식에 대한 지식과 실천력에 기초한다.

따라서 성공적인 비즈니스 수행을 위한 매너 즉, 비즈니스 매너는 현대 사회에서 더욱 중요한 의미가 있으며, 단순한 인간관계를 위해서만이 아니라 비즈니스와 인생의 성공을 위해서도 절대 불가결한 일이다. 극단적으로 말하면 매너가 없는 사람은 사회생활 자체가 불가능하다고 하여도 지나친 말이 아니다.

사회가 다원화되면서 현대인의 요구도 다양화되어 가고 있으며, 그 내용도 복잡해지고 있다. 인간관계나 대인 관계에서 중요한 부분인 매너를 지킨다는 것은 상대방을 존경하고 있음을 알리기 위한 동작이나 태도로, 상대방을 공경하고 배려하는 마음에서 비롯되는 것이다.

▌당신의 성공에 가장 큰 영향을 준 요인은 무엇입니까?

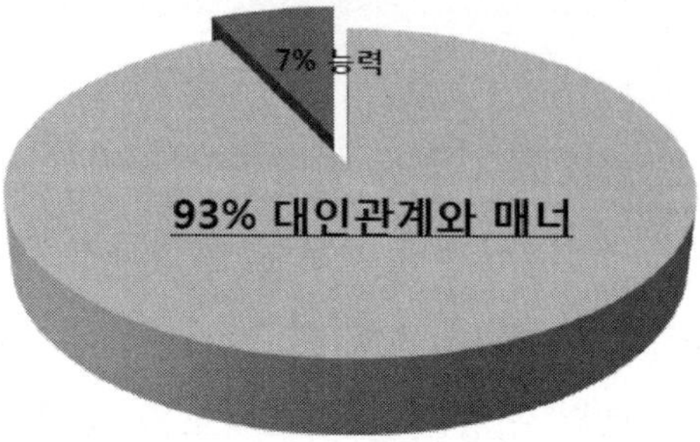

※ 미국 콜롬비아대학 MBA 출신 최고경영자 대상 설문조사

언젠가 미국 콜롬비아대학 MBA 과정에 등록한 유수 기업의 최고경영자들을 대상으로 "당신의 성공에 가장 큰 영향을 준 요인이 무엇인가?"라는 설문조사가 시행된 바 있다. 설문조사 결과 응답자의 7%가 능력 즉, 지식과 기술을 꼽았지만, 무려 93%의 경영자들이 '대인 관계와 매너'를 꼽았다고 한다. 결국, 대인 관계 기술을 익히고, 함께 살아가는 법을 익혀야 개인의 행복과 성공이 있을 수 있다는 얘기다.

당연한 얘기지만 비즈니스 사회에 있어서 올바른 매너에 대한 지식과 자신감을 갖추고 있다면 무례한 행동이나 어색한 언행을 예방할 수 있다. 그렇게 되면 어디서나 환영받을 수 있게 된다.

사회가 점점 복잡해지고 개인과 개인, 기업과 기업, 국가와 국가 간의 교류가 빈번해지면서 비즈니스와 관련하여 지켜야 할 예의범절 이른바 에티켓(etiquette)과 매너(manners)의 중요성이 점차 높아지고 있다.

지금 우리의 현실은 사회의 각 분야에서 세계화나 국제화가 가파른 속도로 진행되고 있으며, 나라와 나라 간의 비즈니스가 그 어느 때보다 활발하게 이루어지고 있다. 서비스맨과 비즈니스맨들의 품위 있는 언행과 매너는 비즈니스에서 빼놓을 수 없는 지켜야 할 기본적인 요소로, 상대방을 위해서도, 자신을 위해서도 필수불가결한 기본 자질로 간주하고 있다. 아울러 국제화 혹은 세계화 시대를 살아가는 현대인들에게도 반드시 갖추어야 할 기초적인 요소로 자리매김 되고 있기도 하다.

06 비즈니스 매너의 기본 항목

흔히 실전적인 측면에서의 매너의 기본 5가지 항목 또는 조건으로는 인사, 표정, 자세, 말씨, 용모와 복장 등이 꼽힌다. 이들 중 어느 것 하나 중요하지 않은 것이 없다. 이 5가지 요소가 제대로 융화되고 조화를 이루어야 훌륭하고 멋진 서비스를 연출할 수가 있다.

1) 인사

마음이 담긴 인사를 받으면 온종일 기분이 좋아진다. 진정성을 기반으로 하는 밝은 인사는 인간관계의 시발점이며, 진실한 마음을 여는 시작이다.

2) 표정

사람들은 처음 만나면 표정을 보고 그 사람을 판단하게 된다. 이렇게 표정으로 사람을 판단하는 경향을 진화생물학자들은 선사시대부터 유전적으로 내려온 특성이나 자질이라 설명한다. 다시 말하면 동물의 세계에서는 우연히 대면하거나 우연히 만난 개체가 포식자 혹은 경쟁자인지 아니면 친구인지를 판단하는 것이야말로 생사를 가늠하는 중요한 요소였다는 설명이다. 아무튼, 좋은 표정은 말하지 않아도 좋은 감정이 상대방에게 이입되는 커뮤니케이션의 시작이다.

3) 자세

허리를 쭉 펴고 가슴을 열고 대화하고 생활하는 바른 자세가 좋은 인상을 주는 데 결정적인 영향을 미친다. 손짓 하나 몸짓 하나 그 어느 하나 중요하지 않은 것이 없다.

4) 말씨

누가 어떤 말을 하는가, 또 말을 할 때 어떤 방식으로 하느냐는, 다시 말하면 소리의 크기와 억양이 어떤가에 따라 전달되는 의미가 달라지기 마련이다. 같은 말을 하더라도 상대방의 기분을 불쾌하게 만드는 사람이 있는가 하면, 상대방의 마음을 고려하여 부드럽게 자기 생각을 전달하는 사람도 있다. 상대방의 감정이 상하지 않도록 배려하는, 훌륭한 언어 습관을 지니도록 평소에 노력하는 것이 매우 중요하다.

5) 용모와 복장

단정하고 깨끗한 복장은 상대방에게 신뢰감을 주게 되어 궁극적으로 좋은 인간관계의 바탕을 이룬다. 자신의 직업과 하는 일에 맞는 머리 모양과 옷차림은 고객에 대한 최소한의 예의다.

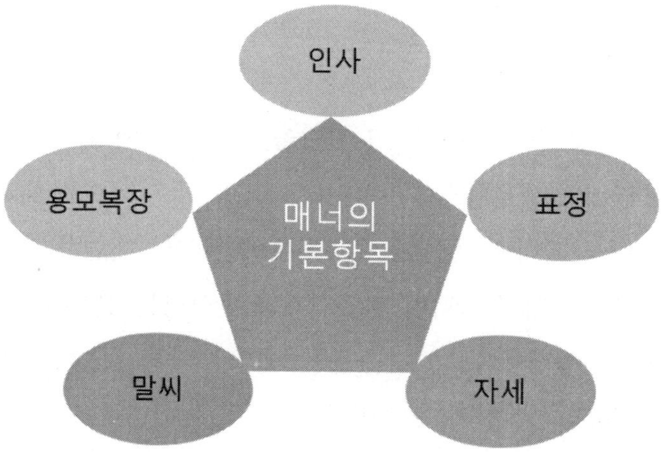

사례 1-1 비즈니스맨이 꼭 알아야 할 6가지 비즈니스 매너

외국인을 상대로 비즈니스를 하는 경우 한국인을 상대하는 것보다 훨씬 어렵습니다. 일단 언어가 다르니까요. 우리나라 말로 해도 비즈니스가 쉽지 않은데 글로벌 비즈니스의 공용어라 할만한 '영어'를 사용해야 하니 부담감은 배가 됩니다.

그러나 언어만큼이나 '비즈니스 매너'(business manners)가 더욱 중요하다고 『월스트리트 비즈니스 영어회화』저자 이정희는 강조합니다. 아무리 정확한 단어로 대화를 나눈다고 해도 비즈니스 매너에 어긋난다면 자칫 거래가 깨질 수 있다는 것이지요. 영미권 사람들의 경우 비즈니스 내용 못지않게 매너를 중요하게 생각한다고 합니다. 실제로 비즈니스 매너를 갖추지 못해 거래가 실패하거나 거래가 파기되는 일도 부지기수라고 하네요. 한국에서 대학을 졸업하고 미국으로 건너가 현재 세계 4대 회계법인인 언스트앤영 뉴욕 이사로 일하고 있는 『월스트리트 비즈니스 영어회화』저자 이정희가 알려주는 6가지 비즈니스 매너 체크리스트, 살짝 공개합니다.

■ 비즈니스 미팅 10분 전, 체크해야 할 비즈니스 매너 6가지

첫째, 특별히 친한 사이가 아니고서는 small talk(간단한 대화)를 길게 하지 않는다. 비즈니스에서는 직접 본론으로 들어가는 경우가 많기에 이를 준수하는 것이 좋다. 특히 영어권 사람들은 공적인 일과 개인사를 확실히 구분하는 것을 중요하게 생각하므로 일을 할 때는 일에 focus(초점)를 맞추는 것이 중요하다. 물론 사이사이 농담을 하기도 하지만 전체적으로 진지한 image(인상)를 주는 것이 중요하다. (단, 미국 내에서도 뉴욕 쪽 사람들과 서부 쪽 사람들 간에 차이가 있다. 뉴욕 쪽 사람들은 대체로 인사만 하고 바로 본론으로 들어가는 성향을 보이고 서부의 LA 쪽 사람들은 약간 긴 small talk를 선호한다.)

둘째, small talk의 주된 화제는 스포츠다. 특히 미국인들에게는 야구나 미식축구가 인생의 한 부분이기에 주요 경기나 순위에 관심이 많다. 영국 사람이나 유럽 사람들이라면 대화의 주된 화제는 자연스럽게 축구가 된다. 피해야 할 화제는 종교와 정치다. 아무리 친한 사이라도 이 이야기는 꺼내지 않는 것이 좋다.

셋째, 한국을 포함한 동양에서는 상대방을 똑바로 바라보는 것은 무례한 행동이고 말을 많이 안 하는 것이 미덕이라고 알려져 있지만, 서양 사람들과 함께 대화를 나눌 때 이런 태도를 취하면 '관심이 없군.'이나 '일에 의욕이 없군.' 하는 인상을 줄 수 있다. 적극적인 자세로 회의에 임하고 기회가 생기면 진지하게 질문하거나 답하는 것이 중요하다. 최근에는 영어권 국가에서도 동양인들의 소극적 회의 성향에 대해 문화적 차이라고 인식하는 추세이긴 하다. 그렇더라도 이런 선입관을 타파할 수 있도록 적극적인 자세를 취하고 상대방과 눈이 마주쳤을 때 어색해하지 않는 것이 중요하다.

넷째, 미국이나 유럽 사람들은 회의 때나 대화를 할 때 어떤 일의 배경과 소소한 과정까지 다 이야기하는 경우가 많다. 이를 full disclosure(빠짐없는 공시)라고 하는데, 한국에서는 "그런 것까지 다 이야기를 해야 하나."라며 이야기하지 않아도 될 것 같은 소소한 부분까지 모조리 이야기한다. 이들은 밝혀야 할 것들을 미리 다 밝히는 것을 미덕, 아니 생활에서 중요한 부분이라고 생각하기에 한국에서처럼 대충 생략해서 말하면 integrity problem(진실성 문제), 즉 윤리적으로 문제가 있는 사람으로 비쳐질 수도 있고 나중에 있을 비즈니스에서 불이익을 볼 수도 있다. 너무 사소한 것까지 말하는 것은 좋지 않지만, full disclosure 개념에서 밝힐 것은 최대한 미리 밝히는 게 좋다.

다섯째, 복장은 당연히 중요하다. 유럽인들은 요즘 한국에서 유행하는, 몸에 딱 달라붙는 정장을 입기도 하지만 미국인들은 아직까지도 power suit(파워 수트)를 많이 입는다. Power suit는 힘과 권력을 상징하는 듯한 Brooks Brothers 계통의 정장을 말하는데, 미국에서는 professional attire(전문직 유니폼)라고 불릴 정도로 많이 입는다. 미국 농구 경기를 즐겨 본다면 전NBA 농구 감독 Pat Riley가 늘 입고 나오는 수트를 떠올리면 될 것이다. 특히 미국에서는 어깨가 좁고 몸에 착 달라붙는 양복을 입은 사람을 보면 그의 성적 취향이 남다를 것이라고 생각하기도 하므로 복장을 잘 갖추어 입는 것이 중요하다.

여섯째, table manners(식사 예절)는 당면 거래 못지않게 중요하다. 나이프와 포크 사용이 엉터리라든가, 다른 사람에 대한 배려가 없다든가, 메뉴판을 오래 보면서 시간을 끈다든가, 웨이터에게 예의 없이 군다든가, 세련되지 못한 대화를 한다면 비즈니스상 실수보다 더 치명적일 수도 있다. Table manners는 책으로 배우는 데는 한계가 있으니 실제로 외국 사람들을 많이 만나서 어떻게 하면 다른 사람들을 리드하며 식사도 맛있게 할 수 있는지 체득하는 것이 좋다. 외국에서 오래 살았건, 한국에서 서양 식당을 많이 갔던 간에 아직까지 제대로 된 table manners를 갖춘 한국인을 본 적이 많지 않기에 앞으로도 꽤 많은 노력이 필요할 것 같다.

출처 : 『월스트리트 비즈니스 영어회화』 중 발췌

사례 1-2 매너가 능력을 만든다

"Manner makes Man."(매너가 사람을 만든다). 영화 '킹스맨'의 명대사다. 매너란 단지 옷을 잘 입는 것이 아니라, 인격과 품성 등 내면의 아름다움이 뒷받침돼야 한다는 교훈을 준 영화로, 매너에 대해 다시 생각해보는 계기가 됐다. 이 명대사를 인용해 필자는 "매너가 능력을 만든다."고 생각한다.

필자도 조직 생활을 처음 시작할 당시 매너의 중요성을 잘 알지 못했다. 능력껏 일만 잘하면 된다고 생각했다. 경험이 쌓이면서 매너가 능력 밖의 요소가 아닌 능력 안에 포함된 개념임을 깨달았고 매너에 대해 다시 점검하게 됐다. 조직 생활을 시작하는 사회 초년생 대부분은 입사 후 직무에 대해서는 체계적인 교육을 받는 반면, 매너 교육은 상대적으로 부족한 것이 사실이다. 매너 교육을 받더라도 비즈니스에만 한정돼있어 식사 매너 등 중요한 것들은 소홀히 다루고 있다.

매너란 무엇일까? 검색 사이트는 '너란 행동하는 방식이나 자세'라고 답해준다. 즉, 매너란 '사람이 행동하는 모든 것'으로 해석할 수 있으며 이 행동하는 바는 표정, 인상, 말투, 몸짓, 자세, 눈빛, 고유 습관 등으로 드러난다. 인사할 때의 매너를 인사 매너라고 하는 것처럼 악수 매너, 명함 교환 매너, 전화 매너, 식사 매너, 면접 매너, 회의 매너, 대화 매너, 골프 매너, 보고 매너, SNS 매너 등 행동하는 양식에 따라 그 종류도 다양하다.

모든 행동은 매너가 좋다 또는 나쁘다로 평가받는다. 당연한 말이지만 사람들은 매너가 좋은 사람을 좋아한다. 일상이든 비즈니스든 매너가 좋은 사람과 관계를 맺고자 하고, 누구나 매너가 좋은 사람으로 평가받기를 원한다.

매너 종주국 영국을 비롯한 서양에서는 매너가 사람을 평가하는 중요한 잣대가 되기 때문에 어릴 때부터 식사 매너를 비롯한 다양한 매너 교육을 받는다. 유럽에서 접했던 매너의 여러 모습들은 무척 인상적이었다. 매너를 대하는 자세가 집착에 가까워 마치 종교를 대하는 듯한 신성함마저 느껴졌다. 여성을 위해 차문을 열어주는 남자, 뒷사람을 위해 문을 잡아주는 사람, 엘리베이터 앞에서 양보하는 사람, 식당 종업원을 공대하는 손님 등으로부터 그 사회가 축적해온 매너의 품격을 느낄 수 있었다.

"사람들 대부분이 무시하는 사소한 매너까지 지키는 소수의 사람들은 그 행동 덕분에 부자가 된다"는 말이 있다. 매너는 사소하게 보이는 작은 행동에서 드러나며 자신을 비추는 거울과도 같은 것이다.

미국에서는 "식당 종업원을 하대하는 사람과 비즈니스를 하지 말라"는 말이 있다. 그런 부류의 사람은 이해관계에 의해 당장은 나와 교류할 수 있지만, 이해관계가 없어지면 나를 버릴 사람으로 판단하는 것이다. 즉, 매너 없는 사람과는 비즈니스(교류)를 삼가라는 뜻이다.

매너는 그 사람의 인격과 성품을 드러내는 상징이다. 최근 SNS의 폭발적 확산으로 SNS 매너를 미처 배우기도 전에 그 기능과 편리함만을 탐닉하다 보니, SNS 비(非)매너가 인간관계를 해치는 것을 넘어 사회문제로까지 번지고 있다. 이렇듯 SNS 비매너로 많은 문제가 발생하고 있지만, SNS 매너에 대한 사회적 논의와 교육 수준은 여전히 부족한 것이 현실이다. 우리가 매일 사용하는 메신저(카톡, 이메일 등) 채널에서도 매너 문제가 발생한다.

예컨대, 상사의 업무지시에 다양한 형태의 답변이 있을 수 있다. “예(네).”, “옙(넵).”, “예, 알겠습니다.”, “예, 부장님 잘 알겠습니다.” 등 어떤 답변이 좋은 매너인지 누구나 알 수 있으나, 모두가 매너 있게 행동하지는 않는다. 이메일도 마찬가지다. 상사나 동료에게 보내는 메일에 호칭과 인사를 생략하는 비매너가 다반사다. 이렇듯 상식적인 매너조차 잘 지키지 않는 것은 매너에 대한 성찰이 부족한 탓은 아닐까?

매너 좋은 사람이 되려면 어떻게 해야 할까? 일단 좋은 매너스킬을 알아야 한다. 알아야 행동할 수 있다. 매너 좋은 사람이 되고 싶어도 어떤 것이 좋은 매너인지 모르는 경우가 많다. 악수할 때 손에 적당한 힘을 주는 것, 명함을 교환할 때 상대방과 눈과 마주치는 것, 식사할 때 동석자와 속도를 맞추는 것, 상대방의 말을 함부로 끊지 않는 것 등은 가장 기본적인 매너임에도 이를 잘 알지 못하고 결례를 범하는 경우를 많이 본다.

그러나 매너스킬은 사실 큰 틀의 가이드라인에 불과해 이를 잘 아는 것만으로는 다양하게 부딪치는 인간관계에서 발생하는 모든 상황에 대처하기는 불가능하다. 당연히 모든 매너 스킬을 습득하는 것도 어려운 일이다. 보다 근본적인 방법은 겉으로 드러나는 자신의 행동에 책임을 질 수 있는 내면의 좋은 매너 감성을 쌓아가는 것이다. 매너스킬을 갖추었더라도 내면의 감성이 부족하다면 진정성이 의심받을 수 있으며, 일시적인 연극을 지속할 수도 없는 노릇이다.

단순한 인사를 나누더라도 형식적인 인사와 진정성이 묻어난 인사는 다를 수 밖에 없고 상대방도 그 차이를 느끼게 마련이다. 약자에 대한 배려심, 자신을 낮추는 겸손, 상대의 말을 진심으로 경청하는 자세, 상대방을 진정으로 존중하는 마음 등 좋은 감성을 쌓아간다면 매너 좋은 사람의 모습에 다가설 수 있을 것이다.

세상은 점점 더 복잡해지고 있고, 비즈니스 환경에서는 훨씬 더 많은 인간관계를 맺어야 한다. 앞으로 매너는 진정한 친구를 찾는 수단으로 더욱 중요해질 것이며, 비즈니스는 좋은 매너를 갖춘 사람이 유리해지는 게임이 될 것이다. 매너는 능력 밖에 있는 것이 아니고 그 자체가 능력이다.

매너스킬을 배우고 내면에 좋은 매너 감성을 쌓아간다면, 일상에서도 비즈니스에서도 더욱 돋보이는 자신을 발견하게 될 것이다. “매너가 능력을 만든다”

출처 : 프라임경제, 2020.08.28. 한현석 서울IR 네트워크 대표이사

CHAPTER 02

비즈니스 매너와 인간관계

01 친절과 감성지수

친절이란 남을 정겹게 대하는 태도로 친절은 상대방만을 위하는 것이 아니라 본인이 행복해지고, 자기 자신을 드러내는 자기 홍보 방법이다. 이러한 친절의 효과로는 크게 세 가지를 들 수 있다. 첫째, 받는 자와 베푸는 자가 모두 행복하다. 둘째, 받는 자는 고귀해지고, 베푸는 자는 위대해진다. 셋째, 받은 만큼 베푼 자에게 반드시 되돌아온다. 이러한 친절은 선천적인 것이 아닌 후천적인 것으로, 체계적인 훈련이 필수적이다.

이러한 친절을 기반으로 한 친절 서비스는 오늘날 서비스업종은 물론, 국가기관에 이르기까지 필수적인 요소가 되었다. 친절 서비스는 단순한 봉사나 상업적인 서비스가 아니며, 성공적인 인간관계는 물론 인생의 성공까지 좌우하는 요소이다.

21세기는 디지털 시대다. 고도정보화 시대의 도래와 더불어 신속하고 정확하게 정보를 획득하고, 그것을 기반으로 눈에 보이는 확실한 성과를 보여주어야 능력 있고, 발전의 잠재력이 있는 인재로 인정될 수 있다는 것이 대다수의 공통된 인식이다.

그러나 인생과 사업에서 성공한 사람들의 성공 요인을 조사해 보면 의외로 인간관계를 꼽는 이들이 적지 않다. 즉, 훌륭한 매너를 통해 이룩한 동료와의 관계 그리고 고객과의 관계야말로 성공의 밑거름이라는 것이다.

조직 속에서의 인간관계가 개인의 미래와 성공에 지대한 영향을 줄 수 있다는 사실에 대해서는 누구나 알고 있는 듯하다. 그러나 구체적으로 무엇을 어떻게 해야 할지 이해하는 이들은 드물다. 직장에서건 아니면 다른 어떤 곳에서건 인간관계를 성공적으로 이끄는 사람들, 즉 남들을 배려할 줄 아는 친절한 사람들에게는 공통점이 있다.

친절이란 무엇인가? 이것은 다음과 같이 표현할 수 있다.

- 친절은 심리적 상황과 관계가 있다.
- 친절은 창조적 발상과 관련이 있다.
- 친절엔 반드시 보상이 따른다.
- 친절은 청소, 청결, 정리, 정돈의 생활화와도 관계가 있다.
- 친절은 투철한 주인의식에서 비롯된다.

최근 우리 사회가 지나치게 삭막하고, 불친절하다며 비판하는 이들이 많다. 그런데 속사정을 가만히 들여다보면 타인의 불친절에 대해서는 비판하고 흥분하면서 정작 자기 자신의 불친절에 대해서는 깨닫지 못하는 이들이 적잖이 눈에 띈다. 자기 자신을 다음과 같은 시각에서 냉정히 살펴보고, 자신의 친절 점수는 얼마나 되는지 평가해 보자.

- 언제나 상대방을 반갑게 맞이하고 표정이 밝고 따뜻한가?
- 말씨가 부드럽고 자상한가?
- 늘 남들에게 봉사한다는 마음의 자세를 갖추고 있는가?
- 전화를 겸손하고 친절한 자세로 받는가?
- 남들과 대화를 나눌 때 혹 상대방이 불쾌하게 여길 수 있는 행동을 하지 않는가?

자신의 관리는 물론 타인과의 관계에 대한 관리와 관련되는 지능을 흔히 감성 지능이라 부른다. 지적 지능인 IQ가 높은 사람보다 감성 지능인 EQ가 높은 사람이 인생에서 성공할 확률이 오히려 월등히 높다는 연구결과가 있다. 감성 지능이 높은, 친절한 사람들과 자신의 차이점을 비교하는 일은 성공적인 직장생활을 위해 매우 중요한 요소다. 비즈니스맨의 경우도 감성 지능이 자신이 소속된 조직에서 근무하는 동료와의 관계는 말할 것도 없고 친지들이나 다른 사람과의 관계에서 어떻게 작용하는지를 이해하고, 그것을 토대로 자신의 비즈니스를 관리한다면 성공의 가능성은 훨씬 커질 것이다.

사람들의 표정이나 인상은 하루아침에 달라질 수 없는 법이다. 친절은 몸에 밴 습관이기 때문에 상당한 노력 없이는 갖추기 어렵다. 즉 뼈를 깎는 훈련과 노력이 필요하다. 외모나 성격은 타고나는 것이지만 친절은 후천적으로 만들어지는 것이므로 체계적으로 훈련하지 않으면 안 된다.

02 감성 지능

감성 지능이란 자신의 감정을 이해하고, 남들과 공감할 줄 알며, 행복한 삶을 이루는 방향으로 감정을 조절할 수 있는 능력을 일컫는데, 정서적 지능이 높은 사람들은 대인관계에서 타인의 감정에 민감하고, 그들과 잘 공감하며 친절하게 대하는 것이 특징이다.

1) 자기 감정 인식

자기감정에 대한 인식은 자신에 대해 얼마만큼 알고 있는가를 측정하는 지수다. 감정 인식 지수가 높은 사람들은 의사결정의 능력이 뛰어나다. 그리고 자신의 적성을 잘 이해하고 있으며, 자신의 미래와 직업을 올바로 선택할 수 있는 능력을 갖추고 있다.

2) 자기 감정 조절

자기감정 조절은 상황에 따라 자신의 감정을 통제할 줄 아는 능력이다. 분위기와 상황을 제대로 파악하고 거기에 맞추어 표정을 관리하고 지혜롭게 자신의 감정을 표현할 줄 아는 능력을 가리킨다. 개인적으로 좋지 않은 일이 있다 하더라도 그러한 상황을 알 리 없는 사람들에게 그러한 기분이 그대로 전달된다면 과연 친절하다는 말을 들을 수 있을까? 감정을 통제하는 것은 자기관리의 핵심이다.

3) 자기 동기화

자기 동기화는 자신이 세운 목표를 달성하기 위해 인내력과 의지력으로 끊임없이 자신을 동기화할 줄 아는 능력이다.

4) 공감적 이해력

공감적 이해력은 타인의 감정을 읽고 감정을 이입하는 능력이다. 또한, 자신의 좋지 않은 감정을 다스리고 긍정적인 느낌을 공감적으로 표현하는 능력이다. 상대방의 관점에서 이해하고 표현하려는 마음가짐을 지닐 때 상대방은 친절하다고 느낄 것이고, 자신과 자신의 조직에 대해 좋은 인상을 느낄 것이다.

5) 대인관계 능력(상황 판단력/유연성)

대인관계 능력은 상황에 맞는 대화와 행동을 하는 능력으로, 상황 판단이나 일 처리를 유연성 있게 수행하는 능력이다. 상대방이 무엇을 원하는지, 지금 어떤 도움을 주어야 하는지를 빨리 파악해 행동하고, 준비가 어렵거나 아예 불가능한 서비스를 요구해도 상황에 맞게 적절히 대처해 나갈 수 있는 능력을 가리킨다.

03 친절과 인간관계

인간은 탄생부터 관계라는 틀 속에서 삶을 펼치게 된다. 삶 속에서 함께 살아가야 할 여러 사람과 불필요한 갈등 없이 친밀하고 협동적인 인간관계를 형성함으로써 삶을 풍요롭고 행복하게 만들어 나가는 일이 주요한 과제이며, 이를 통해 삶의 문제란 곧 인간관계의 문제라는 것을 알 수 있다.

인간관계는 사람 간의 상호작용이므로 성숙한 인간관계를 위해서는 그 대상이 되는 타인, 나아가 인간에 대한 깊은 이해가 필요하다. 타인이 가지고 있는 욕구는 무엇인지, 어떤 생각을 하는지, 어떤 반응을 하는지, 나의 말과 행동이 상대에게 어떤 영향과 변화를 주는지 등에 대한 이해가 깊을수록 인간관계는 더 효율적이고 원활하게 작동한다. 또한, 인간관계에서는 서로 다른 개성을 지닌 사람들이 만나 상호작용이 이루어지며, 이러한 과정은 매우 복잡하므로 과정에 대한 이해 역시 매우 중요하다.

1) 참된 친절은 소신과 철학이 있어야 한다.

친절에 대한 철학은 친절에 대한 시각이나 신념과 같은 마음가짐을 말한다. 겉치레 친절이 아니라 참된 친절이 되려면 정신적 바탕이 되는 자기 나름의 철학이 있어야 한다. 아무런 철학이나 소명의식 없이 그저 윗사람이 시키니까 혹은 인사고과에 반영되기 때문에 마지못해서 베푸는 친절은 그 바탕이 허약해 오래 가지 못한다.

무엇이든 겉으로 드러나는 행동은 마음속에 자기 소신이나 신념이 있어야만 오래도록 지속하는 법이다. 친절도 일시적인 것이 아니라 꾸준하고 진정한 의미의 친절이 되려면 친절이 좋다고 확신해야 한다. 친절에 대한 의지나 자기 소신이 부족하므로 다수의 서비스 종사자들이 친절 하라는 얘기를 귀가 따갑도록 들으면서도 겉치레 친절에 그치는 것이다.

환대를 받는 고객들은 비즈니스맨들의 마음에 없는 친절을 금방 알아차린다. 친절에 대해 자기 철학을 확고하게 지니고 있으면 우선 자기 마음이 편해지고 친절한 매너에 쉽게 익숙해질 수 있다.

진정으로 친절하려면 다음과 같은 마음의 준비를 하여야 한다.

"친절과 봉사는 좋은 것이다."
"친절은 나를 위해서도 좋은 것이다."
"친절은 항상 보람 있고, 베풀 만한 가치가 있다."
"불친절한 매너는 정말 보기에 흉하다."
"친절해야 나도 행복해지고, 나의 조직도 이익을 얻는다."
"유능한 사람은 친절하다."
"친절하므로 나는 진정 행복하다."

다른 사람에게서 친절과 봉사를 기대하지 말고, 내가 먼저 남에게 친절과 봉사를 베푸는 데서 보람과 만족을 찾아야 한다. 이렇게 친절한 마음이 잘 갖추어진 사람은 하루하루가 즐겁고 유쾌하다.

2) 친절은 모두를 위한 것이다.

사람이 친절하면 우선 좋은 인상을 주기 때문에 주위 사람들로부터 호감을 얻기 마련이다. 조직 내에서 혹은 남들로부터 호감을 얻는 것보다 더 큰 밑천은 없다. '이미지 메이킹(image making)'의 관점에서 본다면 친절은 가장 대표적인 긍정적 이미지다. 사람은 본능적으로 상대방이 친절하면 경계심이나 대립의식이 사라지고, 친근감이 생긴다. 바꾸어 말하면 그만큼 자신을 지지하는 응원군이 많아지는 셈이다.

실제로 조직 생활을 하다 보면 독불장군은 없으며, 상사나 동료로부터 어떤 형태로건 도움을 받아야 한다. 이 경우 친절하고 매너가 바른 사람은 불친절한 사람에 비해 비교할 수 없을 정도로 큰 도움을 받는다는 사실을 쉽게 확인할 수 있다.

3) 불친절은 손해로 이어지기 쉽다.

겉으로 나타나는 태도가 불친절하다는 것은 그 사람의 마음이 제대로 수련되지 못했다는 증거다. 이런 사람들은 마음이 평온하지 못하기 때문에 무엇보다 자기 자신에게 불만이 많고 짜증스럽다.

사람의 태도나 말이라는 것은 그 사람 마음의 표현이다. 마음속에 심각한 문제가 있으면 대인관계나 조직 생활에서 장애가 많아지기 마련이다.

일반적으로 고객들이 접촉하는 창구 업무는 여성들이 담당하는 경우가 적지 않다. 여직원들이 고객들을 얼마나 친절하게 대하는가에 따라 그 회사의 이미지가 좌우된다.

친절이라는 것은 돈이 드는 게 아니다. 큰 노력이나 힘이 드는 것도 아니다. 성의와 관심만 있으면 얼마든지 가능하다.

4) 불친절은 이유 없이 오해와 미움을 산다.

사람이 무뚝뚝하거나 불친절하면 본의 아니게 오해를 사는 경우가 많다. 즉 막상 본인의 뜻은 그런 것이 아닌데도 불구하고 상대방은 불쾌해지고 더러는 불편해한다.

더러는 "젊은 녀석이 뭐 저따위야!" "새파랗게 젊은 아가씨가 건방지긴!"이라는 식의 거칠고 험악한 반응이 나오기도 한다. 이런 오해가 반복되다 보면 조직 내에서는 물론, 상대하는 모든 사람으로부터 미움을 받을 수 있다.

겉보기에는 흉측해 보이는 악어도 껍질을 벗기면 속살이 마치 민물고기들처럼 연하다고 한다. 그런데 겉모양이 흉악한 악어를 보면서 악어의 속마음을 속속들이 이해하고 읽어낼 사람은 없을 것이다. 사람은 혼자선 살아갈 수가 없는 존재다. 주위의 인심도 얻어야 하고, 또 남의 도움을 받아야 할 일도 많다.

5) 친절은 성공으로 가는 길이다.

사람이 성공하는 데는 여러 가지 요소가 필요하다. 능력, 노력, 성실은 말할 것도 없고 운도 어느 정도 작용할 것이다. 그러나 성공의 조건으로 만약에 친절과 매너를 제외한다면 불완전할 것이다. 사업에 성공했거나 상당한 지위에 오른 사람들은 대개 매너가 세련되고 친절하다는 공통점을 가지고 있다.

직장에서 혹은 사회에서 무언가 뜻을 이루고 싶다면 우선 친절과 매너로 주위의 호감과 인심을 얻는 것이 빠른 방법이다.

"친절 하라!" "친절 하라!" 계속 똑같은 주문이 이어지다 보면 괜히 "친절해서 뭘 해?"라는 식으로 거부감을 느끼기 쉽다. 그러나 친절은 남을 위한 것이 아니라 자신을 위한 것이다. 친절하면 할수록 좋아지는 것은 나 자신이다. 친절하려고 노력하는 동안 좋은 심성이 자리 잡게 되고, 그러다 보면 좋은 인간관계를 만들 수 있다.

6) 정신적으로 여유 있는 사람이 친절하다.

어떤 사람이 친절한가? 어떤 사람이 친절할 수 있을까? 원래 천성이 친절한 사람도 있을 것이다. 그러나 일반적으로는 정신적으로 여유가 있는 사람이 친절하다고 할 수 있다.

정신적으로 여유가 없으면 우선 자기 스스로 무언가에 쫓기고 불안하기 때문에 다른 사람에게 마음을 쓸 겨를이 없다. 이런 타입의 사람들은 항상 자기 마음에 여유가 없으므로 매사에 짜증을 부리고 불만이 많다. 이것이 중첩되면 불친절이라는 형태로 나타난다. 그러므로 친절과 매너를 익히기 위해서는 먼저 항상 정신적인 여유를 가지는 것이 필요하다. 정신적 여유는 반드시 물질적 여유나 좋은 조건이 갖추어져야만 하는 것은 아니다. 누구나 자기 위치에서 '정신수련'만 잘하면 정신적 여유는 언제든지 가질 수 있다.

좋은 조건, 풍족한 환경에서 정신적 여유를 가지기는 쉽다. 그러나 어려운 조건, 힘든 상황에서 정신적 여유를 갖는 것이 더욱 중요하다.

허겁지겁 일에만 매달릴 것이 아니라, 설령 바쁘더라도 항상 마음의 여유를 갖도록 노력할 필요가 있다.

7) 자신 있는 사람이 친절하다.

무슨 일이든 자신 있는 사람은 그만큼 정신적 여유가 있으므로 초조해하거나 불안해하지 않는다. 이런 사람들은 자신이 넘치기 때문에 상대방이 다소 불친절하고 무례하게 굴더라도 즉각적으로 반응하려 들지 않는다. 이는 마치 어른이 어린아이들과 다투지 않는 이치와 같다.

그러면 어떤 사람이 자신 있는 사람일까? 반드시 돈이 많거나 지위가 높거나 능력이 뛰어나다고 해서 자신이 있는 것은 아니다. 진정 자신이 있는 사람은 자기가 하는 일이나, 생각하는 것에 대해 믿음이 있는 사람이다. 자기 스스로에 대한 믿음이 있으면 누가 시비를 걸거나 비판을 해도 흔들리지 않으며, 불안해하지도 않는다. 언제나 당당하다.

주변을 둘러보면 의외로 자신감이 넘치는 사람이 많지 않다. 그래서인지 항상 정신적으로 불안하고, 남의 눈치를 많이 본다. 또 그 결과로 외부적으로 불친절한 행동으로 이어지는 경우가 많다. 남이 조금만 싫은 소리를 해도 금방 자존심이 상해 불쾌한 언사가 나온다.

비즈니스맨이나 서비스맨들은 매사에 자신감을 가져야 한다. 자기가 매일 수행하는 비즈니스 업무와 서비스에 대하여 프라이드를 가져야 한다. 비즈니스 분야와 서비스 분야에서 중요한 임무를 수행하는 데 대해 자부심을 느끼지 못할 이유가 없다. 이렇게 자기 일에 자신을 가지는 것이야말로 결국 상대방에게 더욱 친절해지는 방법이다.

8) 교양 있는 사람이 친절하다.

교양이란 무엇일까? 단순히 지식만 있어서도 안 된다. 교양은 아는 것이 이른바 덕으로 승화되어야 한다. 대학이나 대학원을 나왔다고 교양 있는 사람이 되는 것은 아니다. 반대로 초등학교만 졸업했다고 해서 교양이 없는 것도 아니다.

진정한 교양이란 사람 됨됨이를 말한다. 진정한 의미의 교양이 있는 사람은 교만하지 않다. "벼는 익을수록 고개를 숙인다."라는 속담이 있다.

사람도 교양이 많아지면 저절로 겸손해지고 친절해진다. 무엇을 좀 안다고 교만하거나 약간의 지위가 있다고 거만한 사람은 진정한 교양인이라 부르기 어렵다.

9) 인내심이 부족한 사람은 불친절하다.

친절하려면 무엇보다 인내심이 있어야 한다. 왜냐하면, 일하다 보면 도저히 친절할 수 없을뿐더러 불쾌하고 황당한 일들이 자주 일어나기 때문이다.

손님 중에는 정말이지 별의별 사람들이 다 있을뿐더러 매너가 엉망인 손님도 있기 마련이다. 서비스가 조금만 늦으면 신경질을 부리고 욕설을 해대는 사람이 있는가 하면, 안내서에 다 나와 있는 내용을 갖고 시시콜콜 물어보는 사람이 있다. 또 불가능한 일을 생떼를 써가며 되게 해달라고 조르거나 화를 내는 사람도 있다. 그야말로 개인적인 일 같으면 욕이나 실컷 해주고 한바탕 싸움이라도 해버려야 직성이 풀릴 손님이 넘친다.

그러나 이런 상황에서 인내심이 부족해 덩달아 화를 내거나 불친절하게 대하면 그것으로 인간관계나 비즈니스는 끝장이다. 무조건 참아야 한다. 너그러운 마음으로 또, 바다와 같이 넓은 마음으로 꾹 참아내야 한다. 그래야 참된 의미의 친절이다. 물론 참는 것이 어렵다거나 또 참는 데 한계가 있다고도 할 수 있을 것이다. 정말 참을 수 없는 상황일지라도 지혜를 써서 상대방이 알아들을 수 있도록 차근차근 설명하는 것이 좋다. 이런 점에서 진정으로 친절하려면 인내심을 길러야 한다. 인내심을 기르면 인생을 지혜롭게 사는 데도 큰 도움이 될 것이다.

사람이 기계나 컴퓨터가 아닌 이상 반복되는 일이 지겹고 짜증나지 않을 수가 없다.

그렇지만 서비스 종사자나 비즈니스 업무를 하는 사람들은 진득하게 인내심을 발휘해야 한다. 즉 아무리 속으로 천불이 나더라도 꾹 참는 연습을 해야 한다. 평소에 잘 하다가 이럴 때 실수를 하면 만사가 무위로 끝나거나 허사가 되고 만다.

서비스맨의 경우 특히 상대방이 이상한 일로 시비를 걸거나 무례하게 나올 때 주의해야 한다. 상대방이 무례한 말이나 행동을 할 때 같이 싸움을 하거나 화를 내는 것은 결코 세련된 행동이나 득이 되는 행동이 아니다. 당연한 얘기지만 이렇게 참는 것을 자존심이 상하는 일이라 생각할 필요는 없다. 오히려 무분별하게 나오는 상대방에게 문제가 있다. 상대방의 무례한 행동마저 대범하게 포용하는 자세야말로 훌륭한 사람의 덕목이요, 진정한 프로정신이다.

10) 친절은 좋은 이미지를 갖도록 만든다.

현대사회는 이미지가 무엇보다 중요하다. 이미지를 구성하는 요소는 여러 가지가 있겠지만 표정이나 태도로 나타나는 친절은 이미지와 직결되어 있다.

밝게 웃는 얼굴, 명랑하고 쾌활한 인사, 묻는 말에 성의껏 대답하는 태도, 무엇이든 상대방을 도와주려는 자세, 언제나 부드럽고 세련된 매너, 이것이 바로 표정이나 행동으로 나타나는 '친절'의 속성이자 근사한 이미지의 기본적 요소다.

무언가 어둡고 우울한 표정, 인사성이 없으며 무표정한 태도, 묻는 말에 마지못해 귀찮은 듯이 대답하는 자세, 상대방에게 거부감을 주는 태도와 같이 불친절과 연결되는 요소들이 긍정적인 이미지를 주지는 않는다.

이미지 메이킹에 있어서 '친절과 매너'는 기본이다. 노력하면 '친절과 매너'는 온몸에서 풍겨 나오고, 말이나 행동에서 저절로 나타난다.

'바디 랭귀지'라는 말도 있듯이 친절과 매너가 몸에 배어 있을 때 당사자의 이미지는 한결 달라질 것이다.

11) 친절한 매너는 습관이다.

모든 일이 다 그런 것처럼 친절이나 봉사도 기본적으로 본인이 관심을 가지고 노력해야 한다. 아무리 주위에서 강조해도 막상 본인이 별로 관심이 없거나 노력하지 않으면 나아질 수 없다. 따라서 친절에 대해서는 본인이 좋은 비즈니스 매너를 익히겠다는 의지와 노력이 중요하다. 이런 노력만 있다면 익히는 것은 시간문제이다. 같은 시기에 비즈니스 업무를 맡았더라도 거부적인 자세를 가지고 있거나 관심이 없으면 1년, 2년이 지나도 그 태도는 조금도 나아지지 않는다. 자기 계발이나 자기 발전이라는 것은 결국 스스로 마음먹기에 달렸다.

12) 마음에서 우러나오는 친절이 진정한 친절이다.

흔히 '친절 하라!' '더욱 친절해져라!'라는 말을 직장에서 자주 듣다 보면 자칫 만성이 되어 겉치레 친절로 흐르기 쉽다. 그래서 더러는 상대방을 대할 때 친절을 가장하기도 한다.

그러나 사람의 표정이나 동작은 속이기 어렵다. 마음에 없는 친절, 겉치레 친절은 상대방이 직감으로 알아차린다. 왜냐하면, 이것이 태도나 동작에 그대로 나타나기 때문이다. 자신이 베푸는 친절이 마음에서 우러나오는 것인지 생각해 보자. 만일 자신의 친절이 매일 반복되는 단순한 습관적인 것이라면 마음이 담긴 진정한 친절이 어떤 것인지 생각해 보는 것이 좋다.

13) 친절에는 겉치레 친절과 진정한 친절이 있다.

'바디 랭귀지'라는 말이 있다. 글자 그대로 신체 언어를 가리킨다. 생각하거나 느끼는 것이 표정이나 태도에 그대로 나타난다는 뜻이다. 뱀을 보고 징그러워하거나 공포영화를 보고 무서워할 때 특별히 말로 표현하지 않아도 표정과 동작에 그대로 나타난다. 친절도 바디 랭귀지로 나타난다.

예를 들어 반가운 친구가 찾아 왔을 때 태도와 보기 싫은 친구나 빚쟁이가 나타났을 때 표정을 생각해 보기 바란다. 이런 반응은 구체적 인사나 말로 표현되기 이전에 몸 전체에서 나타난다.

'어서 오세요!'라고 앵무새처럼 습관적으로 인사하는 종업원들이 적지 않다. 그러나 상대방 처지에서는 이러한 인사를 받고 아무도 친절하다는 느낌을 받거나 감동을 하지 못한다. 반가운 표정과 반가운 인사말, 상대방을 환영하는 동작이 전체적으로 나타나야 한다. 이것이 진정으로 친절한 자세다.

14) 친절은 봉사심에서 비롯된다.

사람이 친절하다는 것은 기본적으로 남을 위하는 마음이 바탕이 된다. 이기심만으로는 올바른 친절이 될 수 없다. 남을 위하는 마음이라는 것은 바로 봉사 정신이다.

봉사 정신은 무엇보다 그것을 베푸는 이의 마음부터 훈훈하게 만든다. 그리고 받는 이의 마음은 그 이상으로 따뜻해진다. 우리가 각자의 위치에서 맡은 일을 충실히 하면서 조금만 봉사 정신을 발휘하면 서로가 따뜻하고 훈훈해질 것이다.

특히 비즈니스 업무를 하는 사람들이 친절이나 봉사를 지겹다고 생각하면 문제가 생긴다. 이런 생각을 가지면 자신이 하는 일이 싫어지고, 업무가 고통스러워진다.

아침부터 온종일 근무하는 직장일, 그리고 어쩌면 평생의 과업이 될지도 모르는 일이 이렇게 지겹다면 누구든 자신의 직장 일을 원만하게 할 수 없다. 그리고 생활도 행복하지 않다.

비즈니스 업무는 자발적으로 그리고 기쁜 마음으로 해야 한다. 그래야 직장 일이 즐겁고 마음도 행복해진다.

15) 상대방의 불친절을 친절로 응대한다.

상대방이 친절할 때 자신도 친절한 것은 누구나 손쉽게 할 수 있는 일이다. 진정으로 친절한 사람이 되기 위해서는 상대방이 친절할 때뿐만 아니라 불친절할 때도 친절해야 한다. 상대방이 경우 없이 무례하고 거칠게 나올 때 어떻게 친절하게 응대할 수 있느냐는 데 대해 의문을 제기하는 사람도 있을 것이다.

그런데 이것이야말로 친절의 테크닉이다. 친절한 매너가 몸에 밴 사람은 이럴 때 절대로 흥분하거나 말다툼을 하지 않는다. 그리고 물처럼 부드럽고 조용하게 대응한다. 이렇게 덩달아 말 상대를 하지 않으면 오히려 흥분해서 떠들던 상대방이 멋쩍어져 조용해진다.

이유야 어떻든 비즈니스 업무를 수행하는 직원이 고객과 말다툼을 벌이는 것은 이미지관리 상 좋지 않다. 그렇다면 비즈니스 업무를 수행하는 직원들은 자존심이나 인격도 없느냐고 묻고 싶을 것이다. 그러나 이것은 자존심이나 인격에 관한 문제가 아니다. 똑같은 일을 겪더라도 친절한 매너가 몸에 밴 사람은 이를 조용하고 슬기롭게 처리한다.

16) 친절은 양보하고 져주는 자세이다.

우리 속담에 '지는 것이, 이기는 것'이라는 표현이 있다. 싸움에서 이기는 것이 우선은 기분이 좋고 또 얻는 것이 많은 것처럼 보이지만 실제로는 뒤편으로 잃는 것이 더 많다. 상대방과의 시비에서는 양보하는 미덕을 발휘하는 자세가 좋다. 더욱 넓은 마음으로 양보하면 그 당시는 다소 기분이 좋지 않지만 지나고 보면 오히려 마음이 편하다. 이렇게 양보하는 자세가 훈련되어야 한다.

원래 여유가 있고 자신 있는 사람이 양보하기 마련이다. 무언가 모자란 사람들은 한 치도 지지 않으려 버틴다. 사소한 일에 양보하고 져주는 것, 이것이 바로 현명한 이들이 취할 태도다.

17) 친절은 자기평가와 반성을 해야 한다.

주변으로부터 친절하다는 평을 받을 때도 늘 불친절한 점이 많다고 생각하는 것이 바람직하다. 사람이 자만하기 시작하면 바로 그 시간부터 개선이나 발전은 멈추어 버린다. 친절이나 봉사의 문제도 그렇다. 친절이라는 것은 아무리 숙달하고 노력해도 한이 없다.

그런데 막상 당사자가 "나는 이 정도면 충분하다." "이 정도 이상을 어떻게 해?" 하는 식의 마음을 가지고 있으면 그 이상 나아지기가 어렵다.

다른 모든 것들도 그렇지만 친절이나 서비스도 "내가 아직 부족하구나." "더욱 친절한 방법이 없을까?"라는 기본자세를 가지고 있어야 개선과 발전의 여지가 있다.

흔히 서비스 직종에 몇 달 근무하는 과정에서 맡은 일에 어느 정도 익숙해지면 또 오랫동안 근무하다 보면 실수와 함정에 빠지기 쉽다.

이러한 사람들은 업무에 익숙해지고, 또 어떻게 보면 타성에 젖어 자신의 자세나 태도가 훌륭한 것으로 착각한다. 그러나 제삼자의 객관적 시각에서 보면 아직도 문제점이 많으며, 이처럼 문제점이 있는 곳에 개선의 여지도 있다.

그러므로 친절이나 서비스에 관한 한 나는 아직도 부족하고, 따라서 늘 고쳐야 할 점이 많다고 생각하는 자세를 가져야 한다.

18) 접객서비스는 플러스 발상이다.

고객을 상대하다 보면 훌륭한 사람도 많지만 가끔은 상대하기 싫은 손님도 있기 마련이다. 이러한 일들을 일일이 신경 쓰다 보면 노이로제에 걸리고 말 것이다.

훌륭한 손님을 만나게 되면 "나도 저런 사람이 되어야지."하고 다짐을 하며 감사하게 생각하고, 손님을 만나면 "내가 저렇게 되어서는 안 되겠구나."하고 배우는 자세로 임할 필요가 있다. 바로 이점이 훌륭한 접객서비스의 비결이다.

04 인간관계의 중요성

1) 인간관계란?

인간관계(人間 關係)는 둘 이상의 사람이 빚어내는 개인적이고 정서적인 관계를 가리킨다. 이러한 관계는 추론, 사랑, 연대, 일상적인 사업 관계 등의 사회적 약속에 기반을 둔다.

2) 인간관계의 중요성

그럼 왜 인간관계가 중요할까? "인간은 만남으로 자란다."라고 한다. 사회적 동물로서 인간은 의식적이든 무의식적이든, 원하든 원하지 않든 간에 여러 가지 형태의 대인관계를 맺고 살아간다. 다시 말해서 인간 상호의 관계성이 인간의 본질적인 측면이며 필연적인 사실이다.

이와 같은 인간관계가 만족스럽고 효과적일 때 우리는 더욱 풍부하고 완성된 인간이 되는 것이며 그렇지 못할 때 일하고자 하는 의욕도 상실하고 우리의 성장과 발달이 방해받게 된다.

인간이 가장 먼저 만나는 인간관계는 부모-자식 관계이다. 이 관계를 통해 평생을 좌우하는 인성 형성의 기초가 이루어진다. 그뿐만 아니라 지능발달에 서도 큰 역할을 한다는 것이 현대 발달심리학자들의 공통된 견해이다. 더욱 성장해서는 또래 집단과의 인간관계, 학교에서 교사와의 인간관계, 친구와의 인간관계를 통해 자아를 발달시키며 사회적 적응과 도덕성을 심화시키고 인격을 성장시켜나간다.

개인의 자기 성장에서 필수적이다. 다른 사람과 솔직하지 못한 관계를 계속하면 다른 사람에게 불쾌감을 주고 자신의 문제점을 스스로 발견할 수도 없고 다른 사람의 충고를 들을 수도 없어 개인의 성장이 중단되는 것이다. 인간은 성장하는 존재이기 때문에 성장의 중단은 바로 자신의 퇴행을 의미한다.

오늘날 우리 사회와 기업이 당면한 과제도 조직 내의 인간관계의 회복이다. 과거와 같이 절대적인 빈곤 속에서 '임금'과 같은 물질적 보상이, 중요한 노동 생산성 향상의 수단이었지만 절대 빈곤에서 탈피한 지금은 그렇지 않다. 오히려 경제적 동기보다 사회적 동기가 더 중요하게 되었다. 따라서 조직 내부에서 서로 존중하고 신뢰하는 인간관계가 이루어져 있지 않으면 아무리 근로조건이 좋아도 신명 나게 일할 수 없다.

임금이나 근로조건이 나아졌음에도 생산성이 오히려 떨어진다든가, 불평불만이 계속 고조되는 조직을 잘 관찰해보면 그 속에서의 인간관계가 깨어져 있음을 알 수 있다. 요즈음 우리 사회에서 문제시되는 근로계층의 노동의욕 저하도 근로자의 사회적 욕구 즉 인간관계에 관한 갈망을 충족시켜주지 못하는 데도 이유가 있다고 보아야 한다.

인간관계 능력의 중요성은 세계화 정보화가 가속되는 현대와 미래 사회에 더욱 필요하게 된다. 과거에는 대부분의 발명이나 신지식의 개발이 혼자서 이루어진 게 많다. 과거에는 에디슨이 백열등을 발명하였고, 스티븐슨이 증기기관차를 발명하였다는 식으로 혼자서 한 일이 많았지만, 컴퓨터, 핸드폰 등등 현대의 첨단기기는 혼자의 작품이 아니라 많은 사람의 협동 결과이다. 이렇게 여럿이 모여 지혜를 모으는 게 중요한 시대 즉 집단지성의 시대가 된 것이다. 이런 시대에 아무리 두뇌가 우수해도 다른 사람과 협동하고 효과적인 대화를 못 하는 사람은 쓸모가 없어진다.

3) 인간관계의 개선방법

인간관계는 우리가 살아가면서 끊임없이 반성하며 개선의 노력을 기울여야 할 삶의 중요한 영역이다. 인간관계의 개선을 위해서는 자신의 인간관계를 긍정적으로 변화시키기 위한 꾸준한 노력을 기울이는 것이 매우 중요하다. 성격이 그러하듯 인간관계는 쉽게 변하지 않는다. 그러나 지속적인 노력을 기울이면 인간관계는 대부분 오랜 기간 남모르게 분명히 개선되고 발전될 수 있다.

(1) 대화 기회 포착하기

① 우연한 만남이라도 상대방에 관한 관심을 표현하는 것이 중요하다. 우연한 만남도 무심히 스쳐 보내지 말고 상대방과 반갑게 인사를 나누고 근황에 대한 질문을 하는 등 상대방에 관한 관심을 표현하는 것이 좋다.

② 대화를 나눌 적절한 장소를 알아 두는 것도 중요하다. 인간관계가 미숙한 사람은 만남의 장소에 대해서 무지한 경우가 많다. 그래서 대화의 기회를 포착해도 적절한 장소를 찾지 못해 기회를 잃은 경우가 흔히 있다. 오붓하게 대화를 나눌 수 있는 다양한 장소를 많이 알고 있는 것은 중요한 대인기술의 하나이다.

③ 편안한 대화를 위해서 자연스럽고 부담 없는 화제를 준비하는 것이 필요하다. 친밀하지 않은 사이에서는 만남이 다소 긴장되고 부담스러운 경우가 많다. 이런 상황에서 적절한 화제를 찾지 못해 대화가 겉돌거나 오랜 침묵이 지속되면 만남이 만족스럽지 못할 것이다. 서로 부담 없이 공개할 수 있는 최근의 생활, 공통의 관심사, 학업이나 직업 생활, 누구나 관심을 지닌 사회적 이슈 등으로 화제를 자연스럽게 유도하는 것이 필요하다.

④ 친밀한 관계로 발전할 수 있는 대화의 기회를 차단하는 여러 가지 요인에 대한 자각이 필요하다. 인간관계에 대한 무관심, 여유 없이 바쁘게 사는 생활, 인간관계에서 지나치게 소극적이고 수동적인 태도, 타인에 대한 불신감과 비판적 태도 등은 인간관계를 발전시키는 데에 장애 요인이 될 수 있다.

(2) 자기 공개하기

자기공개(Self-disclosure)는 자신에 관한 정보를 타인에게 알리는 것을 뜻하며 인간관계를 심화시키는 중요한 요인으로 알려져 있다. 자기공개를 많이 할수록 친밀해지며, 친밀한 사이일수록 자기공개가 증가한다. 우리는 상대방이 어떤 사람인지 잘 알지 못하는 상태에서는 그 사람에게 친밀감과 신뢰감을 느끼지 못한다. 상대방을 잘 알게 되면, 그 사람의 속성을 잘 이해하게 될 뿐만 아니라 그의 행동을 잘 예측할 수 있으므로 편안함을 느끼게 된다. 즉, 자신을 상대방에게 자연스럽게 알림으로써 상대방에게 자신에 대한 친밀감과 신뢰감을 느끼게 할 수 있다.

4) 좋은 인간관계를 맺는 7가지 습관

(1) 자신을 잘 관리하라

항상 최고의 상태를 유지하도록 노력하라. 최고의 상태는 기쁨과 감사하는 마음과 사랑스러움이다.

(2) '3비'를 절대 금하라

'3비'란 비난, 비판, 불평을 말한다. 링컨의 성공비결은 절대 비판, 비난하지 않고 불평하지 않는 것이었다.

(3) 정중한 예의를 갖춰라

실력 없는 것은 용납이 되어도 예의 없는 것은 용납되지 않는다. 예절 있는 사람이 되어라. 이것은 어렸을 때부터 체질화시켜야 한다.

(4) 상대방을 존중하고 세워주라

사람에게는 인정받고 대접받고 싶은 욕구가 있다. 상대를 높여주고, 인정해주고, 칭찬을 아끼지 말아야 한다.

(5) 상대방의 말을 잘 들어주어라.

마더 테레사는 기자들의 질문에 이렇게 답했다. "내가 한 일은 사람들이 내게 와서 무언가 말할 때 그 이야기를 처음부터 끝까지 들어준 것뿐입니다."라고 말이다.

(6) 인색하지 마라.

사람은 돈 쓰는 것을 보면 그 사람이 어떤 사람인지 알 수 있다. 인색한 사람은 부모라도 그 자식을 싫어한다. 돈을 잘 쓰면 그 돈이 그 사람을 빛나게 한다. 그러나 인색하면 사람들과 더 좋은 관계로 발전할 수 없다.

(7) 상대방의 필요를 채워주고 배려하라

낚시를 갈 때 아이스크림을 가져가지 않고 물고기가 원하는 미끼를 가져가는 것처럼 사람을 낚으려면 내 주장만 하지 말고 상대방이 원하는 것으로 채워주어야 한다.

05 비즈니스 매너와 인간관계

1) 직장 상사에 대한 태도

회사의 인간관계에서 가장 어려운 것이 바로 상사를 대하는 것이 아닐까 한다. 하지만 상사와 잘 지내야 직장생활을 잘 할 수 있는데, 어떻게 해야 하는 걸까? 상사는 회사의 일에 대한 책임을 지는 사람이라는 것을 기억하고 일에 최선을 다하는 모습을 보여야 한다. 그 무엇보다 자기 일을 스스로 하는 사람을 좋아하기 때문에 상사가 먼저 말하기 전에 일을 찾아서 능동적으로 움직이는 것이 제일 중요하다. 혹 실수를 했을 때는 절대 변명을 하지 않아야 하고 자신의 잘못을 바로 인정하고 해결책을 바로 제시하여 마지막까지 책임지는 모습을 보여주도록 하자.

- 보고는 신속·정확하게 한다.
- 상사의 지시를 항상 메모하고, 책임감을 느끼고 철저하게 수행한다.
- 부정적 사고와 소극적인 자세에서 탈피한다.
- 매사에 창의적 업무처리를 위해 노력한다.
- 상사가 정확한 의사결정을 할 수 있도록 보좌한다.
- 근무시간과 약속을 철저히 지킨다.
- 상사의 조언과 충고를 겸허하게 받아들인다.
- 상사에 대한 불신감과 자만심을 떨쳐버린다.
- 상사가 잘못된 결정이나 지시를 할 때는 공손하지만 적극적으로 의견을 개진해 그릇됨이 없도록 한다.

2) 부하직원에 대한 태도

회사에 들어와 어느 정도 시간이 지나면 신입사원, 즉 부하직원이 들어오기 마련이다. 신입사원은 아직 회사에 대해 익숙하지 못한 상황이기 때문에 실수를 많이 하기 마련이다. 이때에는 남들이 보는 앞에서 꾸중하거나, 화내기 전에 사정을 미리 듣는 태도를 보여줘야 한다. 또한, 일하게 될 때도 명령을 하기보다는 제의하거나 의뢰하여 부하직원을 존중해주도록 하자.

- 업무지시는 명확하게 하며 결재는 신속하게 한다.
- 책임과 권한을 부여하고 신뢰하도록 한다.
- 항상 자신의 자질향상을 위해 노력하고, 약속을 철저히 지킨다.
- 칭찬을 아끼지 말고, 더 열심히 하도록 격려한다.
- 소신 있게 책임을 회피하지 않는 일 처리로 신뢰감을 준다.

■ 퇴근 시간이 임박해서 내리는 지시는 삼가고, 회의는 될 수 있는 대로 짧게 한다.

■ 편견이나 고정관념을 갖지 않는다.

■ 고압적인 언행이나 거친 말투를 삼간다.

■ 사적인 업무지시를 하지 않으며, 비방하지 않는다.

3) 동료직원에 대한 태도

회사에서 유일하게 마음을 터놓고 있을 수 있는 존재는 바로 동기이다. 그러므로 반드시 좋은 관계를 유지하는 데에 가장 많이 신경을 써야 하는 존재라고 할 수 있다. 동기는 사수나 상사처럼 일을 도와주거나 성실한 모습을 보이는 것은 당연히 해야 하는 일이지만 그보다 제일 중요한 것은 잘난 체를 하지 않아야 한다는 점이다. 비슷비슷한 동기들 사이에서 자신만이 잘난 척을 하게 되면 아무래도 보기 좋지 않다. 동기들은 단순한 친구가 아니라 직장 동료라는 것을 잊지 말고 너무 격식 없이 대하기보다는 어느 정도 서로 간에 예의를 지키는 것이 기본적인 조건일 것이다.

- 항상 서로를 존중하는 태도를 보인다.
- 동료보다 한 발 더 뛴다는 생각으로 열심히 일한다.
- 동료가 어려움에 부닥쳤을 때 합심하여 해결한다.
- 친할수록 언행을 조심한다.
- 상호 비방을 삼가고, 서로 칭찬한다.
- 항상 동료의 의견을 존중하고 아껴준다.
- 동료의 아픔을 감싸주고 위로한다.

4) 고객에 대한 태도

회사를 방문하는 고객에게 좋은 인상을 심어주는 것은 중요한 일이다. 전화를 받거나 방문객을 대할 때 항상 마음에서 우러나오는 친절과 상대를 위한 배려로써 대한다면 외부인과 고객들에게 좋은 인상을 심어줄 수 있다. 이러한 노력이 궁극적으로 회사 전체에 대한 신용도를 높이고 거래를 성사시키는 등 업적과 성과에 긍정적인 영향을 미친다.

따라서 아무리 바쁘고 힘들더라도 내색을 해서는 안 된다. 항상 미소와 예의 바른 태도를 견지하며 모든 손님을 공평하고 친절하게 대한다.

비즈니스 매너 혹은 서비스 매너를 바탕으로 '원만한 인간관계를 유지하기 위한 3요소'를 살펴보자.

첫째, 사랑받는 존재가 되어야 한다.

둘째, 긍정적 사고를 해야 한다.

셋째, 긍정적 마음을 상대방에게 심어줄 수 있어야 한다.

프랑스에서는 매너를 '삶을 멋지고 성공적으로 영위할 줄 아는 방법'이라고 정의할 정도로 매너가 좋은 사람은 자신을 존중하고 사랑하는 사람이라는 인식이 강하다. 대인관계 매너 뿐만 아니라, 업무를 처리하는 과정에서도 좋은 매너를 가진 직원이 그렇지 못한 직원보다 고객 응대 과정에서도 유연하게 마무리를 좋게 짓기 때문에 직장 내의 매너는 성공을 위해 필요하다고 할 수 있다.

사례 2-1 감성지수를 높여라

대부분의 사람들은 감정이란 돈으로 환산되는 것이 아니기 때문에 자신의 감정을 무시하는 경향이 있다. 그래서 외부로 드러나는 것에는 신경을 쓰는 반면, 자신의 감정에 대해서는 그리 소중하다는 생각을 하지 못한다. 하지만 '기분이 좋다, 기분이 나쁘다'라는 말은 모두 우리의 감정과 연관되어 있다. 우리가 삶에서 에너지를 얻고 에너지를 잃는 원천은 바로 이 감정이다.

우리가 돈을 주고 무언가를 사는 이유는 내가 들인 돈의 가치보다 내가 산 물건(또는 보이지 않는 감정)에서 얻는 가치가 더 크기 때문이다. 명품을 사기 위해 안달하는 것도 같은 이치다.

악착같이 돈을 벌려고 하는 것도 돈 자체가 좋아서라기보다는 돈으로 살 수 있는 우리의 행복한 감정 때문이다. 그래서 돈은 목적이 아닌 수단이 되어야 한다. 우리의 감정은 눈에 보이지 않는다. 하지만 자신은 느낄 수 있으며, 그 감정의 느낌은 다른 사람에게까지 전이되기도 한다.

많은 주부들이 아이들 과외 하나 더 시키려고, 남편 옷 하나 더 사려고 자신을 희생시킨다. 그렇게 하지 마라. 그들에게 하는 것처럼 자신에게도 투자하라. 흔쾌히 즐거운 마음으로 자신에게도 투자하라. 자신의 감정을 나 몰라라 하지 마라. 엄마도 한 인간임을 인식시켜라.

자신의 감정을 보살피지 않은 대가가 얼마나 큰지는 나중에 알게 될 것이다. 자신 안에서 징징거리는 우는 아이의 소리를 외면하지 마라. 그 소리는 당신이 나이가 들어서도 절대 없어지지 않을 것이다.

우리 주위를 보면 대부분은 여자들의 수명이 남자들보다 길다는 것을 알 수 있다. 여러 이유가 있겠지만 어떤 이유가 가장 유력할까? 한 마디로 여자의 자유로운 감정표현에 있다고 할 수 있다. 우리 속담에 "남자는 평생 세 번 눈물을 흘려야 된다."라는 옛말이 있다. 이 말은 되도록 감정을 억제해야 남자답다는 것을 뜻한다. 만약 어떤 남자가 기쁘고 좋은 일에 호들갑이라도 떨면 바로 계집애 같다며 남자는 물론 여자들의 눈총까지 감수해야 한다.

반면 여자들은 풍부한 감정을 가지고 자라도록 교육을 받아왔다. 오히려 울어야 할 장소에서 울지 않으면 '냉정한 여자'라든가 '독하다'라는 말까지 듣게 된다. 물론 안 좋은 의미로 말이다. 하지만 그런 과정을 통해 여자들은 남자들에 비해 기쁨과 슬픔을 보다 잘 표현할 줄 알게 되었다.

어쨌든 남자들은 자신의 기득권을 계속 유지하기 위해 남자들의 특성은 우수한 기능으로, 여자들의 특성은 열등한 기능으로 구분했다. 그리고 여자들이 눈물을 보이거나 자신의 감정 상태를 자유롭게 표현할수록 여자답다고 하는 동시에, 이 여자다운 것을 열등한 것으로 간주해왔다. 그래서 '여자답다' '계집애처럼 울기는……' 등 이런 말은 남자에게는 부정적인 의미로 쓰이게 되었다.

이렇게 남녀를 인위적으로 구분 지은 것은 여자들은 영원히 열등한 집단으로 생각하게 하면서 마음대로 통제하기 위한 것이었다. 이런 식으로 남녀를 구분 짓는 잣대는 결국 부메랑이 되어 자기 자신도 구속할뿐더러 수명까지 단축시키는 악영향을 끼쳐왔음을 남자들은 알아야 한다.

시대는 점점 변해가고 있다. 남자가 좋고, 여자가 나쁘고(물론 그 반대도 성립한다) 하는 성(性)의 문제가 아니라, 서로의 장점을 배우고 공유할 줄 알아야 이 새로운 시대를 이끌어나가고 리드해나갈 수 있으며, 이 세상을 보다 행복하게 살아갈 수 있을 것이다. 어제는 둘째 아들 녀석이 마트에 가자고 해서 동네 앞 가게를 갔는데 나와 아이의 의견이 안 맞아 아이가 우니까 주인아저씨가 "남자가 울면 안 되지? 우는 건 여자들이나 우는 거야!" 하는 것이 아닌가? 아직도 우리 주위를 보면 아무 생각 없이 습관처럼 이렇게 말하는 모습들을 볼 수 있다.

우리는 여자, 남자이기 이전에 한 인간으로서 존중받고 자신의 감정을 충분히 발산하면서 살 수 있도록 우리 각자의 삶을 재정비해야만 한다. 슬플 때는 눈물을 보일 줄도 알고, 기쁠 때는 환하게 웃을 줄도 아는 사람으로 살아가야 삶이 풍요로워진다.

사실 남자와 여자의 감정은 크게 다르지 않다. 단지 남자는 이래야 하고, 여자는 저래야 한다는 편견으로 우리 스스로를 구속하고 억압하고 있을 뿐이다.

이런 식의 감정들은 스트레스성 질환이나 성인병을 일으켜 인간의 수명을 단축시킨다. 이런 감정 억제는 결국 자신의 인생을 진정으로 살지 못하게 만든다. 감정을 억제하고 살아간다면 겉으로는 웃음을, 속으로는 고뇌와 고통을 모두 꼭꼭 숨겨둔 피에로와 비교했을 때 무엇이 다르겠는가?

우리의 인생은 일회적이다. 단 한 번뿐이다. 우리 중 그 누구도 지금과 똑같은 생을 다시 살 수는 없다. 연습이 없는 실전만 있는 것이 우리의 인생이다. 기쁠 때는 환하게 웃을 줄 알고, 슬플 때는 눈물을 흘릴 줄 아는 사람이야말로 훨씬 인간적이다. 자신의 감정을 솔직히 표현할 줄 아는 사람이 상대방의 감정에 훨씬 더 잘 공감할 수 있다.

앞으로의 시대는 감성지수가 높은 사람이 각광받는 시대가 될 것이다. 사람을 이해하고 배려할 수 있는 따뜻한 마음, 그것이 바로 공감능력이며 감성지수라 하겠다. 겉과 속이 다른 사람으로 살기보다는 '겉과 속이 일치되게 사는 사람이 훨씬 행복하고 현명한 삶을 살 수 있지 않을까?' 다시 한 번 생각해보게 된다.

출처 : '성공의 길은 내 안에 있다'(이숙영, ㈜살림출판사)에서 발췌

사례 2-2 **성공하는 병원의 품격 있는 비즈니스 매너 교육**

"소장님, 직원들이 사직서를 내겠다고 하는데 그 이유가 직원들 사이가 묘한 것 같아요. 원장이라 깊게 직원들 관계까지 관여하는 것이 어렵지만, 이러다가 병원 운영에도 차질이 생길 것 같아서 연락했습니다. 혹시, 이런 것도 교육으로 해결 가능할까요?"

"소장님, 환자들의 컴플레인 중에 원장님 진료와 병원 시설에 대한 만족도는 높은데, 직원들이 불친절하고 전문성이 떨어지는 것 같다는 이야기가 많아요. 어떻게 하죠?"

이처럼 병원교육을 의뢰하는 내용 중 가장 많은 니즈를 표현하는 부분을 정리해 보면 결국은 직원들이 문제가 있다는 것이다. 하지만 더 깊게 들여다보면 결국 사람과의 '관계'로 발생하는 문제들이 가장 많다. 그 이유에 대해서 곰곰이 생각해보면 국내 의료기관의 신규 직원이 처음 입사와 동시에 이루어지는 교육에서 답을 찾을 수 있다.

의료기관에서 새로운 직원이 입사하게 될 경우 교육은 크게 두 가지 스타일로 나누어진다.

첫 번째, 어느 정도 규모가 있는 병원에서 공채로 입사하는 경우에는 병원에 대한 전반적인 교육과 각각의 업무에 관한 교육을 포함한 '신입 교육' 프로그램을 통해서 체계적으로 이루어진다. 두 번째는 수시채용으로 입사하게 되는 경우로 실무에 초점을 맞추어 교육이 진행된다.

그러나 병원 측에서는 의료계 종사자라면 비즈니스 매너에 관해서는 모두 알고 있을 것이라는 생각으로 가볍게 교육이 진행되거나, 아예 없는 경우도 있다. 하지만 일반 기업에서는 신입사원이 입사하게 될 경우 비즈니스 매너가 필수 교육으로 포함될 만큼 중요하게 생각하고 있다.

왜 그렇게 중요하게 생각하는 것일까?

우선, 비즈니스 매너의 기본은 상대방을 존중하고, 배려하는 마음으로 상대를 편안하게 하는 행동방식이라고 설명할 수 있을 것이다. 이러한 비즈니스 매너를 통해서 원만한 인간관계를 형성하고 유지할 수 있으며, 타인을 배려하는 모습을 통해 개인의 긍정적이고 호감을 주는 이미지를 갖고 지속적인 노력으로 자기관리를 통해 자긍심 또한 상승할 기회가 생긴다.

전국 보건의료 노동자를 대상으로 시행했던 2018년 이직률 조사 결과에 따르면, 간호사를 제외한 병원 직원의 이직률은 6.67%이며, 간호사는 2배 이상인 15.55%의 이직률을 보이고 있다. 이렇게 의료기관 이직률이 높은 이유는 함께 일하는 동료 관계에 비즈니스 매너를 적절하게 활용하지 못해서 기인한다고 볼 수 있다.

성공하는 병원의 프로페셔널한 직원들은 어떻게 근무를 할까? 정답은 모두 알고 있는 "기본에 충실하는 것"이다.

출근할 때 여유를 가지고 출근하여 업무를 미리 준비하고, 밝은 표정으로 서로 인사하는 것, 근무 중에는 사명감과 책임감을 느끼고 업무에 임하는 것, 외출과 조퇴 시 사전에 허가를 받고, 업무에 대한 협조를 요청하여 공석으로 발생할 문제를 예방하는 것, 퇴근할 때는 동료에 대한 배려, 인사예절, 주변 정리, 소등을 점거하는 것이다.

기본 비즈니스 매너에 관한 것에 대한 이야기가 어쩌면 너무나 당연하고, 쉬운 것으로 생각하기 쉽다. 하지만 생각만 하는 것과 행동하는 것은 아주 큰 차이가 있다.

성공하는 병원은 병원을 대표하는 원장부터 전 직원이 스스로가 전문가라는 것을 인지하고 그에 맞는 행동을 한다는 것이다. 생각만하고 노력하지 않는다면 지금까지 쌓았던 이미지까지 모두 한꺼번에 무너지기 마련이다.

또한, 함께 일하는 상사와 동료 및 하급자에 대해서 호칭을 포함한 매너, 회의를 진행할 때 매너 등 다양한 상황에 관련한 매너가 있지만, 정확하게 알고 있는 사람은 드물기 때문에 더욱더 신경을 써야 한다.

비즈니스 매너의 중요성에 대해 강렬한 의미를 느꼈던 영화 '킹스맨'에서 Harry의 "Manners Makes Man"이라는 짧은 대사의 장면이 떠오른다.

결론적으로, 성공하는 병원을 이루기 위해서는 전 직원들 모두 자신의 품격을 상승시키고, 소속된 병원의 긍정적인 이미지를 끌어낼 수 있는 비즈니스 매너의 첫 단계가 무엇인지 생각해보면 어떨까?

출처 : 수원일보, 2020.07.26.

CHAPTER 03

비즈니스 매너와 이미지 메이킹

01 첫인상 관리의 의의

현대를 살아가는 모든 사람들에게 있어서 첫인상만큼 중요한 것은 없다. 직장이나 사회생활을 영위하는 과정에서 첫인상은 인간관계의 형성을 비롯해 많은 부분에서 영향을 미치기 때문이다. 단정하고 온화한 인상은 그 사람의 인품의 표현으로서, 좋은 인간관계를 형성하는 토대로 작용한다.

흔히 사람들은 상대방에 대한 첫인상이나 각자 갖고 있는 고유의 이미지로 그 사람에 대해 평가하기 십상이다. 그런데 인상이나 이미지는 일단 형성되고 나면 나중에 그것을 바꾸기란 쉽지 않다.

어느 심리학자의 연구결과에 따르면 인간이 상대방으로부터 받는 인상은 처음 30초 동안에 90%가 결정된다고 한다. 그만큼 첫인상이 중요하다는 의미일 것이다. 그렇다면 한 개인에 대한 고유의 이미지란 무엇일까? 이미지란 개인의 사고방식이나 생김새, 성격, 태도 등 상대방으로 하여금 받아들여지는 느낌을 의미한다.

결국 개인의 이미지는 본인에 의해 결정되는 것이 아니라 타인이 보고 느낀 것에 의해 결정되는 것이다. 이러한 이미지는 앞서 말한 바 있지만 각자의 생활방식과 인간관계의 형성에 영향을 미치며, 한 개인은 물론 개인이 속한 단체나 기업에 대한 평가에도 큰 영향을 미친다.

따라서 오늘날과 같이 정보가 넘쳐 나는 사회에서는 호감을 주는 첫인상과 긍정적인 이미지의 연출이야말로 성공적인 사회생활을 위한 필수요소라 하지 않을 수 없다.

그렇다면 사람들의 뇌리에서 쉽게 지워지지 않는 긍정적인 자신의 이미지를 만들기 위해서는 어떻게 해야 할까?

우선 표면상으로 나타날 수 있는 긍정적인 이미지에 대해서 살펴보면 다음과 같다.

1) 시선(눈빛) 처리

사람의 눈을 보면 그 사람의 됨됨이와 진실성을 알 수 있다고 한다. 대화를 하고 있는 중에 상대방의 눈을 노려보거나 주위를 두리번거린다면 상대방은 불쾌한 기분이 들 것이다. 따라서 시선은 진실하고 부드럽게 갈무리하는 것이 상대방에게 좋은 인상을 심어 준다.

2) 음성 관리

좋은 목소리는 상대방의 기분을 즐겁게 하고 신뢰감을 심어주게 된다. 맑고 부드러운 목소리, 적당한 속도와 크기의 목소리를 유지해야 상대방에게 자신의 의중을 효과적으로 전달할 수 있다.

3) 표정(미소) 관리

표정으로 그 사람의 심리상태를 알 수 있다고 한다. 표정은 때로 상대방에게 호감을 주기도 하고 불쾌감을 주기도 한다. 대인관계에서는 항상 미소를 잃지 말아야 한다.

표정이 항상 굳어 있고 화가 나 보이는 것 같은 얼굴이라면 첫인상이 좋게 심어질 리가 없다. 억지 표정이 아닌 자연스럽고 온화하며, 상황에 맞는 적절한 표정을 지을 수 있다면 금상첨화일 것이다. 그러기 위해서는 평소에 다정하고 부드러운 표정과 미소 짓는 습관을 들이는 것이 좋다.

02 비즈니스 매너와 이미지 메이킹

1) 이미지의 개념과 형성조건

이미지라는 단어의 어원은 라틴어 'imago'로써 '모방'이라는 뜻을 가지고 있다. 동사형인 'imitari'는 '모방하다'라는 의미를 지닌 'imitate'로, 또 명사형'imitation'이라는 용어를 파생시켰다.

국어사전에서는 이미지를 '마음속에 그려지는 사물의 감각적 영상, 심상' 또는 '어떤 사람이나 사물로부터 받는 느낌이나 인상'이라고 설명하고 있다.

이미지는 다양성, 복합성을 지니고 있을 뿐만 아니라 매우 주관적이어서 어떤 관점으로 어떤 면을 보느냐에 따라서 다르게 작용한다. 이미지는 물론 경험 등이 개입하면서 형성되는 것이기도 하다.

이미지를 결정하거나 형성하는 조건을 설명하면 다음과 같다.

첫째, 첫인상은 대체로 7초 이내에 결정된다.

둘째, 이미지의 55% 정도는 시각정보를 통해 결정된다. 즉 표정, 인사, 자세, 용모, 옷차림 등이 그것이다.

셋째, 청각 정보로 형성되는 이미지는 38% 정도이다. 말하는 느낌, 목소리의 크기와 밝기 등이다.

넷째, 언어를 통해 형성되는 이미지는 7% 정도이다. 말하는 속도, 정확한 발음, 말씨, 경어의 올바른 사용법 등이다.

이상의 설명을 도표로 나타내 보면 <표 3-1>과 같다.

<표 3-2>의 도표를 토대로 자신의 이미지는 어떤지 그려 보기 바란다. 사람들은 누구나 정도의 차이가 있을 뿐, 타인에게 비춰지는 자신의 모습에 관심이 클 뿐만 아니라 늘 '좋은 모습'을 보이고 싶어 한다.

표 3-1 ▎ 이미지 구성 요소

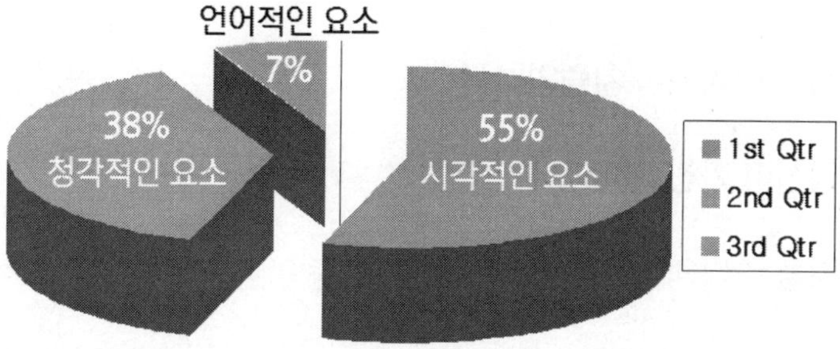

그러나 이미지를 형성하는 요소는 매우 복잡할 뿐더러 다양한 조합을 취하게 된다. 따라서 어떤 사람이 어떤 시각으로 자신의 이미지 조합 혹은 이미지 사슬을 보느냐에 따라 자신의 이미지는 실제와 다른 모습으로 각인될 수 있다. 타인에게 비춰지는 자신의 모습에 관심을 갖고 좋은 이미지를 새길 수 있도록 노력하는 것이 필요하다.

현재의 자신의 외형적인 모습을 알아보는 방법과 목적은 다음과 같이 설명할 수 있다. <표 3-3>은 이미지 평가요소를 도표로 나타낸 것이다.

❶ 목적

- 객관적인 나의 모습을 파악한다.
- 다른 사람의 조언을 청취한다.
- 개선할 수 있는 점들을 찾아낸다.

❷ 방법

- 캠코더를 이용하여 자신의 모습을 촬영한다.
- 다른 사람들과 함께 그것을 객관적으로 시청한다.
- 피드백(feedback)을 통하여 문제점을 발견한다.

표 3-2 ▌ 나의 이미지는?

- 당신은 어떤 이미지의 사람입니까?
- 당신은 당신이 가진 이미지에 만족하십니까?
- 다른 사람들은 나의 이미지를 ____________________ 라고 말하지만,
- 내가 생각하는 나의 이미지는 ____________________ 라고 생각합니다.

표 3-3 ▌ 이미지 평가 요소

▌ 자신의 모습을 그림으로 그려 봅시다

▌ 고객에게 보여지는 나의 모습

좋 은 점	개 선 점

❖ 자신이 노력해야 하는 점은?

나는 어떤 사람?

▪ 도전하는	▪ 내성적인
▪ 설득력 있는	▪ 친절한
▪ 열정적인	▪ 겸손한
▪ 매력적인	▪ 조심성 있는
▪ 과감한	▪ 인기 있는
▪ 명랑한	▪ 착한
▪ 낙천적인	▪ 예민한
▪ 멋이 있는	▪ 철저한
▪ 털털한	▪ 걱정이 많은
▪ 깔끔한	▪ 솔선수범 하는

❖ 자신이 노력해야 하는 점은?

2) 이미지 메이킹의 의미와 중요성

이미지 메이킹이란 상황에 맞추어 자신의 그림을 가장 잘 그려내는 방법이라고 할 수 있다. 다시 말해서 '궁극적으로 기대하는 상을 상정하고, 그러한 이미지를 나타낼 수 있도록 자신의 잠재능력을 발휘하고, 전략적으로 연출하는 의도적인 변화 과정'이라고 할 수 있다.

자신의 개성을 살리되, 상황과 대상에 맞추어 자신을 표현하는 것이 중요하다. 이때 무엇보다 필요한 것은 자신의 노력임을 잊지 말아야 한다.

이미지 메이킹을 통하여 '자신'을 변화시켜 나가는 과정에서는 다음과 같은 내용을 기본으로 삼는 것이 중요하다.

❶ 가슴으로부터 출발한다.

- 이것은 상대방에 대한 예의이자 도리다.
- 이것은 자신을 위한 투자이다.
- 입장을 바꾸어 생각하면 저절로 해답이 나온다.

❷ 머리로 판단한다.

- 상황에 맞아야 한다.
- 대상이 필요로 하는 것이어야 한다.

❸ 손과 발로 표현한다.

- 상대가 마음이 불편하면 역효과다.
- 자신이 시도해 보아 어색하면 안 된다.
- 제대로 된 표현이 수반되지 않으면 오해 받을 수 있다.

이러한 내용을 바탕으로 좋은 이미지를 연출하여야 하며, 새로운 이미지를 구현하는 것이 무엇보다 중요하다.

3) 이미지 메이킹의 5단계

흔히 전문가들에 의해 인용되는 이미지 메이킹의 5단계는 다음과 같다.

첫째, 자신을 잘 알아야 한다(know yourself).

스스로 자신을 객관화함으로써 자신의 장점과 단점을 파악한다. 그리고 자신의 선택과 관련해 기회와 위험 또는 장애 요인을 파악하고, 그것을 기초로 자신의 장점을 극대화해야 한다.

둘째, 자신의 모델을 설정해야 한다(model yourself).

이미지 형성의 목표를 세움으로써 자신이 나아갈 방향을 구체화할 수 있다. 자신이 선택한 모델을 모방하는 것도 훌륭한 전략이다.

셋째, 자신을 개발해야 한다(develop yourself).

자신의 설정한 목표의 완성을 위해 끝없이 노력해야 한다. 자기 개발을 위해서는 무엇보다도 적극적이고 능동적인 자세가 요구되며, 자기 확신을 바탕으로 지속적으로 노력을 기울일 필요가 있다.

넷째, 자신을 연출해야 한다(direct yourself).

자신의 개성을 토대로 자신의 이미지를 상황과 대상에 맞도록 표현하는 것이다. 상대에게 호감을 주고 신뢰감을 심어줄 수 있는 긍정적인 이미지의 연출이어야 한다. 좋은 이미지 연출을 위해서는 다음과 같은 것들이 필요하다.

- 스마일
- 겸손한 태도
- 엄격한 시간관리
- 품위 있는 말씨
- 조리 있는 대화
- 단정한 외모와 복장
- 능숙한 표현력

다섯째, 자신을 팔아야 한다(market yourself). : 자신의 가치를 상대에게 인식시키고, 높은 평가를 받을 수 있도록 노력하는 것이다. 다시 말하면 자신의 능력과 정체성을 상품화하거나 브랜드(brand)화하고, 명품화해야 한다는 것이다.

4) 면접과 이미지 메이킹

(1) 면접장에서의 여성의 이미지 메이킹

- 무늬가 있는 옷보다는 단색이 바람직하며, 자신의 체형에 어울리는 색상을 고른다.
- 투피스 차림이 바지 정장보다 나으며, 바지 정장의 경우 바지는 통이 넓거나 몸에 너무 들어붙는 스타일은 피하고 일자형을 입도록 한다.
- 스커트의 경우 스타킹은 자신의 피부색 또는 한 톤 어두운 색을 선택하며 튀는 색상이나 무늬가 들어간 것은 피한다.
- 면접 시 첫인상은 매우 중요하다. 가급적이면 지적인 이미지를 주는 깔끔하고 단정한 생머리가 좋다.
- 머리가 길 경우 뒤로 묶거나 하여 깔끔하게 정리한다.
- 화장은 부드럽고 차분한 이미지로 투명하면서도 포인트를 줄 수 있도록 연출하며, 너무 진한 화장이나 아예 화장을 하지 않는 것은 금물이다.
- 액세서리는 되도록 피하거나 구태여 착용하려면 심플한 것을 고르도록 하며, 자극적인 방향의 향수는 사용하지 않는 것이 좋다.

(2) 면접장에서의 남성의 이미지 메이킹

- 짙은 회색이나 감색의 정장을 입을 경우 안정감을 줄 수 있다.
- 권위적인 분위기의 검정색 슈트나, 고루하고 지나치게 패셔너블하게 보이는 갈색이나 카키색의 양복은 피한다.
- 2버튼이나 4버튼보다는 정통적인 3버튼 슈트가 무난하다.
- 몸에 지나치게 달라붙는 스타일이나 번쩍이는 소재는 피하고 허리, 어깨, 바지통에 다소 여유가 있는 스타일을 입는다.
- 조끼를 같이 입으면 깔끔한 인상과 단정하고 성실한 이미지를 준다.

- 강한 이미지로 면접관의 시선을 끌려면 잔잔한 무늬의 양복일 경우 선명하게 대비되는 화려한 색상과 고급스런 소재의 넥타이를 선택한다. 구두는 반드시 잘 손질된 정장용 구두를 신는다.

5) 면접 시 바른 자세

(1) 서 있을 때의 자세

- 무릎과 발꿈치는 붙이되, 두 발은 45도 각도로 벌리는 것이 적당하며 똑바로 선다.
- 허리와 가슴을 펴고, 머리를 곧게 세우는 자세를 취한다.
- 등뼈를 일직선이 되도록 곧게 편다.
- 어깨에 힘을 주거나 뒤로 젖히지 말고 수평이 되도록 유지하며 힘을 뺀다.
- 여자인 경우 손은 오른손을 위로 하여 배꼽 아래 부분에 가볍게 놓는다.
- 남자인 경우 손은 왼손을 위로 하여 공수 자세를 취하거나 바지선 양옆에 자연스럽게 내린다.
- 입은 가볍게 다물고, 턱은 아래로 당겨주듯 하며 시선은 정면을 향한다. 그리고 표정은 부드럽게 짓는다.

(2) 앉을 때의 자세

- 의자의 등받이에 엉덩이와 허리가 닿도록 깊숙이 앉는다. 옆에서 보았을 때 90도가 되도록 반듯하게 앉는다.
- 등과 등받이 사이는 주먹 한 개 정도의 간격을 유지한다.
- 무릎은 여자의 경우는 붙이고 남자의 경우는 주먹 두 개가 들어갈 정도면 적당하다.
- 두 손은 계란을 가볍게 쥔 모양으로 다리 위에 자연스럽게 올려놓는다.
- 무릎과 발꿈치의 각도는 90도가 되게 한다.
- 시선은 정면으로 향하며, 입가엔 가벼운 미소가 머물도록 항상 신경을 쓴다.

CHAPTER 04

비즈니스 매너와 표정의 연출

01 표정의 중요성

얼굴은 그 사람의 마음을 비춰주는 거울로서, 신체기관 중 가장 표현력이 강한 부분이자 눈에 띄는 부분이기도 하다.

비즈니스 현장에서 얼굴 표정은 고객에게 호감을 전달할 수 있는 대단히 중요한 요소인 동시에 상대방의 기분을 짐작하는 근거가 되기도 한다.

전문가들은 얼굴만 보아도 상대방이 거짓말을 하는지 판단할 수 있다고 한다. 잔뜩 굳은 표정으로는 밝고 아름다운 대화를 나누거나 성공적인 만남을 기대하기가 어렵다.

상대방은 일반적으로 얼굴 표정만으로도 우리의 마음을 읽는다. 항상 긍정적인 마음가짐과 더불어 늘 아름다운 미소를 지니도록 노력하는 것은 매우 중요한 일이다.

상대방의 마음을 열자면 무엇보다도 호감을 주는 표정을 유지하는 것이 바람직하다. 표정은 대인관계나 사회생활의 출발점이므로 평상시 고객이나 상사를 대할 때 밝고 명랑한 표정으로 대하는 것이 좋다. 내가 좋은 모습을 보여주면 상대방도 나에게 좋은 모습으로 대하기 마련이다.

비즈니스맨의 서비스 마인드는 표정으로 표출된다고 하여도 과언이 아니다. 밝은 표정은 호감을 생성하는 만국 공통의 언어로, 비즈니스맨의 기본이자 의무임을 잊어선 안 된다.

비즈니스맨은 스스로 노력을 통하여 좋은 인상, 밝은 인상을 창조해야 한다. 평소에도 따뜻하고 부드럽고 밝은 미소로 상대방을 대하는 습관을 지녀야 한다.

누누이 강조하지만 좋은 표정과 좋은 인상은 상대방을 편하게 만들고, 결과적으로 많은 고객을 창출할 수 있는 원동력이 된다.

표정의 중요성은 다음과 같이 요약할 수 있다.

- 표정을 통하여 첫인상(first impression)이 결정되고, 그것이 이미지를 형성한다.
- 첫인상이 좋아야 그 이후의 대면이 가능해지며, 호감이나 호의적인 태도를 형성할 수 있다.

- 밝은 표정은 인간관계의 기본이다. 밝은 표정은 환영을 의미하고, 자신감을 갖게 해줄뿐더러 소극적인 감정을 치료해 준다.
- 상대방의 표정은 자신의 책임이다. 나 자신의 표정이 밝고 환하면 보는 이로 하여금 즐겁게 만드는 효과가 있다.

02 밝은 표정의 효과

비즈니스 현장에서 첫인상은 매우 중요하다. 첫인상의 80%는 3~4 초 이내에 결정된다고 한다. 밝은 표정과 미소는 첫인상에 긍정적인 효과를 줄뿐더러 상대방으로 하여금 대화의 문을 열도록 한다. 아울러 상대방과 바람직한 인간관계를 형성하도록 도와주고, 자신의 사업과 미래에 있어서 성공의 밑거름이 된다.

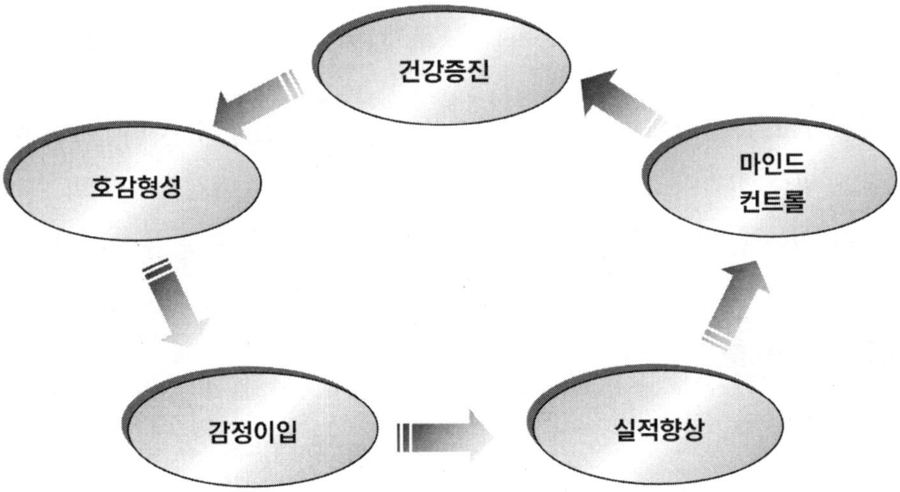

밝은 표정의 효과를 종합적으로 정리하면 다음과 같다.

1) 건강증진

웃음은 앉아서 하는 조깅으로, 스트레스 해소에도 도움이 된다. 웃음이 건강에 좋다는 것은 많은 학자와 의사들의 공통된 견해다.

2) 호감형성

밝은 표정은 자신의 인상을 좋게 해주며, 상대방으로 하여금 호감과 편안한 기분이 들도록 해준다. 표정은 자신의 것이지만 자신이 보는 것이 아니라 상대에게 보이는 것이다.

3) 감정이입

웃음은 비즈니스맨 자신뿐만 아니라 그를 상대하는 고객의 기분까지도 즐겁게 한다.

4) 실적향상

일의 능률이 오르면 그에 따라 실적도 향상된다. 늘 미소를 짓는 세일즈맨은 그렇지 않은 사람에 비해 실적이 20%나 높다는 연구 결과도 있다. 이것은 일종의 '신바람 효과'라 할 수 있는데, 밝은 표정은 어떤 경우이건 업무의 효율을 증진시킨다.

5) 마인드 컨트롤

웃다 보면 마음이 즐거워지고, 기분이 좋아지며 일의 능률이 오른다.

03 표정의 체크 포인트

- 자신의 웃는 표정이 마음에 드는가?
- 자신의 얼굴을 웃는 얼굴로 바꾸고 싶은 생각은 없는가?
- 자신의 웃는 얼굴에 대해 칭찬 받은 적이 있는가?
- 웃을 때 입을 가리는 버릇은 없는가?
- 사진을 찍거나 사람을 대할 때 자연스러운 미소를 지을 수 있는가?
- 자신의 표정이 다양하다고 생각하는가?
- 자신의 표정 관리 수준은 어느 정도인가?

04 호감 가는 표정과 음성을 위한 근육운동

얼굴 모습은 선천적으로 타고나는 것이지만 밝고, 호감 가는 표정은 타고 나는 것이라기보다는 연습을 통해서 가꿀 수 있는 것이다.

항상 거울을 들여다보며 자신의 얼굴(표정)에 관심을 기울이고, 자연스러운 미소가 생활화 될 수 있도록 노력한다.

1) 근육 운동

호감 가는 미소를 만드는 기본 요령은 즐거운 생각, 긍정적인 태도를 지니는 것이다.

2) 눈 운동

(1) 눈썹

- 눈썹을 올리고 미간에 힘을 주었다 풀어 준다.

■ 검지를 이용해 눈썹 밑에 한 일자로 살짝 대고 눈썹만 올렸다 내렸다 한다.

(2) 눈동자

■ 무표정의 원인인 경직된 눈을 자연스럽게 이완시켜 준다.
■ 먼저 조용히 눈을 감고, 긴장을 푼다.
■ 마음이 안정되면 눈을 뜨고 상, 하, 좌, 우로 눈동자를 움직이며 눈을 감았다 뜬다.
■ 눈동자를 위에서부터 원을 그리며 시계 방향, 시계 반대 방향으로 천천히 돌리며, 눈을 감았다 뜬다.

3) 코 운동

■ 불쾌한 냄새를 맡았을 때를 연상하며 코에 주름이 잡히도록 찡그린다.
■ 다시 편다.
■ 콧방울을 크게 부풀린다.
■ 힘을 뺀다.

4) 입·볼 운동

■ 단전에 힘을 주고 최대한 입을 벌린 상태로, '아-에-이-오-우'를 순서대로 발음한다.
■ 입을 크게 벌렸다가 다시 다문다. 입술을 다문 채 볼을 부풀린다.
■ 부풀린 상태에서 상, 하, 좌, 우로 움직여 준다.

5) 턱 운동

■ 턱 전체가 아래로 당겨지도록 입을 벌린다.
■ 자연스럽고 무리하지 않는 범위에서 아래턱을 좌우로 움직인다.

05 비즈니스맨의 표정 관리와 미소

다양한 표정들 중에서도 가장 호감을 주는 것은 역시 미소를 띤 얼굴이다. 늘 활기차고 생생한 표정, 신선하고 밝은 표정을 짓는 습관을 들여 상대방으로 하여금 절로 호감이 생겨나도록 하여야 한다.

1) 얼굴 표정

우리의 일상생활은 다른 사람과의 커뮤니케이션의 연속이라 하여도 과언이 아니다. 상대방과 의사소통을 할 때 우리는 입을 통해 나오는 언어뿐만 아니라 표정과 동작을 비롯한 다양한 바디 랭귀지를 동원한다. 이러한 이유로 우리는 바디 랭귀지가 전하는 메시지까지도 읽어 낼 수 있는 능력을 길러야 할 필요가 있다. 이러한 능력을 지니면 상대방의 마음을 더욱 정확하게 읽는 일이 가능해지며, 궁극적으로 세련된 매너까지 갖출 수 있게 된다.

얼굴표정 관리에서 중요한 점은 상황에 맞는 표정을 지을 수 있어야 한다는 것이다. 얼굴은 자신의 지나간 세월을 나타낼뿐더러 다양한 표정이 직접적으로 연출되는 신체기관이다. 남들이 좋은 인상을 받도록 마음의 평화를 유지하는 한편 꾸준히 교양을 쌓아 품위 있는 인격을 지니도록 노력해야 한다.

2) 눈의 표정

우리는 누군가를 처음 만나면 은연중에 상대방의 눈을 들여다보며 그 사람의 진실성을 판단하는 경향이 있다. 정직한 성품을 지닌 사람의 눈을 보면 대체로 시선이 반듯하고 정감이 넘친다.

눈은 사람의 심리 상태를 있는 그대로 반영하기 때문에 맑고 밝은 생각을 지니면 눈의 표정도 저절로 맑고 밝아진다. 속마음과 다른 표정을 짓기란 쉽지 않기 때문이다. 따라서 항상 마음의 수양이 필요하다.

3) 입의 표정

밝은 인상의 기본은 역시 웃는 얼굴이다. 웃는 얼굴 표정은 입의 모양에 의해 좌우되는 경우가 많다. 입은 자연스럽게 다물고 양 꼬리가 살짝 들리는 듯 미소를 짓는 것이 좋다. 입에 너무 힘을 주어 꼭 다물거나 눈사람의 입처럼 일직선을 이루는 것도 좋지 않다.

무의식적으로 연출하는 턱의 높이가 자기 자신의 기분과 성품을 나타내는 무언의 메시지일 수도 있다. 일반적으로 턱을 수평보다 10도 가량 아래로 내리면 사양하는 듯 조심스러운 인상을 줄 수 있다. 따라서 이러한 각도를 유지하면 상대적으로 상대편을 인정하고 존중하는 메시지를 전달할 수 있고, 따라서 비즈니스맨의 대 고객 관계에서 바람직한 접객 태도로 이해된다.

4) 음성 표정

음성에도 표정이 있다. 이상적인 목소리는 맑고 부드럽고 거침이 없으며, 정확해야 한다. 적당한 음량과 속도, 그리고 톤의 고저 조절에 신경을 써야 한다. 매력적이고 신뢰감을 주는 음성은 낮고, 차분하면서도 음악적인 선율이 있게 마련이다.

5) 머리의 표정

아름다운 머리의 기본은 건강한 머리이며, 자신의 신분과 체형에 맞는 헤어스타일이 바람직하다. 전문가들의 주장에 따르면 헤어스타일은 그 사람의 인상을 결정짓는 대단히 중요한 요소의 하나다. 서비스직이나 비즈니스 업무에 종사하는 사람들에게 무엇보다 필요한 것은 위생 관념이라 할 수 있다. 특히 상대방과 직접 대면하는 서비스맨의 용모는 언제나 단정하고 깨끗해야 한다. 정갈한 느낌을 주는 비즈니스맨은 상대방에게 호감을 줄 수 있고, 나아가 성공의 가능성도 그만큼 높아질 것이다.

6) 미소 만들기

“잘 웃지 않는 사람은 장사를 하지 마라!”라는 중국 속담도 있거니와 미소는 서비스와 비즈니스의 출발점이다. 호감 가는 표정은 멋진 미소와 어우러질 때 훨씬 매력적이다. 얼굴 체조 등 밝고 매력적인 웃음을 연출하기 위한 근육 훈련법을 이용해 늘 자신 있는 표정과 미소를 지을 수 있도록 노력해야 한다. 모나리자의 잔잔한 미소를 떠올리며 눈과 코는 그대로 둔 채 입 꼬리만 살짝 올리면 눈까지 함께 웃는 자연스러운 미소를 연출할 수 있다. 입 꼬리가 살짝 위로 올라가는 미소야말로 한국적인 미소의 원형으로, 상대방에게 더할 수 없는 감동을 안겨 줄 수 있다.

(1) 가장 호감이 가는 표정은 스마일이다.

스마일은 자신의 직업에서의 성공은 물론 건강을 지켜주는 결정적인 요소다. 스마일은 복잡다단하고 자칫 피곤해지기 쉬운 현대를 살아가는 이들에게 피로회복제와 같은 역할을 하기도 한다. 웃는 얼굴이야말로 리더의 조건이라는 주장은 스마일에 대한 이러한 이해에서 비롯된다.

사람들은 웃는 얼굴과 마주치면 다른 누군가에게 그 미소를 반드시 전해 준다. 웃는 모습은 자신을 가장 아름답게 만들어 주기도 하지만 남에게 호감을 주는 아주 중요한 요소인 것이다.

비즈니스맨은 많은 사람들을 상대하기 마련이다. 따라서 모든 사람이 호감을 느낄 수 있도록 밝은 스마일을 연출할 수 있는 능력을 갖추어야 한다.

(2) 스마일은 비즈니스맨의 기술인 동시에 의무다.

스마일은 무의식적인 상태에서 만들어지는 경우도 있지만, 대개는 의식의 상태에서 연출되는 것이다. 능력 있는 사람들, 특히 현명한 사람들이라면 어렵더라도 스마일의 기술을 반드시 익혀야 한다.

비즈니스맨에게 있어서 스마일은 그저 짓고 싶을 때 표현하는 자연발생적인 표정이 아니라 의무적으로 반드시 표현해야 하는 표정이라 할 수 있다. 비즈니스맨은 어떤 상황에서라도 본인의 감정과 무관하게, 필요할 때는 즉시 자연스럽고 자신감 있는 스마일을 표현할 수 있는 수준의 능력과 기술이 필요하다.

비즈니스맨으로서 스마일을 유지한다는 것은 자신의 이미지를 좋게 만들 뿐만 아니라 상대방을 안심시키고, 편안한 마음을 지니게 하는 역할을 한다. 이러한 관점에서 스마일은 비즈니스맨이 반드시 갖추어야 할 기본 매너인 동시에 의무다.

(3) 미소는 최고의 유니폼이다.

웃음은 만국의 공통 언어라고들 한다. 웃음은 가장 기본적인 커뮤니케이션 도구인 동시에 또한 완벽한 커뮤니케이션 도구라 말할 수 있다.

비즈니스맨은 누구보다 완벽한 표정의 관리와 훈련이 요구되는데, 이를 위해서는 무엇보다 웃는 습관을 들이는 것이 좋다. 그것은 사람들, 특히 고객은 웃음에 약하기 때문이다. 비즈니스맨들은 행복할 때만 웃는 것이 아니라 웃을 수 있기 때문에 행복하다고 생각하는 것이 바람직하다.

가능하다면 남들보다 1초 먼저 웃어야 한다. 웃음을 리드하는 자가 성공하는 법이다. 혹 웃는 얼굴을 지을 수 없다면 출근을 해서는 안 된다는 마음가짐을 지녀야 한다. 비즈니스맨의 표정은 전략이며 무기임을 잊어선 안 된다. 타고난 운명은 어쩔 수 없지만 표정은 바꿀 수 있음도 기억해 두어야 한다.

CHAPTER 05

인사예절

01 인사의 중요성

인사는 자신을 상대방에게 알리는 첫 번째 단계로, 상대방에 대한 호의와 존경심, 서비스 정신을 나타내는 마음가짐의 외적 표현이다. 인사는 궁극적으로 자신을 위한 것이라 할 수 있는데, 그것은 인사를 통해 신뢰감을 전달할 수 있고, 상대방의 마음을 열게 해 원만한 인간관계 형성의 토대가 될 수 있기 때문이다.

비즈니스 업무에 있어서 정중하고 올바른 인사는 나뿐만 아니라 회사의 성실한 이미지를 심어 주는 포인트가 된다. 아울러 인사는 상대의 인격을 존중하고 배려하며 경의를 표시하는 수단이다. 즉 상사에게는 존경심을, 동료에게는 우애와 친밀감을 표현할 수 있는 수단인 것이다.

인사는 진심에서 우러나오는 즐겁고 따뜻한 마음으로 해야 한다. 형식에 치우친 인사는 받는 사람의 입장에서는 즐겁지 않을 뿐더러 부담을 주기 때문이다. 또한 지나치게 형식을 무시한 인사도 상대에게 무례가 될 수 있다.

인사는 상대방의 가치를 인정하고 높여주는 기술이다. 상대방에 대한 인사는 봉사정신을 나타내는 동시에 감사의 마음을 전하는 수단이다. 인사는 친절하게 웃는 얼굴로, 다정하게 호칭하며 지나치지 않은 범위에서 상대방의 눈빛을 바라보며 해야 한다. 상대방에 대한 인사는 상대방의 존재를 인정해 주는 것임을 잊어선 안 된다.

이상의 내용을 토대로 인사의 의의를 간추려 보면 다음과 같다.

- 인사는 마음의 표현이며, 사랑의 실천이다.
- 인사는 인간관계가 시작되는 신호다.
- 인사는 상대방이 느낄 수 있는 첫 번째 감동이다.
- 인사는 마음의 문을 여는 열쇠다.
- 인사는 예절의 으뜸이다.
- 인사는 자신의 인격을 표현하는 최초의 행동이다.
- 인사는 서비스의 근본이다.

02 인사의 5가지 포인트

호감을 얻을 수 있는 5가지의 인사 포인트는 다음과 같다.

첫째, 인사는 이쪽에서 먼저 한다.
대화의 주도권을 잡는 것은 바로 자신이다.

둘째, 상대방의 눈을 보고, 미소를 지으며 인사한다.
매력적인 아이 콘택트(eye contact)를 한다.

셋째, 상대방의 상황을 봐가며 인사한다.
상대의 마음을 사로잡아야 한다.

넷째, 큰소리로 맑고, 명랑하게 인사한다.
용기를 갖고 해야 한다.

다섯째, 플러스 스트로크(+stroke)와 함께 인사한다.
지속적으로 플러스 알파(+@)의 발상으로 인간관계를 풍부하게 해야 한다.

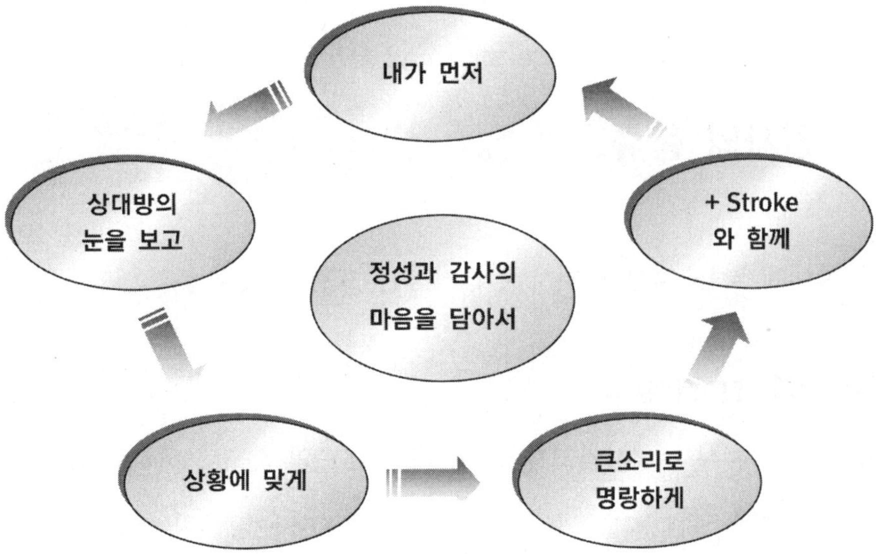

03 인사의 기본자세

인사의 기본자세를 요소별로 분류하면 다음과 같다.

- 표정 : 밝고 부드러운 미소를 지닌다.
- 시선 : 인사 전후에 상대방의 눈을 정면으로 바라보며, 상대방을 진심으로 존중하는 마음을 눈빛에 담아 인사한다.
- 고개 : 반듯하게 들되, 턱을 내밀지 말고 자연스럽게 당긴다.
- 어깨 : 자연스럽게 힘을 빼고, 균형을 유지한다.
- 등허리 : 곧게 펴고, 머리에서 허리까지 일직선이 되도록 한다.
- 입 : 미소를 짓는다.
- 손 : 여자는 오른손이 왼손 위로 오게 모으고, 남자는 가볍게 쥔 주먹을 바지 재봉선에 자연스럽게 붙인다.
- 발 : 뒤꿈치를 붙이되, 양 발의 각도는 여자는 15도, 남자는 30도 정도로 한다.
- 음성 : 적당한 크기와 속도로 자연스럽게 말한다.

04 인사의 종류

상황과 상대에 맞는 적절한 인사말과 자세는 호감을 준다.

1) 목례(약례, 반 경례)

가벼운 인사로, 흔히 눈인사라고도 한다. 대략 15도의 각도로 허리를 굽히며, 시선은 발끝 2~3미터 앞에 둔다.

- 가까운 동료나 하급자에게 인사하는 경우에 적용한다.

- 좁은 공간에서 제대로 인사할 수 없는 경우에 적용한다.
  (엘리베이터, 계단, 복도 등)
- 하루에 여러 번 만나서 인사하는 경우에 적용한다.
- 낯선 어른에게 인사하는 경우에 적용해도 무방하다.
- 친절에 대해 가볍게 감사의 뜻을 표현하는 경우에 적용할 수 있다.

2) 보통 인사(경례, 평상례)

보통례라고도 하며, 상체를 30도 숙여 인사하는 방법이다. 시선은 1미터 앞쪽을 바라본다.

- 고객을 맞이하거나 배웅하는 경우에 적용한다.
- 상사에게 인사하는 경우에 적용한다.

3) 정중한 인사(최경례, 큰 경례)

정중례라고도 하며, 가장 공손한 인사다. 상체를 45도 정도 숙여 인사하며, 시선은 1미터 앞쪽을 바라본다.

- 감사, 사죄의 표현을 하는 경우에 적용한다.
- 국빈, 국가의 원수, 집안 어른 등에게 인사하는 경우에 적용한다.
- 결혼식 등 관혼상제에서 행하는 경우 적용한다.

최경례의 인사를 다섯 단계로 구분해 살펴보면 다음과 같다.

- 1단계 : 바른 자세로 선다.
- 2단계 : 마음속으로 하나, 둘, 셋을 세며 천천히 상체를 숙인다.
- 3단계 : 넷, 다섯을 세며 잠시 숙인 자세를 유지한다.
- 4단계 : 여섯, 일곱, 여덟을 세며 상체를 여유 있게 일으킨다.
- 5단계 : 바른 자세로 선다.

▌목례 15도

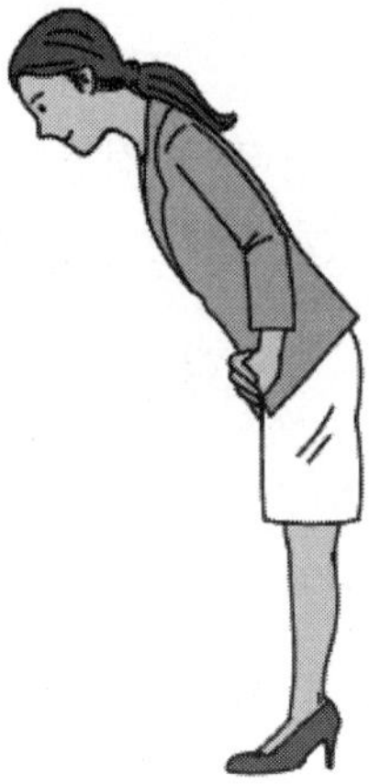

▌평상례 30도

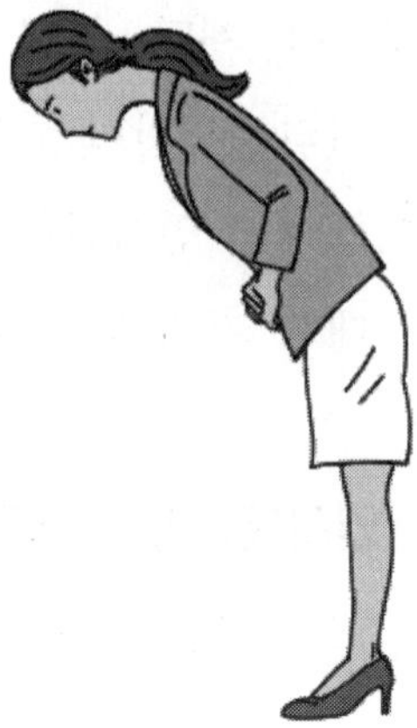

▌정중례 45도

4) 전통적인 절(좌례)

(1) 큰 절

남자의 큰 절은 우선 바른 자세로 선 후 손을 공수(拱手)한 상태로 가볍게 든다. 공수 방법은 남자의 경우 왼손이 오른손을 덮는 형태를 취하며, 여자의 경우는 반대다. 그리고 왼발부터 먼저 무릎을 꿇은 후 오른발을 꿇고, 공수한 손을 바닥에 짚으며 엎드린다. 이 때 이마가 손등에 닿은 상태로 대략 3초 정도 조아리는 것이 중요하다.

여자의 큰 절은 바른 자세로 서서 공수한 손을 양쪽 팔이 수평이 될 때까지 들어 올린다. 그리고 오른발을 왼발 앞으로 하여 양쪽 발목을 포개어 앉으며 허리를 굽힌다. 이 때 중요한 것은 허리는 수평이 될 때까지 굽힌 후 3초 정도 머무르는 것이다.

큰 절은 보통 다음과 같은 상황에서 적용하는 절이다.

- 설날
- 회갑이나 고희 등 잔치 때
- 혼례식, 폐백 등 중요한 관혼의례 때
- 직계 존속으로 나이가 많고 항렬이 높은 어른께 절할 때

(2) 평절

같은 또래 끼리 서로 공경하며 맞절을 하는 경우 또는 윗사람에게 문안이나 세배를 할 때 적용한다. 절을 받는 사람이 평절을 하라고 권유할 때도 적용할 수 있다.

(3) 반절

평절을 받는 사람이 절하는 사람을 존중해 답배하는 절이다. 친족이 아닌 성인에게 절 받을 때는 반절로 답배한다.

(4) 상례절

조문을 갔을 때 빈소의 영정 앞 혹은 묘소 앞에서 하는 절로, 재배 곧 두 번 연속해 절을 한다. 이 때 친족은 큰 절을 하고 문상객은 평절을 해도 무방하다.

(5) 양장절

여자가 양장을 한 경우 즉 치마가 무릎까지 올 때나 바지를 입었을 때 하는 절이다.

전통적인 절을 할 때는 손을 모아 잡는 공수의 방법에 관해 정확히 알아 두어야 한다. 공수의 방법은 평상시와 흉사 시에 완전히 달라지므로 반드시 기억해 둘 필요가 있다.

❶ 평상시

- 남자 : 오른손을 배꼽 아래 단전에 가볍게 댄 뒤 그 위에 왼손을 포개고 곧게 편다. 양손 엄지는 서로 깍지를 끼듯이 잡는다.
- 여자 : 남자와 반대로 왼손을 단전에 붙이고, 오른손을 왼손등 위로 가볍게 포개서 놓는다.

❷ 상사 등 흉사 시에는 평상시와 정반대로 행한다.

05 자연스러운 인사법

1) 인사말을 한다.

■ 상대방의 미간을 바라보고, 상황에 맞는 인사말을 한다.

2) 상체를 숙인다.

■ 등과 목은 반듯하게, 턱이 나오지 않도록 하며, 허리를 숙여 절을 한다.

■ 허리를 숙였을 때, 대략 1초 정도 멈춘다. 숙일 때 보다 천천히 일어나면 훨씬 정중해 보인다.

3) 시선의 이동

■ 상대방의 눈 → 바닥 → 상대방의 눈의 순서로 아이 콘택트(eye contact)를 한다.

■ 아이 콘택트 : 눈은 마음의 창이다. 눈을 통해 상대방의 마음을 읽을 수 있다. 인사에서 가장 중요한 포인트는 바로 상대의 눈을 똑바로 바라보는 것이다. 인사를 시작하고 마무리하는 단계에서 반드시 상대방의 눈을 들여다본다.

4) 상체를 든다.

■ 숙일 때 보다 천천히 일어나며, 부드러운 시선과 표정으로 정리한다.

06 T.P.O(Time, Place, Occasion)에 따른 인사법

일반적으로 인사의 적절한 시점은 상대방의 거리가 30보 이내일 때이며, 가장 바람직한 것은 6보 정도의 거리에서 하는 것이다. 하지만 옆에서 접근한 경우나 갑자기 만났을 때에는 그 즉시 하는 것이 기본이다.

다음은 상황별 인사법을 나타낸 것이다.

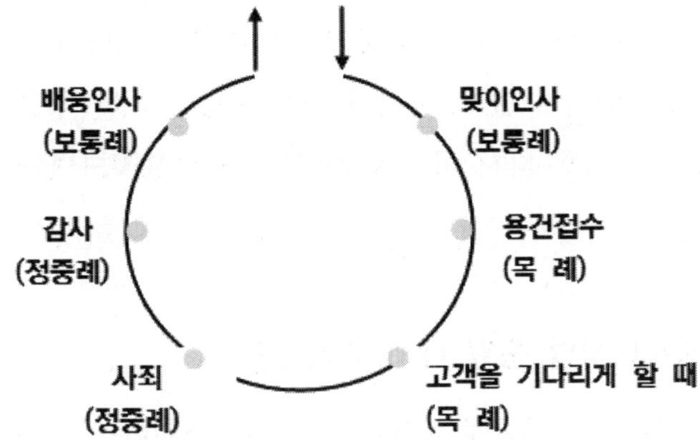

맞이인사

- 고객이 들어 올 때
- 밝고 활기찬 목소리

배웅인사

- 고객이 일어난후 따라 일어선다

용건접수

- 담당자 앞으로 올 때
- 고객에게 먼저 인사와 응대를 한다.

기다리게 할 때

- 업무 처리에 시간이 걸릴 때 고객에게 대기 시간을 알린다

자리를 권할 때

- 자리를 권한 후 손님이 앉고 나서 담당자가 따라 앉는다.

사죄 시

- 업무처리 지연 시
- 업무착오 발생 시

이외에도 상황별 인사법을 정리하면 다음과 같다.

1) 상사나 동료들을 만날 때마다 인사를 해야 하는가?

같은 회사 내에서 근무하다 보면 상사나 동료들을 하루에도 여러 차례 마주치는 경우가 적지 않다. 자주 본다고 해서 멀뚱멀뚱 쳐다보며 지나쳐버리면 분위기가 자칫 어색해지고 딱딱해질 염려가 있다. 따라서 처음 만났을 때는 정중하면서도 밝고 명랑하게 인사를 하고, 그 이후 다시 마주칠 때에는 밝은 표정과 함께 가벼운 목례를 하는 것이 좋다.

2) 근무 중이나 작업 중일 때의 인사는?

회사에서는 일을 하는 도중에 상사나 손님들을 대면하는 경우가 흔히 생긴다. 이 때는 인사를 할 정도의 여유가 있는 상황이라면 가볍게 목례 정도를 해도 좋다. 그러나 도저히 인사를 할 수 없는 경우에는 하지 않아도 무방하다. 인사를 하느라 작업의 일관성과 안정성을 잃는 것보다는 열심히 작업에 몰두하는 것이 오히려 상대방을 편하게 할 수 있기 때문이다.

3) 잘 모르는 타부서의 사람이 인사를 하는 경우에는?

예의 바른 인사는 아무리 해도 밑지거나 손해 보는 일이 없다. 그러므로 잘 모르는 타 부서의 사람이 먼저 인사를 하는 경우에도 같이 정중한 인사로 답례를 하는 것이 바람직하다. 잘 알지 못한다고 해서 그냥 쳐다보기만 한다면 상대방이 민망해 하거나 무안해 할 것이다. 우선 인사를 한 후에 주위 동료에게 누구인지 물어보고 다음에 마주쳤을 때 가벼운 인사말을 먼저 건네면 더욱 좋을 것이다.

4) 출퇴근 시의 인사는?

인사는 습관화되어야 한다. 아침에 출근해서 하는 밝고 명랑한 인사는 일하는데 있어 활력소가 된다. 먼저 퇴근할 때에도 동료들에게 인사를 하고 나가는 정도의 예의는 지켜야 한다. 출퇴근 시 인사를 할 때에는 가벼운 목례보다는 인사말을 곁들여 하는 것이 좋다. 아무런 인사말을 곁들이지 않고 고개만 꾸벅 숙이기보다는 밝고 명랑한 미소를 지으며 간단한 인사말을 곁들일 때 상대방에게 더욱 좋은 이미지를 전달할 수 있을 것이다.

07 소개 매너의 기본

사람들은 사회생활을 하면서 늘 다른 사람에게 자신을 소개해야 하고, 또 소개를 받으며 인간관계를 유지한다고 하여도 과언이 아니다.

자신을 알리거나 다른 사람을 소개하는 일은 매우 중요한 일인 만큼 소개에 대한 기본적인 예의에 대한 이해가 필요하며, 나아가 실례를 범해 당황하는 일이 없어야 한다.

1) 소개 순서

- 손윗사람에게 손아랫사람을 소개한다.
  - 지위가 높은 사람에게 지위가 낮은 사람을
  - 연장자에게 연소자를
  - 선배에게 후배를
- 이성 간에는 여성에게 남성을 소개한다.
- 기혼자에게 미혼자를 소개한다.
- 손님에게 집안사람을 소개한다.
- 고객(외부인)에게 회사 동료를 소개한다.
- 기혼 여성에게 남성을 소개하는 것이 원칙이나 왕, 대통령, 왕족, 성직자의 경우는 예외다.

2) 소개 매너

- 소개 시에는 모두 일어나는 것이 원칙이다. 환자나 노령자는 예외로 인정된다. 또한 나이가 많은 여성이나 앉아 있던 여성은 앉은 채 남성을 소개받아도 큰 결례는 아니다. 그러나 파티에서의 호스티스인 경우는 일어나는 것이 예의다.
- 소개 후 남성 간에는 악수를 교환하고, 이성 간일 경우 여성은 목례로 대신한다. 연장자가 악수를 청하기 전에 먼저 손을 내밀지 않는다. 연장자가 악수 대신 간단한 인사를 하면 연소자는 미소를 지으며 목례로 답한다.
- 직업이 서로 다른 사람을 소개할 경우에는 출신학교, 지인, 친척에 대한 사항을 융통성 있게 덧붙이는 것도 효과적이다.
- 결혼 리셉션, 댄스파티 등 규모가 큰 파티에서는 주최자가 일일이 소개를 해주지 않더라도 자연스러운 대화를 통해 자기소개를 해도 무방하다.
- 소개할 때는 자신의 이름을 정확하게 전달하고, 상대의 이름을 주의해서 듣도록 한다. 이름을 정확히 못 들었을 경우에는 본인에게 묻지 말고 제3자에게 확인하도록 한다.
- 파티를 주최하는 사람은 초청자의 이름, 직업, 지위를 기억했다가 정확하게 소개하도록 한다.
- 초면인 경우 정치와 종교, 금전과 관련 화제는 상식적인 금기사항에 속한다.
- 인원이 적은 파티에서는 소개받은 모든 사람들에게 작별인사를 한다.
- 규모가 큰 파티에서는 주위의 사람들에게 작은 소리로 작별인사를 한다.
- 작별인사를 할 때도 소개 받을 때와 마찬가지로 일어선다.

08 명함 수수 매너

서양에서는 명함을 주고받는 일은 서로 교제를 더 친밀히 하기 위한 예의로 인식해 비즈니스의 경우 외에는 초면에 명함을 교환하지 않는다. 그러나 우리나라를 비롯한 동양권에서는 명함을 자신을 알리는 수단으로 활용하는 경우가 많다.

명함을 수수하는 요령은 다음과 같다.

- 누구에게 명함을 줄 것인가를 신중히 생각한다.
- 명함은 항상 명함지갑에 넣어 웃옷 안주머니에 넣어 두며, 신속하게 꺼낸다.
- 명함을 건넬 때는 반드시 일어서서 오른손에 들고 상대의 위치에서 바로 읽을 수 있도록 가슴 높이에서 이름을 밝히면서 인사말과 함께 건넨다.
- 명함은 아랫사람 또는 손님이 먼저 건넨다.
- 명함을 받을 때도 일어서서 두 손으로 받으며, 상대의 명함은 그 자리에서 확인한다. 이 때 모르는 한자나 어려운 발음은 상대에게 정중하게 확인한다.
- 명함을 동시에 서로 주고받을 때는 오른손으로 주고, 왼손으로 받아 오른손으로 받쳐 든다.
- 상대의 명함을 받고 자신의 명함을 건네지 않는 것은 실례이므로 항상 소지하도록 한다.
- 명함을 받자마자 보지도 않고 집어넣는 것은 실례며, 상대의 명함을 그 자리에서 확인하고 외운다.
- 명함은 자신의 얼굴인 만큼 구겨지거나 낙서가 된 것, 전화번호, 주소를 고쳐 적은 것 등은 사용하지 않는다.
- 명함 크기의 백지를 미리 준비하여 상대가 명함을 준비 못 한 경우에 활용한다.
- 회사나 기관에서 여러 사람과 인사하는 경우에는 책임자에게만 주어도 무방하며 모두에게 건넬 때는 직위 순서대로 건넨다.
- 명함을 받고 얘기를 나눌 때는 자신이 보기 좋은 곳에 놓고 참고하며 대화한다.
- 받은 명함에 낙서를 하거나 책상 위에 그냥 내버려 두어서는 안 된다.
- 서양인들과 명함을 교환할 때는 오른손으로 건네며, 동양인들에게는 두 손으로 건네주고 두 손으로 받는다.
- 받은 명함은 잘 보관한다.

09 악수 매너

악수는 상호간의 호감과 정을 표현하는 것으로서 사교활동의 중요한 행위다.

서양에서는 악수를 사양하는 것은 불쾌하게 생각할 수 있기 때문에 바른 악수 법을 익혀 두는 것도 중요하다.

악수는 정중한 마음으로 해야 하며, 미소 띤 얼굴에 허리를 곧게 펴고 마음에서 우러나오는 태도를 취하는 것이 중요하다.

1) 악수하는 순서

악수의 순서는 원칙적으로 웃어른이나 상사가 먼저 손을 내미는 것이 일반적이다. 그 순서를 보면

- 윗사람이 아랫사람에게
- 여성이 남성에게
- 기혼자가 미혼자에게
- 선배가 후배에게
- 고객이 직원에게
- 왕, 대통령, 왕족, 성직자가 보통사람에게

2) 올바른 악수 법

- 악수는 오른손으로 하는 것이 원칙이다.
- 상대가 악수를 청할 때 남성은 반드시 일어서며, 여성은 앉아서 해도 무방하나 상대의 나이 등을 감안해서 행동한다.
- 악수는 우정의 표시인 만큼 적당한 악력으로 손을 잡고 적당한 높이로 흔들되 여성과 악수할 때는 세게 쥐거나 흔들지 않는다.
- 악수를 할 때 남성은 장갑을 벗어야 한다. 여성의 경우는 장갑을 벗지 않아도

된다.

- 여성의 경우 먼저 악수를 청하는 것이 에티켓이므로 이를 실행하도록 한다.
- 악수는 서양식 인사이므로 동양적 관습으로 악수를 하며 절을 하거나 두 손으로 감쌀 필요가 없다. 그러나 아랫사람이 웃어른과 악수할 때는 윗몸을 약간 굽혀 경의를 표할 수도 있다.
- 상대의 눈을 보지 않고 하는 악수는 실례다.
- 오른손에 가방을 들고 있었다면 악수에 대비해서 왼손으로 바꿔 든다.
- 손을 너무 세게 쥐거나 손끝만 내밀어 악수하지 않는다.

CHAPTER 06

용모와 복장

남들에게 호감을 줄 수 있는 이미지를 만들기 위해서는 깨끗하고 단정한 용모와 복장이야말로 가장 기본적인 요소라고 할 수 있다.

매일 하루 일과를 시작하기 전 자신의 모습을 점검하는 습관을 들이고, 자신의 모습과 일에 어울리는 용모와 복장을 갖춤으로써 프로다운 이미지를 연출할 필요가 있다.

01 용모와 복장 연출의 중요성

우리가 사람을 대할 때 가장 먼저 눈이 가는 곳은 '얼굴'이다. 얼굴을 의미하는 '용(容)'을 중심으로, 겉으로 드러나는 전체적인 모습을 용모라고 한다. 시각적 감각기관인 눈길이 처음 가는 곳이 얼굴이라고 한다면 현대인들에게 있어서 용모의 관리는 더없이 중요한 경쟁력이다.

용모는 타고나는 것이지만, 개인의 관심과 노력에 따라 개선할 수 있다. 단정함과 청결을 바탕으로 자신의 개성을 표출하려는 노력이 필요하다.

단정한 용모를 유지하기 위해서는 철저한 자기관리와 지속적인 노력이 요구되는 것이다.

그리고 복장이란 체온의 유지와 위험으로부터의 보호 역할뿐만 아니라 대인관계에서 상대방에 대한 최소한의 예의의 표시이기도 하다.

바람직한 복장의 요건은 청결, 조화, 개성의 세 가지로 요약할 수 있다. 사회활동에 잘 어울리면서 자기의 개성도 살리는 옷차림을 연출하면 주위 사람들에게 좋은 인상을 줄 수 있다. 따라서 시간, 장소, 상황에 맞추어 품위 있고 단정하며 세련되게 입어야 한다. 용모와 복장의 기본적인 포인트를 정리하면 다음과 같다.

- 자신의 개성을 나타내는 것은 좋으나 너무 튀거나 촌스러워서는 안 된다.
- 항상 단정함과 청결을 유지한다.

- 업무관리에 효율적인 용모와 복장이 되도록 한다.
- 자신의 인격 및 회사의 이미지를 고려한다.
- 지나치게 화려한 복장과 유행의 맹목적인 추종은 지양한다.

용모와 복장의 전략적인 연출로 기대할 수 있는 효과로는 다음과 같은 것들이 있다.

- 새로운 마음으로 자신감을 갖고 긍정적으로 자신의 일을 시작할 수 있다.
- 첫인상을 좌우한다.
- 타인, 즉 고객에게 신뢰감을 형성한다.
- 직장의 전체 분위기 및 이미지를 좌우하며 제고시킨다.
- 일의 성과에 영향을 미친다.
- 기분을 전환시킨다.

02 헤어 두(hair-do)

1) 남성

- 앞머리는 이마를 가리지 않도록 한다.
- 옆머리는 귀를 덮지 않도록 한다.
- 뒷머리는 셔츠 깃에 닿지 않도록 한다.
- 빗질을 하거나 헤어 제품을 사용하여 단정한 모양을 유지한다.
- 머리가 지나치게 길거나 유행을 따르는 머리는 피한다.
- 지나치게 튀는 염색이나 헤어스타일은 피한다.

2) 여성

- 앞머리는 눈을 가리지 않게 한다.
- 지나치게 화려한 머리 장식은 피한다.
- 지나친 파마나 염색 등은 피한다.
- 머리가 흘러내리지 않도록 헤어 제품으로 고정 시킨다.

03 메이크업(make up)

1) 직장인의 Make Up

- 펄이 지나치게 많이 들어 있거나, 너무 흐리거나 검정색이 도는 색조화장은 하지 않는다.
- 너무 진한 화장도 곤란하지만, 전혀 화장기가 없는 맨 얼굴로 근무에 임해서도 안 된다.

■ 진한 향이 나는 향수는 사용하지 않는 것이 좋으며, 화장품도 향이 강한 것은 사용하지 않는다.

■ 색조화장의 경우 색상선택을 잘 하는 것이 중요하다.

2) 유니폼에 어울리는 Make Up

사복을 입었을 때 어울리는 색상이라고 하더라도 유니폼을 입었을 때 전혀 어울리지 경우를 종종 볼 수 있다. 따라서 유니폼 색상에 맞추어서 지정된 다음의 색상 중 본인에게 어울리는 것을 선택하도록 한다.

■ 아이섀도(eye shadow) : 갈색 계열, 산호색 계열, 핑크색 계열

■ 립스틱(lip stick) : 산호색, 선홍색, 와인 색

self check)! 나의 메이크업(make up)은 몇 점?

01. 자신의 피부타입을 정확히 알고 기초 메이크업을 하는가?
02. 베이스 메이크업(base make up)은 잘 되었는가?
03. 페이스 라인(face line)과 목과의 파운데이션(foundation)연결은 자연스러운가?
04. 얼굴형에 어울리는 깔끔한 눈썹인가?
05. 아이섀도(eye shadow)의 색과 톤(tone)이 잘 어울리는가?
06. 아이 라인(eye line)은 깔끔하게 그려졌는가?
07. 마스카라(mascara)는 뭉치지 않고 깨끗하게 발라졌는가?
08. 볼 화장은 자연스럽게 되었는가?
09. 입술 선이 깨끗하게 그려졌는가?
10. 복장에 어울리는 메이크업인가?

위의 사항이 잘 이해되고 지켜졌다면
당신의 메이크업 수준은 프로 !!!

04 복장

1) 남성복 : 슈트(suit)의 개념과 종류

슈트(Suit)는 '세트', '갖춤'의 의미로, 아래와 위를 같은 소재로 지은 남성복 한 벌이나 여성복 한 벌을 의미하는 것으로 정장을 대표한다.

직장인 남성의 경우 슈트는 단순히 옷이기 이전에 비즈니스맨의 매너와 품격을 상징하는 것이다.

(1) American Style

가장 실용적인 형태의 슈트로 활동성에 주안점을 두어 넉넉하고 편안함을 강조한 스타일이다. 보수적이고 유행에 흔들리지 않는 스타일이다.

(2) European Style

각이 진 어깨선과 좁은 소매, 가슴에서 엉덩이까지 꼭 맞는 스타일로 허리선을 최대한 살려 실루엣을 강조한 스타일이다. 마른 체형의 사람에게 잘 어울리며 유행에 민감한 스타일이다.

(3) British Style

영국의 전통적인 스타일이다. 몸의 흐름을 따라 흐르는 자연스러운 선을 강조하며 부드러운 허리선과 어깨에 패드를 넣지 않으면서도 각이 지게 만든 어깨선이 특징이다. 또한 사이드 벤트(뒤트임)와 주름이 들어간 바지 등이 특징인 고전적인 스타일이다.

(4) Italian Style

최근에 유행하는 스타일로, 아메리칸 스타일의 편안함과 유럽형 스타일의 곡선미 그리고 브리티시 스타일의 균형미를 조화시킨 스타일이다. 어깨의 폭이 넓고 허리선이 약간 들어가는 스타일로 착용 시 편안하고 세련된 느낌을 준다.

2) 남성복 : 색상에 따른 슈트의 특징

(1) 청색계열

가장 기본이 되는 색상으로 비즈니스 웨어로 적당한 색이다. 다소 차가운 인상을 줄 수도 있지만 깔끔하면서도 생동감을 준다.

(2) 회색계열

회색은 청색과 아울러 슈트의 기본 색상이다. 회색계열의 슈트는 차분하고 지적인 분위기와 자신감 있는 모습을 연출한다.

(3) 검정색계열

정중하고 성실해 보인다. 예의를 차려야 하는 자리에 어울리지만 색상 자체가 강하기 때문에 타이의 색과 무늬를 신중하게 선택해야 한다. 경조사 시에도 착용할 수 있는 색상으로 반드시 갖추고 있어야 할 슈트다.

(4) 밤색계열

부드러운 느낌과 함께 세련된 멋을 풍기지만 연출하기가 어려워 초보자에게는 적당하지 않다.

3) 남성복 : 올바른 착용법

(1) 양복

- 체형에 맞춰 색상, 옷감의 패턴을 선택한다.
- 키가 작은 사람은 밝은 색상, 줄무늬를 살린 패턴을 선택한다.
- 뚱뚱한 사람은 커다란 체크무늬의 옷을 피한다.
- 상의 주머니에는 가급적 소지품을 넣지 않는다.
- 무릎이 튀어나온 바지는 입지 않는다.
- 허리띠를 반드시 맨다.

(2) 드레스 셔츠

- 흰색 또는 옅은 색깔에서 크게 벗어나지 않는 것이 좋다.
- 목 단추까지 모두 채워 착용한다.
- 팔 길이는 양복 소매 밖으로 1~2cm 정도 나오는 것이 좋다.

■ 화려한 디자인이나 무늬는 지양한다.

(3) 타이

■ 길이는 벨트의 버클을 약간 덮을 정도가 좋으며 안쪽 넥타이가 바깥쪽 넥타이 길이보다 길지 않아야 한다.

■ 조끼 착용 시는 넥타이가 조끼 밑으로 나오지 않는 것이 좋다.

■ 넥타이 매듭이 중앙에 와야 하며 느슨하지 않도록 한다.

■ 색깔은 양복과 동일색이거나 보색 계통이 좋다.

(4) 벨트

■ 색상은 양복이나 구두의 색깔과 동색 또는 어울리는 색이 좋다.

■ 지나치게 요란한 버클 장식은 피한다.

(5) 구두

■ 지저분하지 않도록 항상 잘 닦는다.

■ 뒷굽이 많이 닳은 구두는 신지 않는다.

■ 양복의 색깔과 맞춘다.

■ 구두의 뒤축을 구겨 신지 않는다.

■ 한 켤레 이상의 구두를 장만하여 번갈아 가며 신는다.

(6) 양말

■ 바지나 구두 중 색이 진한 쪽으로 선택한다.

■ 목이 지나치게 짧은 양말은 피한다.

■ 정장 착용 시 흰색 양말은 피한다.

4) 여성복 : 슈트의 구성

남성복과 달리 여성복은 상의와 하의, 즉 재킷과 스커트가 같은 재질로 만들어 진 것 또는 재킷과 블라우스 그리고 스커트가 한 세트로 이루어진 것을 슈트라 한다.

(1) 직장인에게 어울리는 슈트의 구성

- 재킷 : 무늬가 단순하고 단색이거나 단색에 가까운 디자인의 슈트는 한 벌의 재킷으로 다양한 연출이 가능하며 실용적이다.
- 스커트 : 비즈니스 정장의 스커트는 무릎 아래 길이, 즉 샤넬라인이다.
  - 타이트(tight) : 가장 기본적인 스타일
  - 플레어(flare) : 키가 작은 사람이 폭넓은 플레어를 입으면 키가 더욱 작게 보인다.
  - 플리츠(pleats) : 살찐 체형의 여성이 굵은 주름의 플리츠스커트를 착용하면 더 살쪄 보인다.
- 바지 : 바지는 스커트보다 체형 커버에 유리하다.
- 여성복 : 체형에 따른 슈트 선택

(2) 체형에 따른 슈트 선택

- 키가 크고 뚱뚱한 체형 : 키가 크고 뚱뚱한 체형은 대담한 디자인이 어울린다. 이 체형은 일자형 주름스커트가 좋으며, 어두운 색은 가급적 피한다. 베이지나 연한 회색 슈트가 부드러운 이미지를 준다.
- 키가 작고 뚱뚱한 체형 : 키가 작고 뚱뚱한 체형에게는 단순한 디자인이 좋으며 부피감 없는 심플한 소재를 선택한다. 무늬는 중간 크기가 좋으며 키가 커 보이는 단색을 입도록 한다. 이 때 신발, 스타킹까지 같은 색 계통으로 코디하면 전체적으로 키가 커 보이는 효과가 있다.
- 키가 작고 마른 체형 : 이 체형은 무겁거나 늘어지는 소재 혹은 큰 무늬는 체형을 더 작고 말라보이게 하므로 피하는 것이 좋다.

6) 여성복 : 올바른 착용법

(1) 스커트

- 지나치게 짧은 것은 피한다.
- 과도한 주름이나 화려한 색상은 피한다.

(2) 스타킹

- 옷과 구두의 색상과 조화를 이루어야 한다.
- 화사한 색상이 좋지만 무늬가 들어있는 것은 피한다.
- 주름이 잡히거나 올이 터지지 않도록 한다.

(3) 구두

- 청결하게 유지한다.
- 의상과의 조화를 이루는 색상을 선택한다.
- 걸음걸이를 균형 있게 유지할 수 있는 구두를 선택한다.
- 출근 후 사무실에서 샌들로 바꿔 신는 것은 피한다. 불가피한 경우는 굽이 낮고 편한 정장용 구두를 선택한다.

(4) 화장 / 향수

- 짙은 화장은 좋지 않으며, 특히 눈 화장은 너무 진하게 하지 않는다.
- 화려한 매니큐어도 피하며 루주는 깔끔하게 발려져 있어야 한다.
- 향수는 화장품과 조화를 이룰 수 있는 제품을 사용하며 맥박이 뛰는 부위(귀 뒤, 손목 등)나 움직이는 부분에 사용하는 것이 좋다.
- 상대방이 불쾌하게 여기지 않도록 향기에 유의한다.

(5) 액세서리

- 간결한 것이 좋고 나이, 신분에 맞도록 착용한다.
- 자신의 경제 사정을 고려한다.
- 포인트만 주고 너무 산만하지 않도록 한다.

05 TPO에 맞는 향수의 사용

- 좁은 사무실 내에서 많은 사람들이 장시간 함께 생활한다는 점을 고려하여 향이 지나치게 강한 것을 뿌리지 않도록 주의한다.
- 신입사원일 경우 상큼하면서도 은은한 향으로 신선한 이미지를 준다.
- 데이트 시의 향은 달콤한 프루티 노트나 섹시한 향, 순수하면서도 분위기 있는 향을 선택한다.
- 파티석상에는 화려하고 섹시한 계열인 플로럴 계열과 오리엔탈 계열의 향수를 선택하여 강렬한 이미지 메이킹을 시도한다.

사례 6-1 당신의 진한 향기, 날 힘들게 해

'향기 피로감' 호소하는 이 늘어
미국 등에선 '향기 없는 영역' 등장
향수 매출 줄고 '비누 향' 등 인기

회사원 이숙현(32)씨는 얼마 전 지하철로 퇴근을 하다 좌석을 포기하고 옆 칸으로 옮겨 갔다. 옆자리에 앉은 젊은 여성의 향수 냄새가 너무 진해 머리가 아프고 속이 울렁거렸기 때문이다. 집에 들어가기 전 들른 헬스클럽에선 '딸기 향 공격'을 받았다. 벽에 부착된 스프레이 방향제는 약 10분마다 자동으로 향기를 뿜어대 꽉 막힌 공간을 달짝지근한 향으로 채웠다.

■ 향수가 지겨워… '향기 금지 구역' 등장

향수, 로션, 세제 등의 인공 향에서 비롯된 '향기 피로감'을 호소하는 이들이 늘고 있다. 뉴욕타임스는 최근 '무향(無香)의 달콤함(The Sweet Smell of…Nothing)'이라는 제목의 기사에서 "백화점 곳곳에 피워 놓은 향초, 강한 과일 향이 나는 세제 등 너무 많은 향에 노출된 데 따른 향기 피로감(fragrance fatigue)이 확산되는 듯하다"고 했다. 공공장소에서의 향수가 남에게 영향을 끼치는 만큼 휴대폰 통화나 흡연과 비슷한 제재가 필요하다는 인식이 늘고 있다는 것이다.

실제로 미국과 캐나다에선 '금연 구역', '통화 금지' 구역과 비슷한 개념의 '향기 없는 영역'이 늘어나는 추세다. 캐나다 핼리팩스시는 일터 및 학교에서의 향수 사용을 자제토록 한 권고안('No-Scent' awareness program)을 시행 중이다. 방향제 및 향수 성분에 알레르기가 있는 이들을 배려해 향이 들어간 향수, 로션, 헤어스프레이 등을 되도록 쓰지 않도록 한 것이다. 지난해 4월 워싱턴에서 열린 미국재활협회 연례회의, 지난해 10월 캐나다 오타와에서 열린 도서관 사서 회의 '액세스(Access)' 등은 참가 신청을 하는 이들에게 '향수 사용은 금한다'고 미리 고지했다. 시애틀에 있는 블레스드 새크러먼트(Blessed Sacrament) 성당은 일요일 오전 미사 때 '향기 없는 구역'을 지정했다.

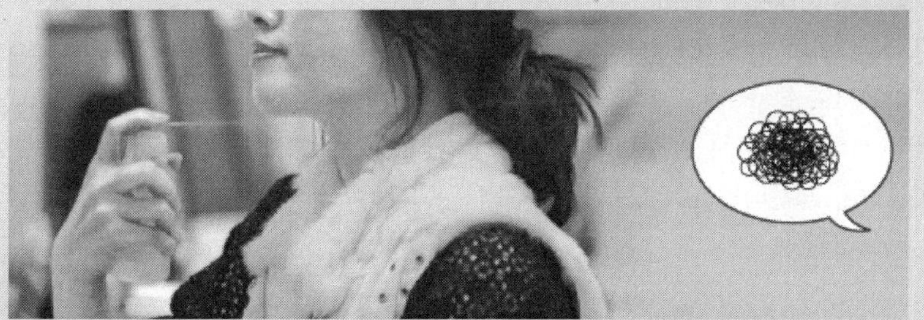

▎"무조건 뿌린다고 향기롭지 않아요" 지나치게 강한 향에 거부감을 느끼는 이들이 늘면서 비누나 아기 파우더 냄새가 나는 연한 향수가 인기를 얻고 있다. / 전기병 기자 gibong@chosun.com

■ 아기 파우더·비누 향 등 향수 같지 않은 향수 인기

'인공 향'에 질린 이들이 늘자 아기 냄새나 비누 향 등이 나는 '향수 같지 않은 향수'의 주가가 올라가고 있다. 메이크업 브랜드 바비 브라운에서 2월부터 석 달 동안 봄 한정상품으로 판매하려고 내놓은 '베쓰(Bath·목욕)'는 '샤워 마치고 나왔을 때의 향이 난다'는 입소문이 퍼지면서 보름 만에 매진됐다. 전통적으로 향수에 들어갔던 강한 꽃향기 대신 백단(白檀), 네롤리(neroli), 파출리(patchouli) 등나무나 허브에서 추출한 재료를 많이 넣었다. 장식 없는 투명한 유리병에 담긴 이 향수는 '관능미'를 내세우는 대신 '편안함'에 초점을 맞춰 소비자들의 지갑을 열게 했다.

아기용 파우더 향이 나는 불가리 '쁘띠 에 마망(Petits et Mamans·아기와 엄마)'은 아기 향수라는 '제목'을 달고 출시했지만 젊은 여성들이 대거 구입했다. 이 향수를 즐겨 사용한다는 대학생 조수정(20)씨는 "아기에게 사용해도 될 정도로 순한 재료를 썼다고 해서 샀는데 남들 눈치 보지 않고 편하게 뿌릴 수 있어서 좋다"고 했다.

LG생활건강 센베리 퍼퓸하우스 김병현 부문장은 "수많은 아이스크림이 나와도 베스트셀러는 언제나 바닐라 향 아이스크림인 것처럼 사람들은 후각과 미각에서 어린 시절의 추억을 찾으려는 성향을 보인다"고 했다.

■ 향수 에티켓

01. 식사 약속이 있는 날 꼭 향수를 써야겠다면 상대방의 '입맛'을 배려해 무릎이나 발목 안쪽 등 하반신에만 향수를 뿌리자. 식탁 위로 향이 과다하게 퍼지는 것을 예방할 수 있다.

02. 향수에는 꽃, 허브, 사향 등 알레르기를 유발하는 성분이 들어 있는 경우가 많다. 공연장, 병원, 회의실같이 막힌 공간에서 불특정 다수와 함께할 가능성이 있는 날은 향수를 쓰지 않는 게 안전하다.

03. 코는 향기에 쉽게 피로해져 약 한 시간이 지나면 향을 잘 느끼지 못한다. '향이 다 날아갔네'라는 생각에 향수를 반복해서 뿌리다 보면 상대방에 불쾌감을 줄 정도로 과다한 향을 풍길 가능성이 있다. 향수는 하루 한 번이면 충분하다.

04. 약 1m 밖에서도 향을 적나라하게 맡을 수 있다면 사용량이 과하다는 뜻이다. 가족이나 친구에게 향이 너무 진하지 않은지 확인하자. 실수로 너무 많이 뿌렸다면 색조화장 클렌저를 화장솜에 적셔 메이크업을 지운다는 느낌으로 닦아내면 된다.

자료원 : 조선일보 2008년 02월 27일자

06 용모와 복장 점검표

1) 남성

항 목	점검 내용	점 수
머리	두발은 청결한가?	
	비듬이나 머리카락이 어깨 위에 떨어져 있지 않은가?	
	앞/옆 머리가 흘러내리지 않고 단정히 정리되어 있는가?	
	뒷머리가 셔츠의 깃을 덮고 있지 않은가?	
얼굴	면도 상태 및 코털은 정리 되어있는가?	
	눈은 충혈되지 않고 안경은 깨끗한가?	
	치아는 깨끗하고 입 냄새가 나지 않는가?	
손	손 전체가 청결한가?	
	손톱은 깨끗하게 정리 되어 있는가?	
복장	셔츠의 칼라와 소매부분이 깨끗한가?	
	넥타이가 비뚤어져 있거나, 느슨하게 매어있지 않은가?	
	자켓주머니가 불룩할 정도로 많이 넣어져 있지 않은가?	
	바지의 무릎이 나오지 않고 줄이 서 있는가?	
	바지길이가 적당한가?	
	벨트가 바로 매어져 있고 깨끗한가?	
	양말 색상은 잘 어울리는가?	
	전체 복장에 구김이나 얼룩은 없는가?	
구두	깨끗하게 손질되어 있는가?	
	굽의 상태는 양호한가?	
	색상이나 스타일이 업무에 어울리는가?	
액세서리	뱃지와 명찰이 바른 위치에 부착되어 있는가?	
	액세서리 착용이 적당한가?	
총 점		

2) 여성

항 목	점검 내용	점 수
머리	두발은 청결한가?	
	비듬이나 머리카락이 어깨 위에 떨어져 있지 않은가?	
	앞/옆 머리가 흘러내리지 않게 고정되어 있는가?	
	머리 길이가 단정한 느낌을 주는가?	
	전체 헤어 스타일과 색상이 업무에 어울리는가?	
	머리 액세서리가 너무 눈에 띄지 않는가?	
얼굴	건강하고 밝은 느낌을 주는가?	
	립스틱 색상은 적당한가?	
	눈은 충혈되지 않고 안경은 깨끗한가?	
	치아는 깨끗하고 입 냄새가 나지 않는가?	
손	손 전체가 청결한가?	
	손톱은 깨끗하게 정리 되어 있는가?	
	매니큐어를 바른 경우 색상이 적당하고 깔끔한가?	
복장	업무에 어울리는 정장 스타일인가?	
	칼라와 소매부분이 깨끗한가?	
	얼룩은 없는가?	
	구김 없이 다림질이 잘 되어 있는가?	
	스타킹 색상이 적당한가?	
구두	깨끗하게 손질되어 있는가?	
	굽의 높이와 상태는 양호한가?	
	색상이나 스타일이 업무에 어울리는가?	
액세서리	뱃지와 명찰이 바른 위치에 부착되어 있는가?	
	액세서리 착용이 적당한가?	
총 점		

07 용모와 복장의 표준

1) 유니폼 및 복장

(1) 남성의 경우

❶ 상의, 바지의 주름은 잘 잡혀 있는지 확인한다.

- 유니폼은 항상 깨끗하고 지정된 유니폼을 착용해야 하며, 맵시가 있어야 한다.
- 포켓이나 주머니에 물건을 넣어 불룩하게 보이지 않도록 한다.

❷ 드레스 셔츠 깃이나 소매에 때가 끼지 않아야 한다.

매일 새 것으로 갈아입는다.

❸ 헤지거나 낡아 떨어진 부분이 없어야 한다.

헤진 부분은 반드시 수선을 한 후 입는다.

❹ 단추가 떨어진 것은 없는지 확인한다.

소매단추까지 다 채우고, 떨어진 단추가 있으면 반드시 수선한 후 입어야 한다.

❺ 상의, 하의, 넥타이 등 얼룩진 부분이 없어야 한다.

수시로 체크한다.

❻ 바지의 길이는 짧거나 길지 않아야 한다.

- 구두 뒷굽이 시작되는 부분에 바지 끝이 닿도록 한다.
- 사무실 등에서 사복을 착용할 경우 몸에 꼭 붙는 바지는 착용하지 않는다. 특별한 경우가 아니라면 청바지나 스키니진은 피한다.

❼ 벨트를 착용한다.

❽ 드레스 셔츠 소매길이는 짧거나 길지 않아야 한다.

악수를 할 때 드레스 셔츠 소매 끝이 손목뼈에 와야 한다.

❾ 넥타이 길이를 조정한다.

넥타이를 매었을 때 넥타이 끝이 벨트의 버클 끝에서 2~3cm 내려오는 것이 적당하다.

(2) 여성의 경우

❶ 치마의 길이는 유니폼의 규정대로 유지하여야 한다.

- 개인 취향에 따라 임의로 줄이거나 늘려서는 안 된다.
- 사무실 등에서 사복을 착용하는 경우 무릎 위 10cm 이상은 올라가지 않아야 한다.
- 근무 시 발목까지 내려오는 긴치마는 입지 않는다.

❷ 속옷을 입어 살이 비치지 않도록 한다.

- 속옷이 밖으로 보이지 않아야 한다.
- 속옷은 겉옷과 동일한 색상이어야 한다.
- 근무 시 소매 없는 옷을 입지 않는다.

❸ 블라우스 깃이나 소매에 때가 끼지 않아야 한다.

적어도 하루에 한 번 이상은 갈아입는다.

❹ 헤지거나 낡아서 너덜해진 부분이 없어야 한다.

헤진 부분은 반드시 수선을 한 후 입는다.

❺ 단추가 떨어져 있는지 확인한다.

소매단추까지 다 채우고, 떨어진 단추가 있으면 반드시 수선한 후 입어야 한다.

❻ 블라우스 착용 시 반드시 리본을 묶는다.

- 리본의 머리는 양쪽 모두 중앙에서 7~8cm 정도 나오도록 한다.
- 리본의 꼬리는 양쪽 길이가 일치하도록 한다.

❼ 거울을 보고 복장상태를 확인한다.

2) 신발 및 양말

❶ 지정된 구두나 신발을 신는다.

- 영업장 근무자(여)가 회사에서 지급된 구두 이외의 것을 착용할 때는 요란한 장식이나 끈, 단추 등이 있는 것을 피하고 가급적 투박하지 않은 심플한 모양의 구두를 선택한다.
- 꺾어 신지 않는다.
- 항상 깨끗하게 손질되어 광택이 나야 한다.
- 터지거나 뒷굽이 지나치게 닳은 것은 피하도록 한다.
- 자기 발 크기에 맞는 신발을 신어 보행 시 덜거덕거리는 소음이 나지 않아야 한다.
- 회사 내에서는 부츠를 신지 않는다.

❷ 남자의 경우 검정색 또는 진한 감색의 양말을 신는다.

❸ 여직원의 경우 스타킹은 살색과 비슷해야 한다.

- 커피색 1호류의 색상을 택해야 한다.
- 손상된 부분이 없어야 한다.
- 발목 부분이 늘어지거나 접히지 않도록 주의한다.
- 하절기에도 스타킹을 꼭 착용한다.

❹ 흰색 양말을 요구하는 직장이나 부서의 경우

- 흰 양말에 검은 때 자국이 보이지 않아야 한다.
- 한번 접는 흰색 커버 양말이 바람직하다.

❺ 흰색 실내화를 요구하는 직장이나 부서의 경우

- 꺾어 신지 않는다.
- 검은 때 자국이 보이지 않아야 한다.
- 헤지거나 지나치게 닳은 부분이 없어야 한다.

3) 얼굴

(1) 남성의 경우

❶ 휴식시간을 이용해 거울을 본다.

사무실에서는 전화기 옆에 꺼내 놓는다.

❷ 면도 상태를 확인한다.

턱수염, 콧수염이 남아있지 않아야 한다. 코털이 보이지 않도록 짧게 깎는다.

❸ 눈이 충혈 되어 있지는 않은지 확인한다.

- 눈곱이 없어야 한다.
- 충혈 되어 있을 경우 눈 운동을 하여 긴장을 풀어준다.

❹ 피부상태가 양호한지 확인한다.

- 기초화장을 충실히 한다.
- 번들거리지 않도록 조심한다.

❺ 구강 상태를 확인한다.

- 담배 냄새 및 술 냄새, 입 냄새 등 나쁜 냄새가 나지 않아야 한다.
- 스프레이형 구강청정제나 은단을 항상 주머니에 준비한다.

❻ 입술은 밝고 부드러운 느낌이어야 한다.

마르지 않도록 립글로스(크림)를 자주 바른다.

(2) 여성의 경우

❶ 휴식시간을 이용해 거울을 본다.

손거울을 포켓이나 핸드백에서 꺼내서 본다(사무실에서는 전화기 옆에 꺼내 놓는다).

❷ 귀걸이, 목걸이 등 액세서리를 착용하지 않는다.

사무실에 도착하면 착용한 것을 빼 놓는다.

❸ 눈썹을 그린다.

부드러운 반달형으로 그린다.

❹ 아이섀도를 바른다.

- 자연스러운 색깔을 바른다. 보라색과 같은 화려한 색상, 짙은 밤색 계열은 피한다.
- 아이라인은 속눈썹이 난 부위에 가늘게 그리고 눈 전체에 그리지 않는다.

❺ 속눈썹을 정리한다.

얼굴이나 눈가에 떨어진 속눈썹이 없어야 한다.

❻ 입술은 밝고 부드러운 느낌을 주어야 한다.

- 짙은 빨강, 어두운 커피색 계열은 피한다.
- 밝은 빨강, 주황, 분홍색 계열을 사용한다.
- 립 라인은 립스틱과 같은 색상을 사용한다. 짙은 립 라인에 옅은 립스틱을 발라 립 라인이 두드러져 보이는 화장은 피한다.
- 본인의 입술보다 너무 크거나 작게 립스틱을 바르지 않는다.
- 립스틱이 치아에 묻지 않아야 한다.

❼ 입 냄새가 나지 않아야 한다.

- 식사 후에는 반드시 양치질을 한다.
- 스프레이형 구강청정제를 갖고 다닌다.

❽ 얼굴 바탕은 밝아야 한다.

- 짙은 화장은 피한다.
- 화장을 하지 않은 듯 자연스럽게 보여야 한다.
- 번들거리지 않도록 조심한다.

❾ 향수는 사용하지 않는다.

- 근무 시에는 향수 냄새가 나지 않도록 한다.
- 사무실에서는 고객과 동료들에게 불쾌감을 주지 않도록 조심하여야 한다.

4) 머리

(1) 여성의 경우

❶ 깔끔하고 단정한 머리 스타일을 택한다.

가능하면 머리 끝이 어깨에 닿지 않는 스타일로 한다.

❷ 무스, 스프레이를 사용하여 머리 모양을 만든다.

❸ 이마가 드러나도록 한다.

- 화려한 핀이나 액세서리는 하지 않는다. 검은색 계열의 실 핀을 사용한다.
- 인사를 하거나 음식을 나르는 경우 앞머리가 내려오지 않도록 고정해야 한다.

❹ 긴 머리의 경우 뒷머리는 헤어네트 핀을 사용하여 묶는다.

헤어 액세서리(핀, 네트 등)는 잘 보이지 않는 색상을 사용한다.

❺ 머리의 색깔은 검고 윤이 나야 한다.

염색이 필요한 경우 검은색 계열로 한다.

❻ 어깨 위나 유니폼에 떨어져 있는 머리카락이나 비듬이 없어야 한다.

자주 거울을 보고 점검한다.

❼ 머리냄새가 나지 않아야 한다.

자주 감아서 상쾌한 냄새가 느껴져야 한다.

(2) 남성의 경우

❶ 깔끔하고 단정한 머리스타일을 택한다.

- 뒷머리가 드레스 셔츠 깃을 넘거나 덥수룩하지 않아야 한다.
- 옆머리는 귀에 닿는 부분이 없어야 한다.
- 구레나룻은 안경착용 시 안경다리 아래로 보이지 않도록 자른다.

❷ 머리에 포마드, 무스, 스프레이를 바른다.

번들거리지 않도록 주의한다. 머리 화장품 냄새가 나지 않아야 한다.

❸ 이마가 드러나야 한다.

- 앞머리는 위로 1cm 정도 세운다.
- 가운데 가르마는 피한다.
- 앞가르마는 대략 3:7 비율이 적당하다.

❹ 거울을 보며 확인하고 단정하지 못하면 다시 손질한다.

5) 손

❶ 손은 깨끗이 씻는다.

- 손톱 끝의 하얀색 부분이 1mm 정도를 넘지 말아야 한다.
- 손톱에 때가 끼지 않아야 한다.

❷ 손톱의 상태를 확인한다.

색깔이 있는 매니큐어를 바르지 않는다.

❸ 반지는 뺀다.

- 결혼, 약혼 등 기념반지 외에는 착용을 금지한다.
- 반지는 지나치게 화려하지 않아야 한다.
- 음식이나 고객의 물건에 반지(알)가 빠지지 않도록 주의한다.
- 지나치게 화려한 팔찌는 착용하지 않거나, 고객의 눈에 보이지 않아야 한다.

사례 6-2 넥타이 그 아름다운 구속

남자의 목을 조이지만 남자의 전부를 말해준다

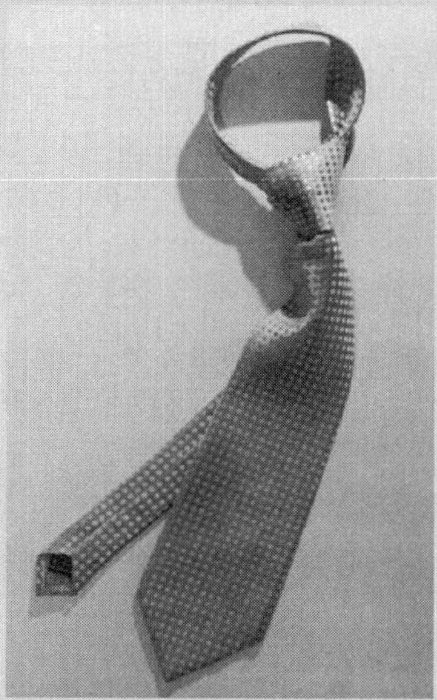

멀쩡한 넥타이 하나 없는 당신
물방울무늬를 선택하라.
인류가 창조한 최초이자 최고의 무늬다.
너무 화려한 꽃무늬는 오히려 NG.
제임스 본드처럼
매듭지었을 땐 볼륨감 있게
매듭 풀었을 땐 구김 없도록.
왼쪽 가슴에서 오른쪽 허리로 그려진
사선무늬는 영국식.
오른쪽 가슴에서 왼쪽 허리 쪽으로 그려졌다면
미국식… 영국인과 미팅 할 땐 삼가야

남성의 정장을 수십 가지의 악기가 모여 연주하는 오케스트라에 비유한다면, 넥타이는 그 오케스트라의 제1 바이올린과도 같다. 무대 중앙에 배치되기 때문에 사소한 실수라도 금방 드러날 수밖에 없기 때문이다. 아무리 슈트를 격식에 맞게 완벽하게 차려입었다고 해도 넥타이 하나 잘못 매 전체 스타일을 망치는 사례도 많다.

엘리베이터에 타면 주위가 환해질 정도로 넥타이 컬러와 디자인이 튀는 사람이 있다. 넥타이는 물론 개성의 표현이기도 하지만 무난한 슈트에 지나치게 화려한 꽃무늬 넥타이를 매는 것은 오히려 스타일에 도움이 되지 않는다. 정장이란 세부 품목들의 각개약진이 아니라 전체적인 조화의 문제이기 때문이다. 요컨대 슈트, 셔츠, 넥타이, 구두와 양말에 이르기까지 남자의 몸을 감싸는 모든 아이템들은 마치 와인과 음식의 궁합처럼 부드럽게 조화를 이루어야 한다.

넥타이는 남자의 스타일을 조금 더 세련되게 만들어주는 액세서리가 아니라, 슈트 자체를 완성시키는 정장의 일부다. 역사를 살펴보면 넥타이는 남자에 대해 많은 정보를 가르쳐주는 강력한 상징이었고, 그것을 맨 사람이 속한 클럽과 과거에 다녔던 학교, 군대 등 그의 과거를 보여주는 수단이기도 했다. 특히 넥타이는 남자의 심장 가장 가까이 존재하는 제품으로서, 심리학적으로는 '남성 자체'를 상징할 만큼 중요한 의미를 가진다.

넥타이의 매듭에 관해서라면 크게 두 가지 방안이 적용된다. 두 번 돌려서 커다란 역삼각형 모양을 내는 '윈저 노트(knot·매듭)'도 있고, 한 번 감아 돌리는 '플레인 노트'도 있다. 하지만 매듭은 원칙에 사로잡히기보다는 본인의 얼굴 크기와 개성을 감안해서 유연하게 선택하면 된다. 더 중요한 건 매듭을 만든 다음 넥타이의 몸통을 밀어 올리기 전에, 딤플(dimple·매듭 중심부 바로 아래 원단이 접혀 들어간 홈)을 만들어 넥타이 전체가 마치 살아있는 것처럼 과감한 볼륨감을 주는 테크닉이다.

이 점에 관해서라면 영국 첩보원 제임스 본드야말로 넥타이를 올바르게 매는법을 가장 완벽히 보여주는 모델이다. 예컨대 그는 본드 걸을 유혹할 때 넥타이를 살아있도록 고쳐 맨 뒤 마티니 한 잔을 마신다. 참으로 섹시하지 않은가. 즉 매듭을 지었을 때 볼륨감이 잘 나타나고, 매듭을 풀고 나서도 구김 없이 원래 모양으로 자연스럽게 돌아오는 것이 수준 높은 넥타이가 된다. 넥타이 길이는 그 끝이 벨트를 살짝 건드리는 정도라면 안전하다. 조금 높거나 낮은 것은 별 문제가 되지 않는다.

이번에는 넥타이의 무늬다. 해외에 중요한 미팅이 있는 기업인이라면 감색 바탕에 물방울무늬가 우선이다. 균일하고 일관된 물방울무늬는 질서를 상징하며, 남자에게 좋은 인상을 줄 것이다. 특히 물방울무늬는 인류가 창조해낸 최초의 무늬라고도 할 정도로 전통적이면서 품위를 표현하므로, 넥타이가 하나도 없다면 제일 먼저 갖추어야 할 기본 중의 기본이라고 하겠다. 왼쪽 가슴에서 오른쪽 허리 쪽으로 그려진 사선 무늬(레지멘탈·regimental) 타이는 영국의 군대와 클럽 유니폼에서 유래되었는데, 이 타이는 울 소재의 클래식 슈트와 각도 넓은 셔츠와 만나면 최적의 조합으로 아름답게 피어난다. 하지만 레지멘탈과 반대의 패턴, 즉 오른쪽 가슴에서 사선으로 기울어진 패턴은 자유로운 미국식으로, 영국인들은 그다지 환영하지 않는다.

마지막으로 나비넥타이로 일컬어지는 보타이(bow tie)에 대한 제안 하나. 보타이를 선호하는 남성들이 지나치게 자기주장이 강하거나, 일반 넥타이를 매는 남성들과 화합할 수 없는 기묘한 스타일을 갖고 있다고 여겨지는 것은 오해다. 보타이는 처음 그 순간의 낯섦만 극복한다면 매일 착용해도 괜찮은 품목이다. 또 각종 파티에 참석하기에 더없이 완벽한 소품이 된다. 많은 한국 남성들이 결혼할 때 턱시도를 입는데, 문제는 낮에 하는 결혼식에도 턱시도를 입는다는 사실이다. 턱시도는 본래 저녁에만 입는 것이다. 그러므로 낮에 결혼식을 할 땐 턱시도 대신에 품질 좋은 클래식 슈트에 개성적인 보타이를 맨다면 완벽한 차림이 될 것이다.

(남훈 : 란스미어 브랜드 매니저)

(자료원 : 조선일보 2008년 3월 8일자)

CHAPTER 07

바른 자세와 안내

01 친절하고 바른 자세의 중요성

상대를 대하는 올바른 자세란 단순히 손, 발의 움직임만 조심해야 한다는 의미가 아니다. 모든 언행과 태도, 자세가 상대에게 편안함과 배려하는 마음을 전달할 수 있도록 신경을 써야 한다는 것이다.

사람들은 첫 눈에 비치는 비즈니스맨의 모습을 통해 됨됨이를 헤아리고, 긍정적이거나 혹은 부정적인 이미지를 형성한다. 따라서 비즈니스맨들은 평소에 바른 자세를 지니도록 노력하지 않으면 안 된다.

자세를 바로 하는 일로부터 업무를 시작한다면 기분도 어느 정도 긴장될 것이다. 또 적극적으로 아름다운 몸가짐을 익히고 그것이 평소의 생활에 자연스러운 형태로 나타나도록 한다면 인생에 있어서 매우 소중한 재산이 될 것이다.

고객은 응대과정에서 나타나는 다양한 자세와 태도를 보며 비즈니스맨의 서비스를 평가하고 반응하게 된다. 앉아 있을 때나 서 있을 때 혹은 걸을 때 바르고 적극적인 자세를 취하는 것은 진정으로 고객을 돕겠다는 마음가짐이나 의사의 표시가 된다.

바른 자세를 몸에 익힘으로써 좋은 인간관계를 가질 수 있으며 건강하고 밝은 이미지를 형성할 수 있을 것이다.

상대에게 친절함과 호감을 줄 수 있도록 편하고 바른 자세를 갖도록 끊임없이 노력해야 한다.

02 친절한 자세의 포인트

1) 표정

언제 보아도 모든 길 다 이해해 줄 수 있으며, 친근감이 느껴지는 얼굴표정의 연출이 필요하다. 스마트한 표정의 연출과 미소 짓는 습관을 익히는 것이 관건이다.

2) 시선

아무리 말씨나 태도가 훌륭한 비즈니스맨이라 할지라도 시선처리를 바르게 하지 못하면 서비스의 효과는 반감되고 만다. 비즈니스맨의 올바른 시선 처리는 곧 비즈니스맨의 자신감과 고객에 대한 공손함을 의미하는 것이다.

3) 자세

바른 자세는 자신감의 표현임은 물론 상대방에게 대화의 즐거움을 주는 태도의 표현이며, 자신의 교양 수준을 가늠하는 잣대이기도 하다.

4) 화법

상대방에게 불쾌감을 주지 않는 대화 예절이 고객접대의 절대적인 조건이다. 지나치게 감정적이지 않으면서 올바른 경어를 사용하는 기술과 하고 싶은 말은 다하는 정확한 말솜씨가 필요하다.

03 기본자세

1) 서 있는 자세

(1) 여성의 경우

- 턱은 당기고 시선은 정면을 바라본다.
- 오른손이 위로 오게 하여 아랫배에 정리한다.
- 무릎과 발뒤꿈치는 붙이고, 양 발의 각도는 30도 정도로 벌린다.
- 등과 허리는 곧게 하고, 가슴은 편다.

(2) 남성의 경우

- 턱은 당기고 시선은 정면을 바라본다.
- 살짝 쥔 양손을 바지 재봉 선에 가볍게 갖다 댄다.
- 무릎과 발뒤꿈치는 붙이고, 양 발의 각도는 45도 정도로 벌린다.
- 등과 허리는 곧게 하고, 가슴은 편다.

2) 대기하는 자세

(1) 여성의 경우

- 기본자세와 같다.

(2) 남성의 경우

- 기본자세에서 왼손이 위로 오게 하여 아랫배에 정리한다(특히 서비스맨의 경우).
- 양 발은 어깨넓이로 벌리고 11자로 반듯하게 선다.

3) 앉은 자세

(1) 여성의 경우

- 상체는 곧게 편다.
- 등받이와 등 사이는 주먹 1개 정도의 간격을 두고 앉는다.
- 무릎과 발끝은 붙이고, 바르게 모은 손을 무릎 위에 둔다.

❶ 앉는 자세

한쪽 발을 반보 정도 뒤로 가져가 스커트 자락을 누르면서 앉은 뒤, 뒤로 내딛은 발을 앞으로 모은다.

✔ 고객에게 먼저 자리를 권한 후 고객이 앉은 다음 자리에 앉는다.

❷ 서는 자세

한쪽 발을 반보 정도 뒤로 빼고 상체를 바르게 하며 일어서서 양 발을 가지런히 모은다.

✔ 고객이 들어오거나 용무를 마치고 일어설 때 즉시 일어난다.

(2) 남성의 경우

- 상체는 곧게 편다.
- 등받이와 등 사이는 주먹 1개 정도의 간격을 두고 앉는다.
- 다리를 어깨넓이로 벌리고 앉아, 주먹을 무릎 위에 올려놓는다.

❶ 책상이 있는 경우

책상과의 간격은 주먹 2개 정도로 하여 팔꿈치가 책상에 닿지 않도록 한다.

(4) 걷는 자세

(1) 남성의 경우

- 등과 어깨를 곧게 편다.
- 시선은 정면을 바라본다.
- 허리와 가슴부터 앞으로 나가는 기분으로 걷는다.
- 팔은 앞으로 45도, 뒤로 15도 정도로 하여 자연스럽게 움직인다.
- 무릎을 펴고 좌우의 발이 평행이 되도록 하여 어깨넓이 정도의 보폭으로 걷는다.

(2) 여성의 경우

- 여성은 무릎 안쪽이 가볍게 스치도록 한다.
- 팔의 바른 움직임을 위해서 살짝 주먹 쥔 손이 옆 재봉 선을 스치도록 한다.
- 신발을 끌지 않도록 한다.
- 실내에서는 실외에서보다 팔 움직임과 보폭을 작게 한다.

04 방향 안내 요령

1) 표정

밝게 웃는다.

2) 시선

고객의 눈 → 안내하는 방향 → 고객의 눈(손 내리기 전)

3) 자세

가지런히 모은 손 전체를 사선으로 갈무리한다.

- 팔꿈치의 각도로 원근 거리를 나타낸다.
- 오른쪽을 안내할 때는 오른손, 왼쪽의 경우는 왼손을 사용한다.
- 가볍게 목례를 한다.

4) 화법

고객의 말을 복창하여 확인하며 정확하게 안내한다.

05 물건·서류를 건네는 요령

1) 표정

밝게 웃는다.

2) 시선

고객의 눈 → 건네는 물건 → 고객의 눈

3) 자세

가슴과 허리선 사이에서 두 손으로 건넨다.

- 고객이 보기 쉽게, 받기 쉽게, 사용하기 쉽게 바른 방향으로 건넨다.
- 가볍게 목례를 한다.

4) 화법

물건/서류 명을 말한다.

5) 응용 자세

- 현금/카드 등을 주고받는 경우
- 서류의 세부사항을 지시하는 경우

06 장소를 안내하는 요령

(1) 안내할 장소를 말한다.

(2) 고객의 1~2보 앞에 자리를 잡는다.

(3) 고객의 보행속도에 맞추어 안내한다.

(4) 수시로 사선걸음으로 고객의 위치를 확인한다.

(5) 방향, 위치지시 동작은 정중하게 하며 안내한다.

- 상사를 수행할 때에는 왼쪽 1~2보 뒤에 위치한다.

07 기타 상황별 안내 요령 및 태도

1) 물건을 주울 때

- 주울 물건을 본다.
- 주울 물건 옆으로 가서 앉는다.
  - 양다리를 붙이고 깊이 앉는다.
  - 선 자세에서 허리만 구부리지 않는다.
- 물건을 줍고 일어선다.
  - 한 번에 가볍게 일어선다.

2) 계단을 오르내릴 때

- 계단을 오를 때는 남자가 앞장선다.
- 계단을 내려 올 때에는 여자가 앞장선다.
  - 여성은 계단을 오르내릴 때 사선걸음으로 걷는다.
  - 우측통행을 한다.
- 고객과 함께 계단을 오르내릴 경우에는 안내자가 항상 앞서서 간다.
  고객의 발걸음에 신경을 쓰며 안전을 확인한 다음 보조를 맞추어 올라간다.

3) 문을 여닫을 때 – 당기는 문

- 문을 2~3회 노크한다.
- 오른손으로 문을 연다.
  고객이 통과하기 쉽도록 90도 정도로 문을 연다.
- 손잡이를 잡고 문 뒤에서 몸의 2/3 정도를 내민다.
- 왼손으로 방향지시를 하며 고객이 먼저 들어가도록 안내한다.
  - "먼저 들어가십시오."라고 말한다.

- 고객을 바라보면서 밝은 표정을 짓는다.

■ 안으로 들어가 조용히 문을 닫는다.

- '쾅'소리가 나지 않도록 문이 완전히 닫힐 때까지 손잡이를 잡고 있는다.

4) 문을 여닫을 때 – 미는 문

■ 노크를 2~3회 한다.

■ 문을 밀어서 연다.

■ 고객보다 먼저 안으로 들어가 문의 후면 손잡이를 잡는다.

- "실례하겠습니다."라고 양해를 구하고 들어간다.
- 고객을 바라보면서 밝은 표정을 짓는다.

■ 오른손으로 손잡이를 잡고 몸을 2/3정도 내밀며 왼손으로 방향지시를 하고 고객이 들어오도록 안내한다.

- "들어오십시오."라고 말한다.
- 고객을 바라보면서 밝은 표정을 짓는다.

■ 안에서 조용히 문을 닫는다.

- '쾅'소리가 나지 않도록 문이 완전히 닫힐 때까지 문고리를 잡고 있는다.

5) 고객 안내 – 사무실에서

■ 신속히 일어나 인사한다.

- "안녕하십니까? 어서 오십시오. 무엇을 도와드릴까요?"

■ 용건과 약속 여부를 확인한다.

- "혹시 사전에 약속을 하셨습니까?"

■ 안내를 한다.

- 찾는 직원이 잠시 자리를 비웠거나 회의 중인 경우에는 응접실로 안내한다. "지금 자리를 비우셨는데 10분후에 돌아오실 예정이십니다. 잠시 기다려 주시겠습니까?"

■ 음료나 읽을거리를 제공한다.

- "음료수 한 잔 하시겠습니까?"
- "기다리시는 동안 신문을 보시겠습니까?"

■ 담당 직원에게 알려준다.

- "00 회사에서 손님이 오셨습니다."
- "00 회사에서 오신 손님이신데 10분 전에 오셨습니다."

6) 고객 안내 – 복도에서

■ 안내할 곳의 위치를 방향으로 지시한다.

■ 고객보다 1~2보정도 앞서서 걷는다.

- 고객의 좌측에서 1~2보정도 앞서 걷는다.
- 고객은 복도 한 가운데를 걷게 한다.
- 수행할 경우에는 1~2보 뒤에서 걷는다.

■ 가끔씩 뒤를 보면서 확인을 한다.

- 고객이 잘 따라오는지 뒤쳐지지 않는지 확인한다.
- 속도를 맞춰서 걷는다.

■ 안내할 장소에 도착하면 그 사실을 알린다.

- "이곳이 000 입니다."

7) 고객 안내 – 엘리베이터에서

■ 엘리베이터를 타기 전에 안내할 곳을 고객에게 알려준다.

- "00 식당은 0 층입니다."
- "0 층 00 로 안내해 드리겠습니다."

■ 고객이 1인일 경우, 엘리베이터 앞에서 열림(open) 버튼을 누르고 고객이 먼저 타도록 한다.

- "먼저 타십시오."

■ 도착하면 열림(open) 버튼을 누른 상태로 고객이 먼저 내리도록 한다.

• "여기 입니다."

■ 고객이 다수일 경우, 문이 열리는 시간을 고려해 안내자가 먼저 탑승한다.

• "실례합니다."

■ 도착하면 고객이 먼저 내리도록 한다.

• "여기 입니다."

■ 엘리베이터에서의 위치

• 직원은 항상 버튼 옆에 서 있는다.

CHAPTER 08

공감의 대화 예절

01 대화의 중요성

대화란 상대와 서로 마주 대하며 주고받는 말이다. 예절의 시작이 상대방을 존중하고 배려하는 마음에서 출발하듯이 대화 역시 상대방을 존중하고 배려하는 마음을 토대로 이루어져야 진실한 얘기를 나눌 수 있다.

존중과 배려가 넘치는 마음가짐이 바탕이 되지 않을 경우 상대방에게 좋지 않은 인상을 주거나 부정적인 이미지로 비춰질 수 있고, 나아가 인간관계에도 나쁜 영향을 미칠 수 있다.

이미지를 결정하는 요인들 중에서 용모나 복장, 또는 태도가 상대에게 좋은 인상을 심어줄 수 있다는 사실은 누구나 아는 일이다. 그러나 일시적인 만남이 아닌 지속적인 인간관계를 위해서는 자신의 말을 가꾸고 다듬는 노력과 더불어 존중과 배려가 반드시 필요하다.

눈이 마음의 창이라면 대화는 인격의 창이라고 한다. 대화를 통해 우리는 그 사람의 됨됨이와 인간성을 판단하게 되고 상대방을 어떻게 대할 것인지를 결정한다.

현대 사회는 커뮤니케이션의 장이라 해도 과언이 아니다. 상호간의 대화는 절대적으로 필요 불가결한 삶의 수단이자 생존의 수단이기도 하다. 대화의 중요성은 사회가 복잡해질수록 더욱 더 커질 것이다.

대화는 혼자 하는 것이 아니라 상대방이 있기 마련이고, 따라서 그 효과는 직접적일 수 있다. 옛 속담에 "말 한마디로 천 냥 빚을 갚는다." "가는 말이 고와야 오는 말이 곱다"라는 말들이 있거니와 이런 말들은 모두 대화의 중요성을 강조하고 일깨우기 위한 것들이다.

이러한 관점에서 본다면 상대방을 배려하고 존중하기 위해 지켜지는 많은 예절 중에서도 가장 중요하고도 필수적으로 지켜져야 할 예절의 하나가 바로 대화예절이라고 할 수 있다. 왜냐하면 말로써 상대방의 마음을 기쁘게 할 수도 있고 때로는 반대로 다치게 할 수도 있기 때문이다.

대화는 의사를 전달하기 위한 수단에서 그치는 것이 아니라 인격의 외면화된 대변인 혹은 겉모습이라 할 수 있으며, 상대방을 존중하는 중요한 예절 행동이다.

서비스기업에서의 대화는 서비스 조직이라는 유기체의 혈맥과도 같다. 바른 대화 서비스는 서비스기업의 혈액 순환을 원활하게 만든다.

마음을 보여주는 대화야말로 상대방에게 좋은 인상을 남길 수 있는 효과적인 방법임을 명심해야 한다. 또한 고객과 서비스요원 간, 조직체 상하 간, 동료 간에 커뮤니케이션이 활발한 기업은 팀워크가 활성화될 가능성이 크다. 아울러 비즈니스맨들의 힘과 용기를 북돋워질 수 있는 살아있는 조직, 영향력이 넘치는 서비스기업이 될 것이다.

02 대화의 요소

위의 그림은 대화의 요소를 가시적으로 나타낸 것으로, 두 사람 이상의 대화가 효과적으로 이뤄지기 위해서는 말하기, 듣기, 태도라는 세 요소가 적절히 조화를 이루어야 함을 보여준다.

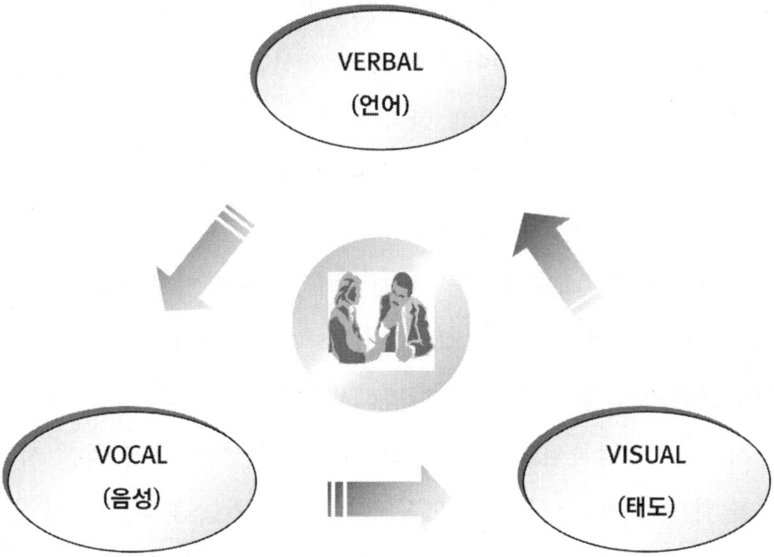

우선 첫 번째, 대화란 '말을 하는 것'이 아니라 상대방의 이야기를 '듣는 것'으로부터 시작되어야 한다. 대화를 할 때 사람들은 말을 잘 하는 사람을 좋아하지 않는다. 나의 이야기를 적극적으로 들어주는 사람에게 마음을 열고, 더 깊고 자세한 속내를 털어놓게 된다. 이때 막연히 듣거나 자신이 어떤 대답을 해주어야 할 것인가 고민해서는 안 된다. 적극적으로 무조건 들어주되, 이야기를 듣는 중간 중간 호응과 반응을 보여 주고, 들은 내용을 이해하며 말하는 사람의 심정에 공감한다는 사실을 보여주는 행동이 필요하다.

두 번째, '말하기'에 있어서는 단순히 상대방의 말을 반복하거나 확인하는 것이 아니라 진심으로 상대방이 무엇을 원하는지 이해할 수 있는 효과적인 질문을 던져볼 필요가 있다. 질문은 상대방이 스스로 해답을 찾을 수 있도록 생각을 재촉하는 놀라운 기능을 가지고 있기 때문이다.

"왜 당신은 매사에 회사 일을 그런 태도로 대하는가?"라고 묻기 보다는 "어떻게 하는 것이 앞으로 자네에게 도움이 될 것 같은가?"라는 방식으로 질문을 할 필요가 있다. 이렇게 하면 문제가 부정적인 생각에서 맴도는 것이 아니라 긍정적이면서도 실제적이고 미래지향적인 대답을 듣게 될 가능성이 크다.

또한 상대방이 어떤 것에 대해 피드백을 요구할 때는, 잘하고 있는 부분에 있어서는 확실하게 인정, 칭찬, 격려를 해주어 상대방이 자신감을 얻을 수 있도록 해주어야 한다. 즉 긍정적인 피드백을 해 주어야 한다.

부족한 부분은 책망이 아닌 상대방의 발전에 초점을 맞추고 구체적 행동방안, 영향력, 개선방향을 제시하는 것이 필요하다.

세 번째, 대화에 임하는 태도를 갖추는 것이다. 우리가 가장 많이 사용하는 "안녕하세요."라는 말 한마디만 보더라도 그렇다. 단순히 10초 동안 인사를 하더라도, 지나가며 쓰레기통에 쓰레기를 던져버리듯 "안녕하세요."라는 것과 정말 반갑다는 듯 얼굴 가득 웃음을 지으며 "안녕하세요."라고 하는 것은 사뭇 다른 느낌을 주게 된다. 상대방의 말에 동조를 해주는 마음가짐으로 오직 상대방에게만 집중하면서 몸짓과 눈의 표정으로 호응을 해준다면 그는 마음을 열고 진심으로 대하게 될 것이다.

대화의 기본은 현란한 화술이 아니라 상대방을 진심으로 대하는 태도와 더불어 마음을 열고 대할 수 있는 듣기, 생각을 열어주는 질문과 자신감을 갖게 되는 피드백을 구사하는 말하기라 할 수 있다. 이것은 아무리 훌륭한 사람일지라도 하루아침에 길러지는 능력이 아니다. 매일 조금씩 자신의 말하기 패턴을 바꿔보고, 태도와 듣는 훈련을 통해 이루어지는 것이다. 이런 식으로 접근하면 사람들은 누구나 기꺼이 대화하려고 할 것이다.

03 대화예절의 기본

1) 말할 때

- 아이 콘택트(eye contact)
- 스마일(smile)
- 진정성(sincerity)

주의사항

- 일방적인 이야기
- 전문용어, 외래어의 남용
- 소문이나 험담
- 과장된 몸짓

2) 말하기의 기본자세

- 똑바른 자세를 취한다.
  - 등을 편다.
  - 상대방을 마주보고 말한다.
  - 성의와 선의를 지닌 마음으로

- 밝고 명랑한 표정으로 말한다.
- 발음을 정확하게 하며, 밝은 목소리로 말한다.
- 말의 속도조절에 유념하여 강조할 부분에서는 반드시 악센트를 가한다.
- 상대방의 관심 분야에 초점을 맞춘다.
- 말끝을 흐리지 않고 명료하게 전달한다.
- 상대방이 알아듣기 쉬운 용어를 사용한다.
  - 상황에 맞는 적절한 표현을 사용하되, 듣는 이의 입장을 고려한다.

3) 들을 때

- 아이콘택트(eye contact)
- 태도(attitude)
- 진정성(sincerity)

주의사항

- 무관심한 태도
- 말을 중간에 끊거나 말참견을 하는 행위
- 건성으로 하는 대답
- 손장난이나 두리번거리는 태도
- 무반응, 무응답

4) 듣기의 기본자세

- 자세를 바로 한다.
  - 절대 다른 일을 하면서 듣지 않는다.
  - 시선은 상대방과 마주 본다.
  - 몸은 정면을 향해 앞으로 조금 내밀 듯이 한다.

- 앉아서 대화 시 팔짱을 끼거나 다리를 꼬지 않도록 주의한다.

■ 자신의 의견을 먼저 전달하기 보다는 상대방의 이야기를 먼저 경청한다.

■ 상대방의 이야기를 끝까지 경청한다.

- 자신과 견해 차이가 있는 경우라도 끝까지 경청한다.

■ 상대의 의견을 흥미와 성의를 보이며 경청한다.

- 긍정적인 태도를 보이며 맞장구를 쳐준다.
- 이해가 안 되면 중간 중간에 질문을 한다.

■ 메모를 하면서 경청한다.

- 중요한 사항이나 요점을 적으면서 경청한다.

■ 이야기의 끝 무렵에 이야기의 요점을 정리해 상대방에게 확인해 본다.

04 대화의 내용

1) 명령형은 권유형, 의뢰형이 바람직하다.

사람은 누구나 자신의 의지에 따라 움직이고 싶어 하기 마련이며, 타인으로부터 지시나 명령을 들으면 마음속에 저항감이 생긴다. 명령형은 듣는 사람의 의지를 완전히 무시하고 일방적으로 강요하는 듯한 느낌을 주는 데 비해 의뢰형은 상대방의 의지를 존중하면서 부탁을 하는 것이다. 이 경우 결정권은 전적으로 고객에게 있다.

비즈니스맨으로서 고객을 응대할 때 "부탁합니다." 혹은 "Please!" 등 완곡한 표현을 사용하는 것만으로도 상대방과의 대화를 부드럽게 이끌 수 있다. 따라서 비즈니스맨의 입장에서 상대방을 존중하고 유도하는 말의 기술이 필요하다.

고객에게 '어떻게 하라, 하세요.' 등의 명령형의 말보다 '~해 주시겠습니까?', '~해 주시기 바랍니다.', '~해 주시면 감사하겠습니다.' 등의 의뢰형을 사용하거나 아예 비즈니스맨이 '어떻게 해 주겠다'는 적극적인 응대의 화법을 사용하는 것이 좋다.

2) 부정형보다는 긍정형을 사용한다.

비즈니스화법에서는 가능한 한 부정형은 사용하지 않겠다는 마음가짐을 지녀야 한다. 될 수 있으면 '예'라고 대답하는 마음가짐이 바른 접객비즈니스의 기본자세다.

"없습니다." "안됩니다." "그렇게 해드릴 수 없습니다." 등 부정형을 남발하는 화법은 고객의 기대를 한 순간에 어긋나게 해 버린다.

"지금은 없습니다만, 창고에 재고가 있는지 조사해보고 오겠습니다." "죄송합니다만, 급한 일을 먼저 처리하고 20분쯤 후에 해드려도 괜찮으시겠습니까?" 등 적극적이고 긍정적인 표현으로 고객의 기대에 부응하려는 노력이 필요하다.

3) 경어는 올바르게 사용한다.

사람은 생각을 먼저 하고 이것을 말과 행동으로 표시한다. 다시 말하면 행동이나 말은 그 사람의 생각을 밖으로 표현한 것이라 하여도 과언이 아니다. 따라서 행동을 하는데 절제가 있을뿐더러 말이 고운 사람이 교양이 있다는 평을 받는다.

전문분야의 지식을 갖고 있더라도 말투가 상스럽다면 전문지식은 빛을 잃는다. 따라서 대화에서의 기본은 무엇보다 경어를 철저히 익혀야 한다는 것이다.

경어는 인간관계를 원활하게 할 수 있는 올바른 대화법 중의 하나다. 대등한 관계라고 해서 상대방을 무시하거나 함부로 말해서는 안 된다. 경어는 "나를 중요하게 생각한다.", "나에게 경의를 표시하고 있다."라는 느낌을 주기 때문이다.

경어를 올바르게 사용하기 위해서는 고객과 자신과의 관계를 순간적으로 판단할 수 있는 센스가 필요하다. 그러기 위해서는 평소에 아름다운 말을 쓰겠다는 생각을 늘 갖고 생활화하는 것이 중요하다. 또한 자연스럽게 경어사용을 하는 것도 중요하며, 조화롭게 부드러운 표현을 사용하는 것이 좋다.

경어를 품위 있고 정중하게 구사하여 고객과 기분 좋은 커뮤니케이션을 할 수 있다면 정말 멋진 비즈니스맨이 될 수 있을 것이다.

아무리 경어를 제대로 사용하더라도 로봇처럼 표정의 변화 없이 반복하는 형식적인 말씨나 일의 처리를 서둘러 처리하는 듯 한 위압적인 말투는 오히려 역효과를 줄 수 있다. 경어는 말하는 사람의 태도와 하나가 될 때 비로소 그 힘을 발휘할 수 있다.

우리가 흔히 사용하는 말 중에 세련된 경어 사용의 예를 들어보면 다음과 같다.

- 나 → 저
- 너, 너희들 → 당신, 당신들
- 누구 → 어느 분
- 저 사람 → 저 분
- 없습니다. → 안 계십니다.
- 누굽니까? → 누구십니까? 어느 분이십니까?
- 안 됩니다. → 어렵습니다.
- 좋습니다. → 잘 알겠습니다.
- 조금 기다리세요. → 잠시 기다려 주십시오.
- 빨리 해 주세요. → 빨리 부탁합니다.
- 해줄 수 있습니까? → 해주실 수 있겠습니까?
- 전화해 주세요. → 전화 부탁드립니다.
- 지금 자리에 없습니다. → 지금 자리를 비웠습니다.
- 무엇을 물었습니까? → 무엇을 물어 보셨습니까?
- 갑니다. → 뵙겠습니다.
- 합니다. → 하십니다.
- 네? 무엇이지요? → 한 번 더 말씀해 주시겠습니까?

4) 올바른 호칭을 사용한다.

상대방을 부를 때 원칙적으로 이름을 불러서는 안 되며, 적합한 호칭을 사용하는 것이 바람직하다. 소속된 회사의 상사, 동료, 부하직원의 이름은 말할 것도 없고 거래처의 회사명과 사람 이름은 정확히 기억하는 것이 좋으며 되도록 빨리 외우도록 한다.

또한 다른 사람에게 말을 걸 때도 반드시 상대방의 이름을 부르고 용건을 말함으로써 상대방에 대한 관심과 성의를 보이는 것이 좋다.

사전에 정보가 없거나 직위에 대한 기록이 없어 어려운 경우 서비스 중에 적극적인 자세로 직위를 알아내어 호칭하는 것도 하나의 방법이다.

(1) 상급자에 대한 호칭

- 상사는 성과 직위 다음에 '님'이라는 존칭을 붙인다. '최 사장님', '김 부장님' 등.
- 성명을 모르면 직위에 '님'이라는 존칭을 붙인다. '부장님', '과장님' 등.
- 상사에게 자기를 호칭할 경우에는 '저' 또는 성과 직위나 직명을 사용한다.

(2) 하급자 또는 동급자에 대한 호칭

- 하급자나 동급자에게는 성과 직위 또는 직명으로 칭한다. '김 부장', '총무팀장', '000씨', '미스터 김' 등.
- 초면이나 선임자일 경우 '님'을 붙이는 것이 상례다.
- 하급자나 동급자 간에 자신에 대한 호칭은 '나'를 사용한다.

(3) 차상급자에게 상급자의 호칭

차상급자에게 상급자의 지시나 결과를 보고할 때 직책이나 직위만을 사용하는 것이 원칙이다. 예를 들면 틀린 형은 "부장님께서 지시하신 일이 있습니다." 이며, 바른 형은 "부장이 지시한 일이 있습니다." 이다.

(4) 틀리기 쉬운 호칭

- 상사의 존칭은 호칭에만 쓴다. 사장님실 → 사장실
- 문서에는 상사의 존칭을 생략해도 실례가 아니다. 사장님 지시 → 사장 지시
- 당사자가 임석한 자리에서 지시를 전달할 때는 '님' 자를 붙인다.
  - "사장님 지시를 말씀드리겠습니다."
- 상급자의 직함을 3인칭으로 쓸 때 '님' 자를 붙이면 이중의 존칭이 된다.

(5) 고객에게 상급자의 호칭

고객에게 상사를 호칭할 때 상사의 직책이나 이름에 '님' 자를 붙이는 것은 상관없지만 지나치게 경어를 사용하여 상사를 높이는 것은 옳지 않다.

5) 언어사용의 절차와 표준

이상의 내용을 참조하여 언어의 올바른 사용에 대한 절차와 표준을 보면 다음과 같다.

- ■ 언어 표현에 주의한다.
  - 동료, 사원 간의 언어 사용에도 주의한다.
  - 저속어, 비속어, 한정어(예 : 절대로 안 돼요. 죽겠어. 돌아버리겠어 등)의 사용을 금한다.
  - 완곡어법 혹은 쿠션 언어를 사용한다. (예 : 실례합니다만, 죄송합니다만, 잘 알고 계시리라 생각합니다만 등)
- ■ TPO에 따른 언어 사용을 한다.
  시간, 장소, 때에 따라 적절한 언어를 선택한다.
- ■ 명령형을 의뢰형으로 바꾼다.
  쿠션언어 + 의뢰형 + 감사의 말
  (예 : 실례합니다만 + ~해 주시겠습니까? + 감사합니다)
- ■ 부정형을 긍정형으로 바꾼다.
  쿠션언어 + (이유) + 긍정형 + (대안)
  (예 : 죄송합니다만 + ~ 해서 ~ 하시면 어떠시겠습니까?)
- ■ 애매모호한 표현을 사용하지 않는다.
  - 완전한 문장으로 말한다.
  - 말끝을 흐리지 않는다.
- ■ 전문용어, 생략어, 동음이의어에 주의한다.
- ■ 경어를 사용한다.
- ■ 항상 기본태도를 주의한다.

6) TPO에 따른 센스 있고 공손한 말씨

(1) 고객을 맞이할 때

- 어서 오십시오, 어서 오세요.
- 안녕하십니까? 안녕하세요?
- 어떤 일로 오셨습니까? 어디를 찾으십니까?

(2) 고객의 용건을 받아들일 때

- 감사합니다.
- 네, 잘 알겠습니다.
- 네, 손님 말씀대로 처리해 드리겠습니다.

(3) 고객에게 감사의 마음을 나타낼 때

- 찾아 주셔서 감사합니다.
- 항상 저희 회사를 이용해 주셔서 감사합니다.
- 멀리서 와주셔서 감사합니다.

(4) 고객에게 질문을 하거나 부탁할 때

- 괜찮으시다면, 연락처를 말씀해 주시겠습니까?
- 실례지만, 성함이 어떻게 되십니까?
- 번거로우시겠지만, 제게 말씀해 주시겠습니까?

(5) 고객을 기다리게 할 때

- 잠깐 실례하겠습니다.
- 죄송합니다만, 잠시만 기다려 주시겠습니까?
- 책임자와 상의해서 곧 처리해 드리겠습니다.

(6) 고객 앞에서 자리를 뜰 때

- 잠시 기다려 주시겠습니까?
- 5분만 기다려 주시겠습니까?

(7) 고객으로부터 재촉 받을 때

- 대단히 죄송합니다, 곧 처리해 드리겠습니다.
- 대단히 죄송합니다. 잠시만 더 기다려 주시겠습니까?

(8) 고객을 번거롭게 할 때

- 죄송합니다만 ……
- 대단히 송구스럽습니다만 ……
- 귀찮으시겠지만 ……
- 번거롭게 해드려서 죄송합니다.

(9) 고객이 불평을 할 때

- 네, 그렇게 하는 것이 당연합니다만 ……
- 다시 확인해 보겠습니다, 잠시만 기다려 주시겠습니까?
- 네, 옳으신 생각이십니다만 ……

(10) 고객에게 거절할 때

- 정말 죄송합니다만 ……
- 정말 미안합니다만 ……
- 말씀드리기 어렵습니다만 ……

(11) 상급자와의 면담을 요청 받을 때

- 실례지만, 누구시라고 전해드릴까요?

■ 실례지만, 어디시라고 전해드릴까요?

(12) 용건을 마칠 때

■ 대단히 감사합니다.
■ 오래 기다리셨습니다. 감사합니다.
■ 바쁘실 텐데 기다리시게 해서 정말 죄송합니다.

(13) 주문을 받은 후에

바로 준비해 드리겠습니다.

(14) 고객이 주문한 음식이 나왔을 때

주문하신 000 나왔습니다.

(15) 음식/그릇이 뜨거울 때

뜨거우니 조심하십시오.

(16) 고객이 식사를 마쳤을 때

접시를 치워 드리겠습니다.

(17) 고객이 식사 시작한 지 5분 정도 되었을 때

음식은 마음에 드십니까?

(18) 고객의 만족 상태를 확인할 때

불편하신 점은 없으십니까?

(19) 객실손님이 퇴숙(check out) 할 때

저희 호텔에 계시는 동안 불편하신 점은 없으셨습니까?

05 대화의 태도

(1) 동작 언어

의사전달 수단으로서의 비음성적인 동작 언어는 전 세계에 걸쳐 백만 종에 달한다고 한다. 또한 대화의 요소 중 동작 언어가 차지하는 비중은 55%로 음성 7%, 말의 내용38%에 비하여 매우 크다는 연구 결과도 있다. 이와 같이 의사전달에서의 비음성적 언어는 매우 중요한 역할을 차지하고 있다. 동작 언어의 내용을 네가지로 분류해 보았다.

1) 눈

다른 사람과 대화할 때 상대방의 눈을 직시하지 않고 피하거나 다른 곳을 보는 이들이 있는데, 이는 상대방에게 자신감이 결여되어 있다는 인상을 줄 수 있다. 시선을 어디다 둘지 몰라 계속 딴 곳만 응시하는 경우도 상대방에게 신뢰감을 주지 못할뿐더러 나아가 진실하지 못하고 부정직하거나 무관심하다는 표현으로 받아들여질 수 있다.

시선을 상대방에게 두되 지속적으로 응시하기보다는 이야기 하는 도중에 종종 상대방의 눈을 보는 것이 좋다. 또한 대화할 때 시선을 같은 높이에 두는 것이 중요하다.

2) 표정

진솔한 모습을 보이기 위해서는 말하는 것과 몸짓, 얼굴 표정 등이 조화를 이루어야 한다.

밝은 표정은 명랑한 분위기를 조성하고 긴장을 풀어 주어서 쉽게 대화가 이루어질 수 있도록 한다. 미소 띤 얼굴은 누구에게나 호감을 주며 즐거움을 줄 수 있다.

3) 제스처

대화에 있어서 몸가짐이 중요하듯 그것과 연관 있는 제스처도 무시할 수 없다. 제스처는 우선 자연스러워야 한다. 그리고 생기가 있어야 하며 이야기의 내용과 잘 어울려야 한다.

제스처에 활기와 박력이 없으면 신뢰감과 안정감을 줄 수 없다. 또한 문화적인 차이로 오해를 불러일으킬 수 있는 제스처들을 사전에 익혀 고객에게 무례를 범하는 일이 없어야 한다.

4) 거리

문화권에 따라서 또한 큰 차이를 보이는 것이 바로 대화를 할 때 어느 정도 거리를 둘 것인가 하는 것이다.

일반적으로 구미지역의 사람들과 이야기를 나눌 때에는 잘 알고 지내는 사이가 아닌 경우 최소한 팔 길이 정도의 거리를 두는 것이 바람직하다.

미국인들의 경우는 유럽인보다 조금 더 멀어 일반적으로 대화자 간의 간격이 대략 1m 정도 되고, 반면 중동과 중남미 지역에서는 대화할 때 상대방에게 가까이 다가서는 경향이 있다.

공간영역에 따른 거리두기는 문화별로 차이를 보이는 데 일반적으로 중남미, 중동권 < 지중해권 국가 < 미국 및 서구 유럽권 < 아시아의 순서로 대화거리가 멀어진다고 생각하면 틀림이 없다.

일반적으로 거리에 따른 행위특성 및 반응을 보면 다음과 같다.

- **근접 영역** : 15cm, 특수한 상황(씨름, 레슬링 등)
- **친교 영역** : 15~45cm, 침입에 대한 방어적 거리(연인 또는 엄마와 아기 사이)
- **개인 영역** : 45cm~1.2m, 상대방이 허용하면 접근(일반사교, 친구 간의 거리)
- **사회적 영역** : 1.2~3.6m, 최고의 효율성과 연관성(학생과 교사, 사장과 비서 등)
- **공공의 영역** : 3.6m이상, 연설 및 일방적 프레젠테이션

06 대화의 기술

1) 3단계 대화기법과 맞장구

(1) 제1단계 : 대화의 도입부

도입 부분은 듣는 이로 하여금 호기심을 자아내게 하여 앞으로 전개되는 대화의 내용에 대해 주목하고 관심을 지니게끔 하기 위한 선 작업의 단계다. 서론 부분에서 상대방의 즉각적인 주의를 끌어내야 대화가 원만히 진행된다.

(2) 제2단계 : 대화의 전개부

전개 부분은 대화의 핵심으로, 자신이 말하고자 하는 내용을 전개하는 부분이다. 서론에서 충분히 주의를 환기시켰다면 바로 그 다음 단계에 해당한다.

(3) 제3단계 : 대화의 종결부

종결 부분은 앞에서 전개해 온 이야기를 마지막으로 요약해 간결하게 결말을 짓는 부분이다. 인상 깊고 박진감 넘치는 말로 자신의 주장이나 생각을 요약해 듣는 이로 하여금 전개된 내용을 정리하고 음미할 수 있는 기회를 부여해야 한다.

(4) 맞장구치는 방식과 요령

상대방의 얼굴을 보며 열의와 관심을 가지고 귀를 기울이는 것은 매우 중요하다. 상대방이 말하는 동안 요령 있게 치는 맞장구는 상대방의 이야기를 잘 듣고 있다는 증거다. 그러나 너무 자주 하면 진지함이 결여된 것처럼 보이므로 주의해야 한다.

맞장구를 치는 방식에는 다음과 같은 것들이 있다.

첫째, 단순법이다. "네" "그렇습니다." 등의 단순한 말로 맞장구를 치는 방식이다. 고개를 끄덕이는 방법도 있다. 가급적 어휘를 사용하는 것이 좋다.

둘째, 중복법이다. “네, 네” “아하, 아하.” 하는 식으로 낱말을 중복시켜서 맞장구를 치는 방식이다. 중복법은 대화에 탄력을 주는 데 효과가 있다. 그러나 처음부터 이런 맞장구 방식을 구사하면 경솔한 사람으로 보일 수도 있으므로 주의를 요한다.

셋째, 반복법이다. 상대방이 “날씨가 좋군요.” 라고 말할 경우 “정말로 날씨가 좋네요.”라는 식으로 상대방의 말을 반복하는 방식이다.

맞장구 요령에는 다음과 같은 것들이 있다.

첫째, 타이밍을 맞춘다. 맞장구의 타이밍을 맞춤으로써 상대방이 흥이 나 말하도록 한다.

둘째, 맞장구는 짧게 감정을 넣어서 한다. “그럴듯한 데요.” “그것 참!” “역시 ……” “정말입니까?” 등

셋째, 맞장구는 멈출 때를 알아야 한다. 무조건 맞장구를 친다고 좋은 게 아니다. 상대가 열을 올리고 있을 때는 잠시 맞장구를 멈춘다.

넷째, 맞장구는 기술적으로 한다. 상대방으로부터 긍정의 대답을 얻고 싶을 때는 긍정의 말에만 맞장구를 침으로써 원하는 방향으로 유도할 수 있다.

2) 상대방을 지루하게 하는 대화

- 성급하게 원칙론을 말한다.
- 자신의 의견만을 고집한다.
- 언제나 똑같은 화제만을 꺼낸다.
- 일방적으로 떠들어댄다.
- 단정적인 대화법을 쓴다.
- 듣는 사람(눈앞의 상대방)을 존중하지 않는다.
- 주제와 상관없는 이야기를 마구 지껄인다.
- 결론을 강요한다.
- 부정적인 말을 많이 사용한다.

- 다른 사람의 프라이버시를 대수롭지 않게 입에 담는다.

3) 삼가야 할 대화 태도

- 무절제한 외국어의 사용을 자제한다.
- 남의 허물에 대한 비평은 금한다.
- 상대방의 개인적인 비밀에 대한 질문은 금한다.
- 상대방이 싫어하는 화제나 질문은 금한다.
- 엄살과 잔소리는 줄인다.
- 짜증내는 행위는 금한다.
- 대화 도중에 자주 시계를 보는 것은 좋지 않다.

4) 효율적이고 성공적인 대화의 기본요건

성공적인 대화를 위해 필요한 대화의 조건에는 어떠한 것이 있으며, 글로벌 시대를 살아가는 성공적인 비즈니스맨이 갖추어야 할 기본자세는 어떠한 것이 있는지 살펴보기로 한다.

- 즐겁고 능동적으로 대화하며, 긴장을 풀고 대화한다.
- 긍정적인 인상이 성공적인 대화를 부른다.
- 대화는 주고받는 것임을 이해한다.
- 주의 깊게 경청하는 것은 성공적인 대화의 첫걸음이다.
- 고객을 리드한다.
- 대화 시 유머는 경쟁력이다.
- 적절한 칭찬은 고래도 춤추게 한다.
- 간단하고 알아듣기 쉽게 말한다.
- 부드럽고 상냥하되, 자신 있고 명확하게 말한다.
- 단 한마디라도 주의 깊게 한다.
- 질문도 긍정적으로 한다.

- 경어를 사용하는 것보다 비즈니스맨의 정중한 태도가 더 중요하다.
- 자신이 이해할 수 있는 언어로 표현한다.
- 자기의견은 확실하게 표현하되, 억지로 자신의 의견을 관철하려 하지 않는다.
- 부드럽고 편리한 쿠션 언어를 사용한다.
- 효과적인 멈춤과 침묵을 적절히 사용해 변화를 준다.
- 고객의 의견에 대해 선별적으로 동의하며, 일반화시켜 이야기하지 않는다.
- 초면에 사적인 이야기를 하지 않도록 해야 한다.
- 첫 출발이 대화의 분위기를 좌우한다.
- 긍정적인 코멘트와 고마움의 표현을 잊지 않는다.
- 대화를 종결시키는 어구를 사용하지 않는다.

5) 칭찬의 효과와 방법

성공적인 대화를 만드는 기술에는 경청과 칭찬이 필수적이다. 특히 칭찬은 여러 가지 면에서 삶의 활력소가 되는데, 칭찬받는 사람에게 주는 효과에는 다음과 같은 것이 있다.

- 상대방을 성장하게 한다.
- 자신감을 갖게 한다.
- 의욕을 일으키게 한다.
- 주위를 밝게 한다.

칭찬은 받는 사람에게만 좋은 것이 아니라 하는 사람에게도 좋다. 예로 우리가 남에 대한 험담을 한 뒤에는 마음이 우울해지지만 칭찬을 한 다음에는 즐거운 기분이 된다.

칭찬을 하는 사람에게 주는 효과는 다음과 같다.

- 다른 사람을 칭찬하려면 그 사람의 장점을 발견하려고 노력해야 되는데, 이러한 노력을 통하여 오히려 자신이 남을 이해하고 배려하는 넓은 마음을 가지게 된다.
- 다른 사람의 장점, 본받을 점을 보는 안목을 갖게 한다.

■ 적극적인 인생관을 갖게 한다.

이렇듯 우리가 상대방을 칭찬해 주는 것만으로도 인간관계 개선에 많은 효과를 얻을 수 있다. 그러나 칭찬의 효과에 대하여 이론적으로 잘 알고 있는 사람도 칭찬을 실천하기란 쉬운 일이 아니다. 물론 그렇다고 불가능한 일도 아니다. 칭찬하는 습관을 유전자로 가지고 태어나는 것이 아니듯, 노력하고 연습하면 누구나 칭찬을 잘 할 수 있다.

상대방을 칭찬하는 방법 몇 가지를 소개하면 다음과 같다.

■ 칭찬은 구체적으로 해야 효과적이다.
■ 칭찬은 간결해야 한다.
■ 여러 사람들 앞에서나 제 삼자를 통해 칭찬을 하는 것이 효과적이다.
■ 사소한 일도 칭찬해 주어야 한다.
■ 당사자의 주위 사람들을 칭찬해 준다.
■ 우연하고 의외인 상황에서도 칭찬한다.
■ 상대에 따라 상황에 따라 칭찬의 내용이나 표현 방법이 달라야 한다.

칭찬의 테크닉

01. 마음으로 칭찬하라
02. 확실하고 구체적으로 칭찬하라
03. 간결하게 칭찬하라
04. 타이밍을 맞춰라
05. 지나치게 칭찬하지 마라
06. 상대에게 맞는 칭찬을 하라
07. 감정적으로 칭찬하지 마라
08. 미래에 대한 기대도 명시하라

사례 8-1 회사가기 싫은 당신~ '대화법'부터 바꿔라!

"어휴, 이 생활 언제 면하나…." 혹시 출근 시간부터 한숨과 함께 이런 말을 내뱉고 있지는 않은지. 지금 다니는 직장이 '죽을 맛'처럼 느껴지는지. 만약 그렇다면, 일단 직장 대화법을 바꿔보라고 대화전문가인 이정숙 ㈜SMG 대표이사는 말한다. "직장 대화법이 따로 있겠어?"혹은 "대화법을 바꾼다고 직장 생활이 달라지나?"라고 생각하기 쉽지만, 직장에서 쓰는 대화법은 분명히 사석에서 개인들이 나누는 대화의 방법과 다르다. 이 대표는 "직장 대화법을 익히는 사소하고 작은 변화가 놀랍게도 직장 생활 전체를 바꿔놓는다"고 강조한다.

그는 특히 "요즘 젊은 직장인들은 학교 성적만 좋으면 부모나 교사들이 모두 오냐오냐하며 받들어 키운 세대로, 자신의 감정을 다스리고 남을 배려하는 직장 대화법에 서툰 경우가 너무 많다"고 지적했다. 최근 '성공하는 직장인은 대화법이 다르다'(더난)를 내놓은 대화법 분야의 베스트셀러 작가이기도 한 이 대표로부터 '직장인 대화법'의 이론과 실전에 대해 들어보았다.

왜 직장 대화법이 필요한가?

"만약 지금 마지못해 회사를 다니고 있다면, 직장 생활에서 느끼는 불편한 감정이 어디에서 오는지를 곰곰이 생각해봐야 한다. 혹시 나는 열심히 일하는데, 적당히 빈둥거리며 상사 비위나 잘 맞추는 동료가 더 좋은 대접을 받기 때문은 아닌가. 눈에 띄는 성과를 내고도 입바른 소리로 스스로 공을 깎아먹는 것은 아닌가. 어쩌면 동료들과 화합하지 못해 팀워크에 문제를 일으키기 때문일 수도 있다. 하지만 이 같은 직장에서의 문제는 실제로 심각하고 엄청난 이유보다 오히려 직장 내 커뮤니케이션, 세련되지 못한 대화법 때문에 일어나는 경우가 많다."

직장 대화법의 핵심은?

"직장은 개인의 이익과 조직 전체의 이익을 동시에 추구하는 곳이다. 직장에서는 조직 생리에 부합하면서 상사, 동료, 부하직원의 마음을 다치게 하지 않도록 요령 있게 말해야 한다. 이것은 아부나 비겁함과는 다른 문제다. 직장인이 하루 8시간 이상 몸담고 있는 비즈니스 조직에 대한 이해이자 당신의 동료에 대한 배려이며, 직장인이 가져야할 당연한 센스다. 직장 대화법의 출발은 직장이라는 곳이 개성과 사고방식이 다른 사람들이 커뮤니케이션하는 곳임을 이해하는 것이다."

직장에서 성공하는 대화법은?

"스페인의 철학자이자 작가인 발타자르 그라시안은 '금속은 소리로 그 재질을 알 수 있지만 사람은 대화를 통해서 서로의 존재를 확인한다'고 말했다. 직장에서도 마찬가지다. 사람들이 직장에서 나누는 말만 들어도 직장 내에서 주류가 될지 비주류가 될지 쉽게 판단할 수 있다. 그런데 말은 마음을 먹으면 고칠 수 있다. 지금 주변인에 머물고 있는 사람도 주류들의 말을 벤치마킹해 자기 것으로 만들면 주류에 편입될 수 있다."

■ 직장 내 주류들의 7가지 대화 습관

01. 일단 예라고 말한 후 자기 의견을 덧붙여라. : 업무 외적인 잡담을 할 때도 상사 말에 토를 달며 우기지 않는다. 상사의 말이 틀려도 일단은 "네 맞습니다", "네 그렇게 생각할 수도 있겠네요"라며 긍정하고 들어가야 한다.

02. 감정을 억제하고 이성적으로 말한다. : 어떤 조직이든 적어도 20퍼센트 정도는 도저히 이해할 수 없는 사람들이다. 마음에 들지 않는 20퍼센트 동료들과는 감정의 일치를 기대하지 말라. 감정을 내세워 말싸움을 하면 결국 본인만 손해다.

03. 불필요한 말은 하지 않는다. : 공적인 말에 사족을 붙이면 불필요한 오해가 생긴다. 만약 회의 시간에 늦었다면 "미안합니다", 실수를 했다면 "잘못했습니다. 다음부터는 주의하겠습니다"라고 핵심만 말해야 뜻이 분명하게 전달된다.

04. 묻기 전에 미리 보고한다. : 세상의 모든 상사들은 업무 능력이 탁월한 직원보다 중간보고를 자주 해 자신의 불안감을 최소화해주는 직원을 주류로 끌고 갈 가능성이 높다. 감독자의 입장에서는 부하 직원이 내 손발처럼 차질 없이 알아서 일을 해낼지가 항상 궁금하다.

05. 나약한 말투는 쓰지 않는다. : "제가 그런 일을 할 수 있는지는 몰라도…"와 같은 말은 자신의 단점을 부각시킬 뿐이다. 예측할 수 없는 지시를 받아도 당당하게 "해보겠습니다"라고 말하는 것이 좋다.

06. 빈말은 삼키고 칭찬을 늘어놓는다. : 타인의 협조로 업무를 처리해야 하는 직장에서는 사람이 모이지 않으면 능률도 저하된다. 실력을 갖춘 독설가에게는 사람이 따르지 않는다. 당신이 만약 독설가라면, 칭찬하는 연습을 하고 또 하라.

07. 늘 운이 좋았다고 말한다. : 직장에서 최고위직까지 올라간 사람들은 대부분 운 그 자체를 믿지 않더라도 '운이 좋았다'는 말을 자주 한다. 운이 좋다고 말하면 마음의 여유가 생기고, 일에 대한 두려움도 사라진다. 이것이 선순환이 되어 운이 저절로 굴러온다. 지금 당장 "나는 운이 좋은 사람이다"라고 말해 보라.

자료원 : 문화일보 2008년 2월 4일자

Business Graph

CHAPTER 09

전화예절의 기본

한때 전화가 부의 상징으로 여겨지던 때가 있었다. 그러나 산업이 발달하고 사회가 점점 복잡하고 다양해지면서 전화는 필수 불가결한 생활필수품이 되었고, 대단히 중요한 커뮤니케이션의 수단으로 자리 잡았다.

전화는 시간적, 공간적으로 사회생활의 다양한 부분에 도움을 주고 있으며, 전화 하나만으로도 사업을 이루는 직종이 생길 정도로 그 용도가 매우 다양해지고 있다.

그러나 우리는 너무 친숙하고 당연한 것에 대해서는 그 중요성과 가치를 망각하는 경향이 있다. 전화를 이용하는 사람들이 전화의 역할이나 사용법에 대해 깊이 생각해 보지 않고 단순한 기계나 도구로 인식하면서 많은 부작용이 생겨나고 있다.

전화를 잘만 이용하면 사업이나 사회생활을 영위하는 과정에서 시간과 비용의 절약을 포함해 많은 면에서 기대 이상의 효과를 준다는 사실을 꼭 명심해야 할 것이다.

비즈니스맨들은

목소리만으로

고객에게

정성과 느낌을

전달해야 한다.

01 전화예절의 중요성

1) 업무의 기본

전화는 오늘날 우리의 일상생활에서 절대로 없어서는 안 될 물건이다. 특히 비즈니스 사회에서 전화의 가치와 효용은 절대적이라 할 수 있다. 그런데 전화는 상대방의 얼굴을 직접 보지 않고 대화하기 때문에 예절 문제에 대해 자칫 소홀해지기 쉽다. 전화를 거는 방법이나 태도에 따라 실례가 되기도 하고 지나치면 상대방의 기분을 상하게 하기도 한다.

전화는 정보화 시대의 필수적인 도구이자 업무 상 중요한 의견교환 수단이다. 그러므로 전화의 올바른 사용법을 익히는 일은 곧 업무능력 향상과 직결되는 요소로, '업무의 기본'이라 할 수 있다.

2) 회사의 이미지를 결정

또한 전화 응대 방법에 따라 회사의 이미지가 좌우된다는 점에서 전화는 곧 회사의 얼굴이라고도 할 수 있다.

전화를 거는 방법이나 받는 태도로 인하여 고객이나 상대방의 기분을 상하게 하는 것은 회사의 손실과 직결된다. 좋은 응대를 하기 위해서는 자세를 바르게 하고, 상대방과 대면하고 있는 듯이 이야기하는 것이 중요하다.

3) 고객접점의 제1선

고객과의 얼굴 없는 만남이 이루어진다는 점에서 고객 접점의 제1선이 되기도 한다는 것이다.

전화는 직접적인 경비만이 아니라 귀중한 시간도 소비한다는 것을 늘 머릿속에 두어야 한다. 특히 상대방에게 전화를 건 경우 상대는 하던 업무를 중단한 상태이고, 긴 이야기를 할 형편이 아닐 수도 있음을 염두에 두어야 한다.

짧은 시간에 용건을 요령 있게 이야기하는 습관을 들여야 하며, 한 마디로 비즈니스 전화 예절은 '신속하게, 정확하게, 정중하게' 라는 말로 요약할 수 있다. 전화를 올바르게 사용하고 항상 친절하고 예절 바르게 응대할 수 있는 매너가 필요하다.

02 전화의 특성과 에티켓

1) 전화의 특성

- 음성뿐이다.
- 일방적이다.
- 유료다.

직장인에게 가장 일반적이면서도 중요하고, 또 실수하기 쉬운 예절이 바로 전화와 관련된 예절이다. 왜냐하면 전화는 상대방의 얼굴을 볼 수 없기 때문이다. 얼굴을 못 보면 표정을 확인할 수 없고, 오직 상대방의 음성에만 의존해 대화를 나누어야 한다. 게다가 상대방이 처해진 상황을 알 수 없으므로 전화 대화는 일방적으로 이루어지기 쉽다.

오늘날 업무의 많은 부분이 전화를 통하여 이루어진다고 해도 과언이 아닐 만큼 전화가 차지하는 비중이 크다. 그런 이유로 시간뿐만이 아니라 경비가 엄청나게 소요된다.

따라서 통화는 용건만 간단하게 해야 하며, 전화를 걸기 전에 통화내용을 간추리고 필요한 자료와 메모지를 전화기 옆에 갖춘다면 통화시간과 비용을 줄일 수 있을 것이다.

전화는 비록 보이지 않지만 회사의 첫인상이며, 서비스의 창구이고, 고객만족의 첫 걸음이기 때문에 올바른 전화예절을 몸에 익혀 세련된 매너를 갖춘 서비스맨이 되도록 노력할 필요가 있다.

2) 전화의 에티켓

전화에 대한 기본적이고 일상적인 에티켓은 다음과 같다.

- 친절하게 받는다.
  - 미소를 지으며 전화를 받는다.
  - 미소 띤 음성으로 말한다.
- 신속하게 받는다.
  - 전화벨이 3번 울리기 전에 받는다.
  - 전화벨이 2번째 울릴 때 받는 것이 가장 적당하다.
- 정중하고 정확하게 받는다.
  - 기분 좋은 표정과 함께 자세를 바르게 하고 통화한다.
  - 정신을 집중하여 전화를 받는다.
- 용건만 간단히 통화하며, 분명한 목소리로 말한다.
- 통화연결 시 상대를 오래 기다리게 하지 않는다.
- 큰소리로 통화해 업무 분위기를 해치지 않도록 한다.
- 통화 중 부득이 다른 말을 할 경우에는 수화기를 막고 한다.
- 상대방의 말을 적극적으로 경청한다.
- 6하 원칙에 준하여 메모와 복창으로 내용을 정확히 한다.

03 전화의 3대 문제점

1) 보이지 않는 만남

- 의사 전달에 어려움이 있다.
- 감정의 전달이 어려우며, 더러는 오해의 소지가 생긴다.
- 문제 발생 시 대처가 어렵다.

2) 짧고 많은 만남

- 문제 발생 시 대처가 어렵다.
- 전문성이 부족할 경우 비효율성이 초래된다.
- 기업의 전반적 서비스 이미지를 좌우한다.

3) 사전·사후적 만남

- 다른 서비스에 연쇄적인 영향을 미친다.
- 약속 불이행 등 직원들이 소홀해지기 쉽다.
- 문제 발생의 원인을 찾기 어렵다.

04 전화에 대한 고객의 기대

고객은 전화 통화를 통해 일반적으로 다음의 세 가지를 기대한다. 즉, 친절성, 신속성, 전문성이 그것이다.

고객은 종사원이 친절하고 상냥하게 응대해 주기를 바라고, 빠른 시간 내에 일이 해결되기를 원하며, 종사원이 자신의 업무에 대해 잘 알고 있기를 바라는 것이다.

1) 친절성

가장 기본적인 기대 사항이다. 전화를 통하여 가장 먼저 바라는 것은 고객의 요구를 친절하고 상냥하게 처리해 주는 것이다. 종사원들은 친절한 목소리뿐만 아니라 느낌과 정성을 전달할 수 있도록 노력해야 한다. 상냥한 목소리도 중요하지만 고객의 욕구를 처리해 주기 위해 애쓰는 태도가 고객에게 전달되어야 한다.

2) 신속성

고객은 자신의 요구와 욕구가 빨리 해결되기를 바란다. 실제로 업무를 빨리 처리하는 것도 중요하지만 부득이한 상황에서는 고객의 입장을 세심하게 배려해야 한다.

3) 전문성

전화 서비스는 전문성에 의해 완성된다. 고객이 우리에게 전화를 하는 것은 궁극적으로 고객이 궁금한 사항을 알기 위해서거나 업무를 해결하기 위해서다.

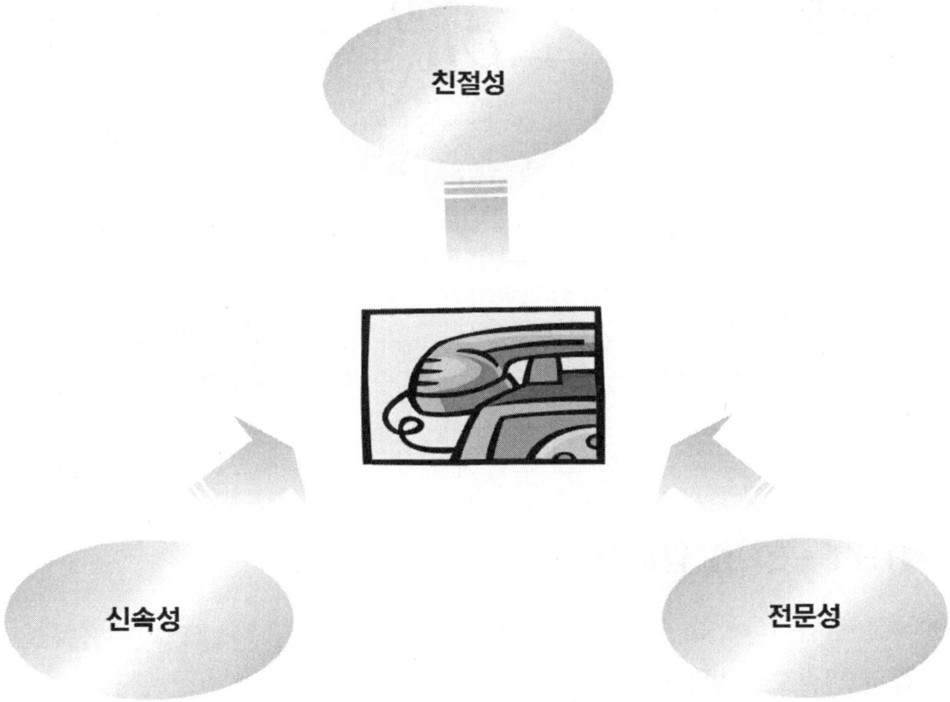

05 전화의 5단계 접점

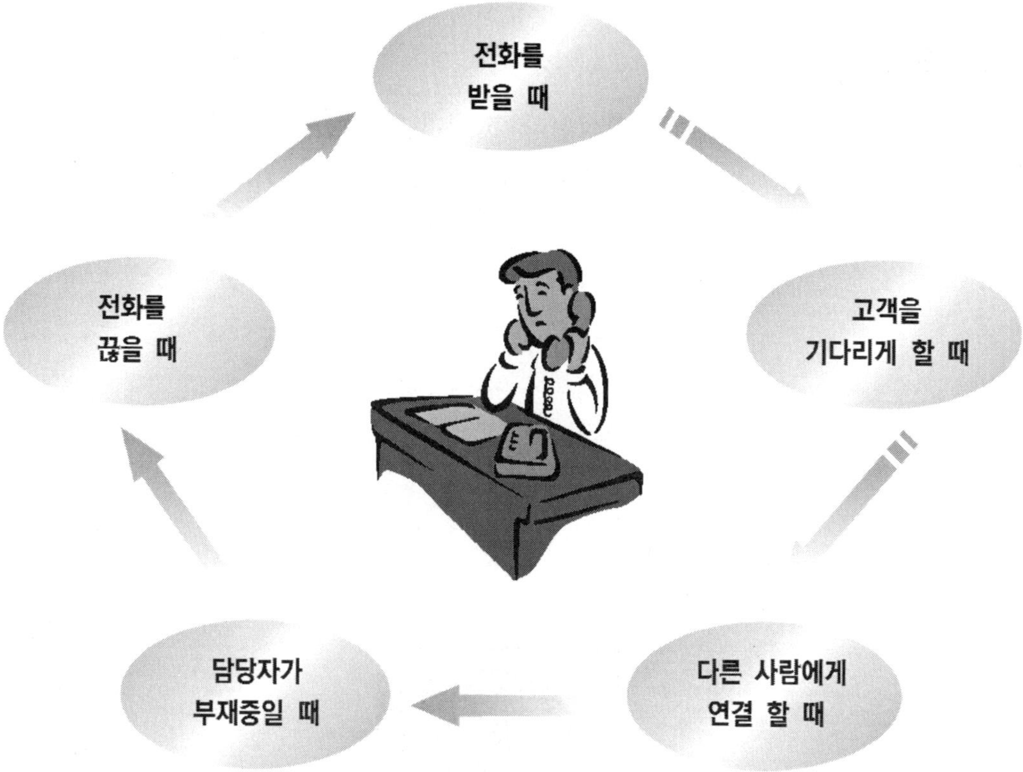

1) 제1단계 – 전화를 받을 때

- 메모지와 필기도구를 항상 준비한다.
- 전화는 왼손으로 받는다.
- 전화벨은 3번 울리기 전에 받는다.
- 첫인사를 한다.
- 용건을 경청한다.

2) 제2단계 - 고객을 기다리게 할 때

- 상황을 말한다.
- 예상시간을 알린다.
- 의사를 확인한다.
- 중간에 재확인 한다.
- 감사의 뜻을 표시한다.
- 통화 중 기다리게 하는 경우 반드시 고객에게 사과의 뜻을 밝힌다.

다른 부서로 연결하는 요령

"여기는 000 입니다.

000 로 연결해 드리겠습니다.

만약 연결되지 않으면 123-4567 로

다시 걸어 주시겠습니까?

전화 주셔서 감사합니다."

위치 확인전화 응대 요령

- 현재 위치 확인
- 교통편 확인
- 구체적 숫자 명시
- 눈에 쉽게 띄는 건물

3) 제3단계 – 다른 사람에게 연결할 때

- 이유를 말한다.
- 양해를 구한다.
- 전화 받을 사람을 알린다.
- 고객의 요청을 인계한다.
- 연결을 확인한다.

4) 제4단계 – 담당자가 부재중일 때

- 상황을 설명한다.
- 통화가 가능한 시간을 알린다.
- 고객의 의사를 확인한다.
- 도와주려는 적극적인 의사를 표현한다.
- 메모를 전한다.

(5) 제5단계 – 전화를 끊을 때

- 대화 내용을 정리 확인한다.
- 더 필요한 사항을 확인한다.
- 감사의 인사를 한다.
- 수화기를 살짝 내려놓는다.
- 주요 내용을 기록한다.

알아둡시다!

전화를 거는 최적의 시간은

- 오전 10시~ 11시
- 오후 2시~ 4시

06 전화응대 실습

1) 전화 받는 요령

■ 받는다. …… 신호음 2번 울리면 받는다.
■ 인사를 한다. …… 안녕하십니까?, 감사합니다.
■ 신분을 밝힌다. …… OO회사 OO과 OOO입니다(사외).
OO과 OOO입니다(사내).
■ 상대를 확인한다. …… OO의 OOO이시군요.
■ 인사를 한다. …… 항상 여러모로 신세를 지고 있습니다.
■ 용건을 묻는다. …… 5W3H의 요령
■ 용건을 메모하여 복창한다. …… 메모를 확인해 드리겠습니다.
■ 자신을 밝힌다. …… 저는 OOO입니다.
■ 인사를 한다. …… 전화 주셔서 감사합니다.
■ 정중히 끊는다. …… 상대방이 끊은 것을 확인한 후

2) 전화 거는 요령

■ 용건을 정리하고 전화를 건다. …… 5W3H의 요령으로
■ 상대를 확인한다.
■ 신분을 밝힌다. …… OO의 OOO라고 합니다.
■ 인사를 한다.
■ 연결 의뢰.
■ 용건을 간결하게 전한다.
■ 인사를 한다.
■ 정중히 끊는다.

07 전화응대 용어 사용의 예

구분	바람직하지 않은 표현	바람직한 표현
1	안녕하세요.	안녕하십니까?
2	우리 회사	저희 회사
3	데리고 온 사람	모시고 온 분
4	누구십니까?	어느 분이십니까?
5	○○ 씨 입니까?	○○ 고객님 되십니까?
6	잠깐만 기다려 주십시오.	(죄송합니다만) 잠시만 기다려 주시겠습니까?
7	잠깐 자리에 없습니다.	죄송합니다. 잠시 자리를 비웠습니다.
8	전화 주십시오.	전화를 주시겠습니까?
9	다시 한 번 말해 주십시오.	다시 한 번 말씀해 주시겠습니까?
10	알았습니다.	잘 알겠습니다.
11	모르겠습니다.	죄송합니다만, 제가 알아봐 드리겠습니다.
12	알아봐 주십시오.	확인해 주시겠습니까?
13	다른 전화를 받고 있으니 기다리세요.	다른 전화를 받고 있습니다. 잠시만 기다려 주시겠습니까?
14	나중에 전화 드릴께요.	잠시 후에 전화 드리겠습니다.
15	그런 사람 없습니다.	죄송합니다. 찾으시는 분은 저희 회사의 종사원이 아닙니다.
16	들리지 않아요. 뭐라고요?	죄송합니다. 전화상태가 좋지 않으니 다시 한 번 말씀해 주시겠습니까?
17	고마워요.	감사합니다.
18	전화 돌려 드릴게요.	전화를 연결해 드리겠습니다.

※ 서술형은 "- 입니다(습니다)"를 사용한다(-어요, -에요 등은 낮춘 말은 아니나 격식을 갖춘 표현이 아니다).
※ 의문형은 "-입니까?(습니까?)"를 사용한다. 명령형은 의뢰형으로 바꾸어 사용한다.

08 상황별 전화응대 예절

1) 전화가 도중에 끊길 때

전화를 건 쪽에서 다시 해야 하지만 잠시 기다려도 오지 않을 때에는 전화를 받는 쪽에서 다시 한다. 다시 통화가 된 경우 "조금 전에는 실례했습니다." 등으로 사과한 후 통화를 계속한다.

2) 처리하거나 조사하는데 시간이 걸릴 때

예정처리 시간을 알리고 업무처리 후 먼저 전화할 것을 알린다. "죄송합니다만, 20분정도 걸릴 것 같은데 제가 곧 전화를 드리겠습니다."

3) 전화가 잘 못 걸려 왔을 때

잘 못 걸렸음을 정중하게 이야기하고 다른 부서일 경우 전화번호를 알려준다. "예, 전화를 잘 못 거셨습니다. 여기는 000 입니다."

4) 전화가 잘 들리지 않을 때

송화구를 막으면서 통화한다. "죄송합니다만, 전화가 잘 들리지 않습니다. 다시 한 번 말씀해 주시겠습니까?"

또는 다른 전화로 걸어 달라고 정중하게 요청한다. "죄송합니다만, 다시 전화를 걸어 주시겠습니까?"

5) 통화 중 손님이 온 경우

양해를 구한 후 송화기를 막고 손님을 응대한다. 이 때 손님의 용건이 급하지 않으면 기다리도록 양해를 구하고 통화를 끝내도록 한다.

6) 손님이 있을 때 전화가 온 경우

정중하게 손님의 양해를 구하고 "실례합니다."라고 말하며 수화기를 든다. 급한 내용이 아니면 "죄송합니다. 지금 손님이 계셔서 잠시 후 전화를 드리겠습니다." 라고 양해를 구한다.

7) 직장 상사와의 통화를 원했을 경우

자신보다 직급이 높은 상사가 부재인 경우 전화를 걸어달라고 하면 결례다. 이때는 재차 본인이 전화를 걸도록 한다. "잠시 후 다시 전화하겠습니다."

09 휴대전화 사용 에티켓

- 벨소리 대신 진동으로 해두는 습관을 가진다.
- 통화는 짧게 한다.
- 방문했거나 남의 집에 머물면서 휴대전화 통화를 하는 것은 공손치 못하다.
- 전화사용 에티켓과 같이 아침 9시 이전, 밤 9시 이후에는 가능한 한 전화하지 않는다.
- 휴대전화를 받으면서 먼저 "00입니다." 라고 이름, 회사명 등을 댄다.
- 문자 메시지를 보낼 때에 소리가 나지 않도록 유의한다.
- 공공장소에서는 휴대전화를 꺼둔다. 공연장·극장·상가 등에서는 벨소리가 일순간에 분위기를 망친다. 잠시 전원을 끄고 쉬는 시간에 음성이나 문자사서함을 확인하도록 한다.
- 버스나 전철, 기차 등 대중교통 수단을 이용할 때는 휴대폰을 사용하지 않는 것이 원칙이다.
- 장례식장이나 조문 시 휴대폰 사용은 삼간다. 고인과 상주에 대한 결례가 된다.

- 수업 중에는 휴대폰을 꺼두는 것이 원칙이다. 불가피한 경우에는 진동으로 한다.
- 볼륨을 최대한 줄인다. 낮은 목소리로 통화하도록 한다.
- 걸려오는 전화는 바로 받는다. 여러 번 울리는 전화벨은 주위 사람을 짜증나게 한다.
- 전화를 먼저 건 사람이 먼저 끊는 게 원칙이다. 단 손님과 상사의 경우에는 상대방이 먼저 끊은 것을 확인하고 끊는 것이 예의다.
- 항공기와 주유소, 병원에서는 휴대전화 사용을 삼간다. 비행기 안에서 전화를 걸면 전자기기의 오작동으로 사고 위험이 있다. 전자파는 주유소에서는 스파크로 인한 화재를, 병원에서는 정밀의료기기의 오작동을 일으킬 수 있다.
- 운전 중엔 반드시 핸즈프리를 사용한다. 휴대전화를 사용하는 운전자는 소주 6~7잔을 마시고 운전하는 것과 같으며, 사고확률이 일반 운전자에 비해 4배나 높다고 한다.

CHAPTER 10

고객응대 매너

01 고객과 소비자의 개념

기업에서는 소비자를 흔히 고객이라고 부른다. 고객과 소비자는 제품이나 서비스를 구매, 소비한다는 관점에서 동일하게 사용되기도 하고, 다른 의미로 사용되기도 한다.

소비자와 고객은 동질적인 사람을 의미하지만 기업의 입장에서 볼 때 소비자란 잠재적으로 구매 가능성이 있는 모든 생활자를 의미하며, 거래에서 발생하는 피해를 타 집단에 전가할 수 없는 최종 소비자를 뜻한다. 즉 협력업체나 대리점, 종업원 등은 제외되는 개념이다.

반면에 고객이란 회사 안팎에서 자신의 기업 경영 활동에 영향을 미치는 모든 사람과 조직을 의미한다. 고객은 직원들 즉 부하, 동료, 상사 등의 내부고객과 대리점, 협력업체, 일반 소비자 등의 외부고객으로 나눌 수 있다.

따라서 기업 측에서는 '소비자 서비스'라는 용어보다는 '고객 서비스'란 개념을 더욱 많이 쓴다. 기업에서 외부고객이라 함은 자신의 기업의 제품과 서비스를 구매한 경험이 있는 소비자를 의미하는 반면, 소비자라 함은 자사의 제품·서비스를 구매한 경험이 없는 일반적 차원의 소비자를 포함하게 된다.

02 고객의 중요성

사람들은 무엇인가 소모하는(consume) 속성을 지니고 있다. 따라서 모든 사람을 소비자(consumer)라고 볼 수 있다. 소비자 중에서 사업의 주체인 개인이나 조직과 최소한의 거래관계를 형성한 사람을 고객(customer)이라고 할 수 있다. 이들 고객 중 지속적인 관계를 유지하는 사람을 고정고객 혹은 단골(client)이라고 한다. 마케팅은 바로 소비자들 중에서 거래 형성을 통해 만족한 고객을 만들고 이를 유지함으로써 고정고객을 만들어가는 활동이다.

고객만족 경영에 있어서 가장 중요한 것이 바로 고객이 누구인가를 파악하는 것이다. 기업은 소비자조사(consumer research)와 조직구매자 조사(business to business research)를 통하여 고객 식별, 경쟁사 고객과 내부고객에 대한 정보 획득, 조사를 위한 고객 선정 방법의 결정, 그리고 정확한 고객의 정의 등의 과업을 수행한다. 이러한 과업은 성공적인 고객만족 경영을 위한 틀을 구축하는 데 있어서 기업 활동의 핵심이 되고 있다. 고객을 정의하고 식별하는 일이 고객만족 경영에 있어서 주요한 과제라는 사실을 이해하는 일은 대단히 중요하다.

그렇다면 고객은 누구를 가리키는가? 과거 우리나라의 기업은 고객의 정의에 매우 무심했던 게 사실이다. 수십 년 간 안정적 성장의 길을 달려온 기업들조차도 고객의 만족 수준을 높이는 데 필요한 고객관련 데이터베이스가 충분히 갖추어져 있지 않은 게 현실이다.

고객관련 데이터의 세부 항목에는 고객 개개인의 구매 횟수와 구매 액에 대한 자료는 물론, 개인별로 구매한 개별 제품 명세나 제품 집단 명세, 또한 거주지별, 소속 사업별, 그리고 기업 규모별 분류, 그리고 각 고객의 성명과 전화번호와 구매자들의 지위나 직책 등도 포함되는 것이 일반적이다.

고객관련 데이터를 조사하다 보면 구매의사 결정자가 어린아이에서, 대학생, 기업체의 사장에 이르기까지 매우 다양하게 분포되어 있다. 그러므로 기업은 고객이 누구인가를 명확히 정의해야 할 필요가 있다.

일반적으로 최종소비자, 즉 제품을 구입하는 사람이 고객이라고 한다면 이는 협의의 고객에 속한다. 보다 넓은 개념에서 보면 고객은 가치생산 고객인 사내고객, 가치전달 고객인 중간고객, 가치구매 고객인 최종고객의 세 부류로 나누어 볼 수 있다.

고객만족 경영이란 최종고객에게 만족을 주는 것을 목표로 하지만 그렇게 되기 위해서는 중간고객과 내부고객의 만족이 선행돼야 한다는 사실은 말하나 마나다.

단골고객을 제대로 관리한다면 그들을 기업의 홍보맨으로 이용 할 수도 있다. 단골고객을 만드는 10가지 방법은 다음과 같다.

① 고객은 기분 좋은 일은 잊어버려도 기분 나쁜 일은 오래 기억한다는 사실을 기억하라.
② 고객의 이름과 개인적 특성을 파악하라.
③ '상품 +α '의 서비스가 아니라 '상품 x α '의 서비스를 제공토록 노력한다.
④ 단골 고객이 늘어날수록 매출이 늘어나며 궁극적으로 자신의 보수와 승진도 보장된다는 사실을 기억하라.
⑤ 고객의 발길이 끊어져 목 타는 상인의 모습을 기억하라.
⑥ 고객이 나를 위해 존재하고 내가 고객을 위해 존재한다는 상생의 원리를 기억하라.
⑦ 단골 고객 없이 미래가 존재할 수 없다는 사실을 깨달아라.
⑧ 고객이 만족한 만큼 나의 품위가 높아지고 있다는 사실을 깨달아라.
⑨ 고객 서비스 실천을 생활화하라.
⑩ 서비스 맨 으로서 자신을 테스트하고 고객으로부터의 평가를 기대하라.

03 고객응대의 마인드

고객을 대상으로 서비스를 수행하는 요원의 바람직한 마음가짐을 살펴보면 다음과 같다.

첫째, 확고한 직업의식을 바탕으로 서비스 정신을 승화시켜야 한다. 원만한 성격과 친절한 태도로 항상 고객의 입장에서 생각해야 한다는 것이다.

둘째, 부단히 노력하고 개선할 수 있는 창의적인 자세로 업무에 임해야 한다. 능동적으로 자기에게 맡겨진 일을 즐거운 마음으로 행하는 것이다.

셋째, 고객의 마음을 먼저 이해하고 행동할 줄 아는 서비스의 프로가 되는 것이다. 한걸음 먼저 다가섬으로써 고객감동의 출발점이 되어야 한다.

넷째, 일정한 조직 내의 모든 사람들에게 존경과 사랑의 마음가짐을 지녀야 한다. 솔선수범하는 자세로 신뢰와 화목의 공동체를 만들어 가족적인 분위기의 조직을 만드는데 최선을 다해야 한다.

이러한 내용들은 서비스업에 근무하는 종사원뿐만이 아니라 서비스 사회의 성공을 준비하는 모든 사람들에게 적용되어야 할 덕목이다.

04 고객응대의 기본

1) 손님에 대한 마음가짐

- 자신의 마음가짐을 늘 즐겁다는 느낌의 채널로 바꾼다.
- 즐거운 마음으로 손님을 대하게 되면 얼굴엔 생기가 넘치고, 목소리도 생기가 나서 밝고 명랑한 목소리로 대하게 되고, 행동 또한 상냥한 태도가 될 것이다.
- 매사에 인내하지 않으면 안 된다.

2) 진정한 마음에서의 서비스

- 소극적인 것은 곤란하다.
- 사람을 좋아하는 태도를 지녀야 한다.
- 누구에 대해서라도 일생에 단 한번뿐인 만남이라는 마음으로 대하면 좋은 경험이 될 것이다.

3) 고감도 서비스(high touched service)

- 인간의 마음에 남는 훌륭한 서비스를 말한다.
- 상대방의 마음을 먼저 알아차리고 제공하는 서비스로서 정성이 깃들고 가까이서 친밀하게 대하고 봉사하는 기쁨으로 대하는 것이다.

- 손님의 입장에서 "무엇이 가장 필요할까?", "어떻게 해주면 기뻐할까?" 라는 발상의 이른바 필요에 의한 응대에서 나아가 "이렇게 해주면 기뻐하겠구나!", 그리고 더 나아가 손님의 입장에서 "이렇게까지 해주는구나!"라는 기대 이상의 기쁨을 손님에게 전하는 것이야말로 만족감을 극대화할 수 있는 최상의 서비스다.

4) 손님을 대하는 방법

- 손님의 가치를 인식하고 좋은 점을 찾아내며 사람을 좋아하도록 한다.
- 신뢰감을 가지고 찾아온 손님에 대하여 진심으로 "감사합니다."라는 마음을 갖는다.
- 마음에서 우러나오는 미소를 지으며 감사의 기분을 눈으로 표현한다.
- 손님에게 최대한의 존경어를 사용하고 절도 있고 정중한 어법을 사용하도록 한다.

05 고객의 입장에서 호감이 가는 비즈니스맨

1) 손님의 입장이 되어주는 사람

손님의 기분을 알아차려서 무언가를 해달라고 요구하기 전에 해줄 수 있는 세심한 배려를 한다. 즉 기대보다 한발 더 나아간 서비스를 한다.

2) 건강하고 청결한 느낌이 드는 사람

- 항상 아름답고 건전한 생활을 친절하고 밝은 표정과 자세로 나타낸다.
- 깨끗하고 정갈한 느낌은 사람의 기분을 밝고 상쾌하게 해준다.
- 좋은 컨디션의 유지는 일의 중요한 부분이다.

3) 업무지식이 풍부한 사람

업무지식이 풍부한 사람은 자신의 일에 대하여 적극적이고 신속하고 정확하게 처리할 수 있다.

4) 매너

몸과 마음이 건강하고 다른 사람에게 좋은 인상을 준다는 것을 머리로 이해하고 있다 할지라도 말이나 태도로 나타나지 않으면 안 된다.

06 고객응대의 4단계

1) 긍정적인 태도를 갖는다.

① 단정한 용모(첫인상을 좋게 한다).
② 신체 언어인 행동을 자연스럽게 한다.
③ 편안한 목소리를 유지한다(테이프나 자동 응답기를 이용하여 실습하여 본다).
④ 전화 할 때의 톤은 평소보다 올라가야 한다.

2) 고객의 니즈를 파악한다.

① 적절한 타이밍을 찾아야 한다(고객의 니즈 예측).
② 고객보다 한발 앞서 생각을 한다.
③ 주의를 집중한다.
④ 고객의 기본적인 욕구를 이해한다.(인간의 기본적인 4가지 욕구 : ① 다른 사람이 자신을 이해해 주기를 바라는 욕구, ② 환영 받기를 원하는 욕구, ③ 자신이 특별한 인물로 대우 받고 싶은 욕구, ④ 편안함을 추구하는 욕구)
⑤ 고객이 하는 말을 주의 깊게 듣는다.

⑥ 고객으로부터의 피드백을 확인한다.

- 고객이 무엇을 원하는가?
- 고객이 무엇을 필요로 하는가?
- 고객이 어떤 생각을 하는가?
- 고객이 어떤 느낌을 가지고 있는가?
- 고객이 다시 당신을 찾아 올 것인가?

3) 고객이 필요로 하는 것을 제공한다.

① 메시지를 분명하게 전달한다(효과적인 메시지 전달은 고객이 필요로 하는 서비스의 기본이다).

② 말을 조심스럽게 한다.

③ 제공할 서비스의 내용을 알려준다.

④ 서비스의 특징을 설명한다.

⑤ 그 서비스로부터 얻을 수 있는 편익과 혜택을 알려준다.

⑥ 항상 새로운 서비스를 제공한다.

4) 고객이 당신을 다시 찾아오도록 한다.

① 고객 감소의 원인

- 1% : 사망한 경우
- 3% : 이사를 간 경우
- 4% : 특별히 단골 거래처가 없는 경우
- 5% : 친구의 권유로 마음이 변한 경우
- 9% : 다른 곳에서 더 싸게 살 수 있는 경우
- 10% : 만성적으로 불평을 일삼는 고객들인 경우
- 68% : 고객에 대한 무관심 때문에 다른 곳을 찾는 경우

② 불만을 토로하는 고객을 만족시키기 위하여 최선을 다한다(불만이 있는 고객을 만족시킬 때 그 고객은 평생 고객이 될 수 있다).

③ 불만 사항의 처리

- 고객의 불만사항을 신중하게 들어본다.
- 고객의 불만을 정확하게 이해했는지 다시 한 번 확인한다.
- 고객에게 불만사항에 대하여 정중하게 사과한다.
- 고객의 심정(분노, 좌절감, 실망)을 충분히 이해하도록 노력하고, 그런 의지를 보여 준다.
- 문제를 시정하기 위해 어떤 조치를 취할 것인지 설명해 준다.
- 그 문제점을 지적해 준 데 대해 감사의 표시를 한다.

④ 까다로운 고객을 자신의 편으로 만드는 요령을 배운다.

- 1단계 : 고객의 불만을 자신에 대한 불만으로 생각하지 말라.
- 2단계 : 조용히 참고, 주의 깊게 들어라.
- 3단계 : 사람에게 초점을 맞추지 말고, 문제 자체에 초점을 맞춘다.
- 4단계 : 까다로운 고객을 만족스러워 하고 즐거워하는 고객으로 바꾸었다면 스스로 그것에 걸맞은 보상을 한다.

⑤ 고객이 기대하는 것 이상을 제공한다.

- 다음에 가실 곳은 어디입니까? 제가 알려 드리겠습니다.
- 약도를 그려 드리겠습니다.
- 예약 변경은 담당부서에서 합니다. 어려우시면 제가 처리해 연락을 드리겠습니다.

07 고객심리

고객은 일반적으로 자기중심적이어서 다른 사람들보다 자신에게 신속하면서도 최고의 대접을 해주길 기대한다. 또 무언가 주문이나 요구를 하지 않아도 알아서 제공해주는 서비스에 감동한다.

고객의 심리는 예측하기 어려우며 미묘하고 섬세한 특징이 있다. 그러나 우리가 사전에 고객들의 심리를 제대로 파악할 수 있다면 어느 정도까지는 고객감동이라는 목표를 달성할 수 있다.

1) 누구나 환영 받고 싶어 한다.

서비스사업 분야에서는 "고객을 절대 그냥 돌려보내지 마라!"라는 경구가 철칙처럼 통용된다. 고객이 비록 구매를 하지 않아도 방문해 준 것에 대한 감사함을, 밝은 미소를 선물하여 환영의 느낌을 전달하여야 한다.

또한 언제나 긍정적인 이른바 (+)심리를 가지고 돌아갈 수 있도록 최선을 다해야 하며, 찾아왔던 고객이 다시 찾아온다는 것을 잊지 말아야 한다.

2) 우월감을 가지고 있다.

사람은 누구나 자기를 돋보이고 싶어 한다. 하물며 구매의사가 있는 고객은 더더욱 그렇다. 남들 앞에서 특히 직원들 앞에서 과시하고자 하는 고객들의 심리를 역으로 잘 이용해야 한다. 앞서 설명한 것처럼 적기에 칭찬(찬사)을 함으로써 고객의 구매동기를 강화시켜야 한다.

단점 보다는 장점, 부정적인 말이나 행동보다는 긍정적인 말이나 행동으로 대해야 한다.

3) 직원을 독점하고 싶어 한다.

영업장에서 피크타임(peak time)인 경우 항상 일손이 모자라게 되어 있다. 하지만 고객은 그것을 용납하지 않는다. 고객은 직원을 독점하고 싶은 심리가 있다. 많은 고객을 응대해야 할 경우 한 사람의 고객에 치우치지 말고 되도록 공평하게 응대를 해야 하며, 따뜻하게 대할 수 있는 기본적인 마음가짐을 지녀야 한다.

4) 자기중심적으로 생각한다.

사람은 각자 자신만의 가치기준을 가지고 있다. 이솝우화의 학과 여우의 이야기를 보면 알 수 있듯이 각자의 가치 기준이 다르다. 서비스 제공자는 항상 고객의 입장에서 생각하고 행동에 옮겨야 한다.

5) 손해를 보고 싶어 하지 않는다.

사람들은 연령에 관계없이 남과 비교해 하찮은 것조차 손해를 보지 않으려는 심리를 가지고 있다. 언제나 고객이 기대에 어긋나지 않는 좋은 상품과 공평한 서비스를 제공하는 것이 중요하다.

08 유형별 고객응대 요령 및 원칙

서비스 종사원들은 업무를 수행하는 과정에서 무수히 많은 고객을 응대하기 마련이다. 다양한 상황에서 다양한 유형의 고객을 맞이하려면 고객의 심리, 고객의 요구와 욕구를 철저히 파악하여 효과적으로 응대할 필요가 있다. 그러한 노력이 전제될 경우 사업의 성공 가능성은 더욱 커진다.

1) 유형별 고객응대 요령

(1) 성격이 급한 사람

■ 상품을 결정하고 나면 될 수 있는 한 빨리 달라고 요구하는 등 적극적인 구매를 한다.

■ 기다리게 하거나 무시하면 불쾌해져서 금방 나가 버린다.

■ 신속·정확하게 해서 좋은 인상을 주어야 한다.

■ 일이 지연되는 경우에는 정중히 사과하며 사전 양해를 구한다.

(2) 성격이 느긋한 사람

■ 구매 결정까지 시간이 걸리고 분명한 의사결정을 하지 않으므로 서비스 요원도 침착하게 응대해야 한다.

■ 강매한다는 생각이 들지 않는 범위에서 한두 가지의 상품을 골라 권하면 도움이 될 수 있다.

(3) 아는 체 하는 사람

■ 이러한 유형의 사람들은 종사원이 설령 풍부한 지식을 갖고 있더라도 아는 척 한다고 무시하면 안 된다.

■ 비위를 잘 맞추면 비교적 빨리 의사결정을 한다.

■ 서비스 요원이 나서서 가르쳐 주는 식은 금물이다. 성의를 갖고 좋은 점을 설명하는 태도를 취해야 한다.

(4) 말이 많은 사람

■ 일단 무엇이든 흉을 잡거나 불평부터 늘어놓는 유형이다.

■ 말하는 내용을 잘 듣고, 비난을 하거나 불평을 해서는 안 된다.

■ 때를 맞추어 때때로 포인트를 확인하고 주도권을 잡는다.

■ 정면으로 충돌하지 않도록 세심한 주의를 기울인다.

(5) 학구적인 사람

- 무엇이든지 상세히 알고 싶어 하고, 확인하고 싶은 욕망이 강한 사람이다.
- 이런 타입의 고객의 질문에는 충분히 납득이 가도록 설명하고, 모를 때는 잘 모르겠다고 분명하게 답변해야 한다.

(6) 수다를 떠는 사람

- 구매하려는 상품과 관계없는 엉뚱한 말을 하거나 필요 없는 말까지 늘어놓는 유형이다. 이런 사람은 말동무가 되어 주기를 원하기 때문에 같은 것에 관심을 보여주면 만족한다.
- 말이 끊길 때쯤 타이밍을 맞추어 주제를 옮기는 요령이 필요하다.

(7) 망설이는 사람

- 이것저것 잘 결정을 못하는, 응대하기 힘든 타입이다. 침착하게 선택할 때까지 기다리는 것도 중요하지만 고객의 기호를 빨리 알아차려 상품을 권한다.

(8) 변덕스런 사람

- 악의가 있는 것은 아니지만 계속해서 기분이 바뀌어 제대로 결정을 못하는 사람이다.
- 고객의 기호를 파악해서 한 종류의 상품을 자신을 갖고 권한다.

(9) 의심 많은 사람

- 일단 의심을 하고 납득이 가기 전까지는 결코 행동으로 옮기지 않는 사람이다.
- 건성으로 설명해서는 안 되며 자신을 갖고 확실하게 설명한다.
- 애매한 설명, 또는 너무 자세한 설명이나 친절도 의심의 대상이 될 수 있으므로 주의하고 적절히 응대한다.

(10) 말이 없는 사람

- 말수가 적으므로 고객이 원하거나 생각하는 것을 잘 몰라 응대하기 힘든 타입이다.
- "Yes", "No"로써 대답할 수 있는 질문을 해서 상대가 이야기하기 쉽도록 유도한다.

(11) 흥분하는 사람

- 사소한 것에도 곧잘 흥분하고 감정의 기복이 심한 사람이다. 이야기하는 도중에 자기가 말하는 것에도 흥분하는 사람이 있다. 특히 조심해서 평온하게 이야기를 진행하고 말투나 태도에 주의해서 상대의 감정을 자극하지 말아야 한다.

(12) 깊이 생각하는 사람

- 신중하게 검토한 후에 결정하는 타입으로써 생각에 몰두해 때로는 말이 없어지는 수도 있다.
- 이런 타입의 고객에게는 명쾌하게 성의를 표시해야 한다.

(13) 존경을 받고 싶어 하는 사람

- "나는 손님이다.", "팔아주는 거다.", "나는 다른 사람과는 조금 다르다."라는 식으로 특별한 취급을 받고 싶어 하는 사람이다.
- 이런 사람에게는 가급적 감사하는 마음을 표시하고 적극적으로 칭찬의 말을 덧붙인다.
- 절대로 상대의 기분을 상하지 않도록 하고 고압적인 태도에 대해 판매사원은 감정적이 되어서는 안 된다.

(14) 잘 믿는 사람

- 서비스 요원을 믿고 설명을 잘 들어주는 타입이다. 설명하는 대로 순응하지만 긴장을 풀거나 적당한 설명을 해서는 안 된다. 예의를 꼭 지켜야 한다.

(15) 장난기가 있는 사람

- 일부러 서비스 요원을 곤란하게 하는 질문을 잘 하는 타입이다.
- 이런 타입의 고객에게는 자신이 알고 있는 것은 성심성의껏 설명하고 모르는 것은 모르겠다고 분명히 말하고 사과한다.
- 서비스 요원의 솔직한 태도에 자극을 받아서 뜻밖으로 쉽게 결정하는 사람도 많다.

(16) 값을 깎는 사람

- 결과에 상관없이 일단 값을 깎는 사람이다.
- 참을성 있게 응대해야 하며 정찰제를 실시하는 이유 등을 충분히 설명해야 한다.
- 상품의 가치를 납득이 갈 때까지 설명해서 타 서비스지점과 비교해서 손색이 없음을 인식시켜야 한다.

그러나 무엇보다 중요한 것은 사전에 예방전략, 판매전략, 회복전략 등과 같은 방어전략을 세워 두는 것도 서비스맨이 할 일이며, 부득이 고객의 불만과 불평이 발생했을 경우에는 슬기롭게 처리하는 것이 좋다.

2) 불만 고객응대 시 유의점

- 최초의 응대가 가장 중요하다. 먼저 "대단히 죄송합니다."라고 분명하게 사과의 뜻을 표시한다.
- 고객의 이야기를 끝까지 경청한다. 도중에 말을 가로 막는다든가, 변명의 말은 삼간다.
- 고객이 원하는 바를 정확히 파악한다.
- 말다툼이 될 소지가 있거나 이미 화가 나 있는 고객의 경우에는 우선 조용한 곳으로 안내한다.
- 군중심리 내지 선동적 언사를 사용할 기미가 보이는 고객은 다른 고객과 분리한다.
- 끝까지 거절해야 할 경우에는 직접적인 표현은 삼가고, 우회적인 말을 사용하여

감정의 대립을 완화한다.

- 고객의 불만원인이 타 부서의 실수에 기인하더라도 책임을 전가하지 말고 적극적으로 문제를 해결하려는 노력을 보여준다.

3) 불평처리의 3변화 주의(MTP)

(1) 사람(man)을 바꾼다.

- 담당자 → 상사
- 신입 서비스맨 → 선배 서비스맨

(2) 시간(time)을 바꾼다.

- 즉답을 피하고 냉각기간을 둔다.
- 고객에게 꼭 중간보고를 한다.

(3) 장소(place)를 바꾼다.

- 서서 이야기하는 상황이라면 우선 앉도록 유도해서 진정시킨다.
- 경우에 따라서 고객을 혼자 있게 해서 냉각기간을 둔다.

4) 불만처리의 4가지 원칙

(1) 원인파악의 원칙

클레임의 원인을 정확히 알아야 한다.

(2) 신속해결의 원칙

가능한 한 빠른 시간 내에 해결하는 것이 회사의 입장에서도 바람직하다.

(3) 우선사과의 원칙

클레임을 건 고객은 우선 화가 나 있는 상태라는 것을 기억해야 한다.

(4) 불 논쟁의 원칙

회사의 잘못이 아니더라도 고객의 말꼬리를 잡거나 트집을 잡지 말아야 한다.

09 고객 불평처리의 절차 및 내용

절 차	내 용
사과를 한다.	•장소를 옮기고 고객을 자리에 앉힌다. •상황을 판단하여 혼자 해결하기 힘들 때는 상사에게 인계한다.
경청한다.	•고객입장에서 말을 끝까지 듣는다. •감정을 드러내지 않고 불평을 거역하지 않는다(논쟁은 금물). •문제점을 메모하고 쿠션언어를 사용하며 다시 사과를 한다. (예 : 대단히 죄송합니다. 얼마나 언짢으셨습니까?)
사실을 확인하여 문제점을 파악한다.	•고객의 잘못을 말하지 않으며 고객의 관점으로 바꾸어 재검토한다. •자기의 의견이나 평가는 배제한다. •객관적으로 사실을 파악한 후 전례를 찾아 비교해 본다.
대안을 찾는다.	•고객의 요구사항을 파악하고 회사의 정책/방침과의 적합여부를 검토하여 신속히 결정한다. •과소평가나 성급하게 해결하려는 인상을 주어서는 안 된다.
대안을 고객에게 제시하고 동의를 구한다.	•쉬운 말로 설명한다. •고객의 반응을 살핀다.
즉각 처리한다.	•현장에서 본인이 처리할 수 있는 것은 즉시 시행하고, 처리 불가능한 것은 부서장에게 보고한다. •고객이 기다리는 경우, 처리과정에 대해 보고를 한다.
결과를 확인한다.	•고객의 만족도를 확인하고 끝까지 책임을 진다(follow-up). •다시 반복하지 않도록 노력한다. •다른 종사원들과 불평 발생 사실과 처리결과를 공유한다.
사례 연구(case study)	•보고서(report)를 작성한다. •사례 교육 시 활용하며 적극적인 서비스 개선에 활용한다.

고객 불평처리 금기사항

- 고객의 얘기를 경청할 때 절대 미소를 짓거나 웃지 않는다.
- 고객을 기다리게 하거나 서 있게 하지 않는다.
- 대수롭지 않게 생각하거나 장난으로 생각하지 않는다.
- 고객 불평에 대하여 경중을 가리지 않는다.
- 책임을 전가하지 않고 목소리를 높이지 않는다.
- 말을 가로막지 않고 끝까지 경청한다.

CHAPTER 11

테이블 매너

테이블 매너가 완성된 것은 19세기 영국의 빅토리아 여왕 시대라고 알려진다. 이 시대는 역사상 가장 형식을 중시하고, 도덕성을 까다롭게 논하던 시기다.

그러나 오늘날 테이블 매너의 기본정신은 형식에 있는 것이 아니라 요리를 맛있게 먹기 위한 일종의 사회적 약속으로 보아야 한다.

요리의 맛은 기본적으로 요리사의 솜씨나 재료에 따라 결정되지만 함께 식사하는 사람이 어떠냐에 따라서도 달라질 수 있다. 즉 요리를 맛있게 먹으려면 미각 외에도 시각, 후각, 청각, 촉각의 5감이 전부 만족되어야 한다.

순백의 테이블보, 부드러운 조명, 와인의 독특한 향과 향신료의 냄새, 스테이크에서 지글거리는 소리나 아름다운 음악소리, 빵의 촉감, 실내온도 등은 요리의 맛 이상으로 인간의 식욕을 자극하거나 만족시켜 주는 요소다.

01 식사 전의 매너

1) 예약

- 레스토랑을 이용하기 전 반드시 예약을 하도록 한다.
- 예약을 취소해야 할 경우 반드시 사전에 취소를 한다.

(1) 참석자 영접 에티켓

- 참석자의 사정을 고려하여 초청 일자와 시간을 정한다.
- 양식당, 일식당, 뷔페 등 초대하는 장소에 대한 간단한 안내를 곁들인다.
- 한 사람이라도 늦어지면 식사를 제때 시작할 수 없으므로 늦어서는 안 되며, 교통 사정 등에 의해 늦게 도착 할 경우 반드시 전화로 연락을 해 둔다.
- 특히 초청자는 손님보다 먼저 도착하여 예약 확인, 사전 준비, 기타 안내를 받아 둔다.

- 초대받은 장소에 걸맞은 복장을 갖춘다.
- 초청자는 먼저 와서 손님이 잘 볼 수 있는 대기실이나 바(bar) 또는 라운지 등에서 기다린다.
- 초청하는 장소의 위치, 교통, 약도 등에 대해 미리 알려준다.
- 대개 고급 식당의 경우 15분 정도 지나도록 예약 손님이 나타나지 않으면 예약이 취소된 것으로 간주하므로 늦어질 경우엔 반드시 전화로 연락을 해 둔다.

(2) 예약(reservation)의 중요성

오늘날 사회는 점점 복잡해지고 있다. 현대인들은 정확한 시간 계획에 의하여 행동하기 마련이며, 따라서 예약문화가 중시된다는 사실은 누구나 아는 일이다.

특히 고객을 접대하거나 사업 상 또는 사교를 위해 고급 식당을 이용할 경우 예약은 필수적이라 하여도 과언이 아니다. 특별한 메뉴를 부탁할 때 또는 접대 시 미리 예약을 함으로써 차질 없이 식사를 즐길 수 있다.

레스토랑의 입장에서도 예약 고객에 대하여는 사전에 완벽한 준비를 할 수 있기 때문에 양질의 서비스를 제공 할 수 있다.

(3) 예약 방법

예약을 하는 방법에는 직접 예약, 전화 예약, 팩스 및 편지에 의한 예약 등이 있으나 전화 예약이 대부분이다. 공식적인 행사에서는 테이블의 모양과 좌석의 배치 등이 매우 중요하므로 반드시 팩스나 이메일로 정확하게 알려 줄 필요가 있다.

- 일자, 시간, 인원수, 성명, 연락처, 원하는 장소(room 또는 table)를 알린다.
- 특별 주문 사항이 있을 때 이를 알린다(종교적 이유로 특정 음식을 먹지 않는 고객의 유무, 기념 촬영, 축하 케이크, 선호 와인, 기호 등).
- 상대방으로부터 확인한다. 착오를 방지하기 위하여 가능하면 요일도 확인한다.
- 접대 시에는 예산을 미리 알려준다.
- 예약은 대개 7일~10일 전에 한다.

(4) 예약 취소

- 레스토랑은 예약 일시에 맞추어 테이블 세팅과 요리를 준비한다. 따라서 모임이 취소되었을 경우에는 반드시 예약을 취소해야 한다.
- 예약 취소는 최소한 하루 전에 한다.
- 취소자의 성명을 알려준다.

2) 도착

- 레스토랑에 도착하면 입구에서 좌석 안내를 받도록 한다.

레스토랑을 이용할 때 입구에 들어서면 대개 지배인(manager) 혹은 리셉셔니스트(receptionist)가 고객을 맞이하며 "몇 분이십니까?", "예약은 하셨습니까?" 등등을 확인한 후 테이블까지 안내해 준다.

이러한 관행을 무시하고 레스토랑에 들어서자마자 곧바로 아무 테이블에나 앉는 행위는 에티켓에서 벗어나는 일이다. 다만 안내 받은 테이블의 위치가 마음에 들지 않은 경우 "저쪽 자리는 안 될까요?" 라는 식으로 자신의 희망을 표시하는 것은 무방하다.

3) 착석

- 외투나 짐은 클로크룸(cloak room)에 맡기도록 한다.
- 착석 시에는 의자를 앞으로 끌어당겨 배와 식탁 사이가 주먹 하나 정도 들어갈 정도로 바짝 당겨 앉는다.
- 핸드백은 등 뒤에 놓고 가방이 큰 경우에는 바닥에 놓는다.
- 상석의 위치는 일반적으로 전망을 바라보는 쪽이다.
- 손은 미리 씻고 가거나 화장실에서 씻도록 한다.

(1) 테이블 플랜(Table Plan - 좌석배치)

- 상석을 정하는 에티켓
- 연령 우선 원칙
- 직위 우선 원칙 - 나이는 많은데 직위가 낮으면 직위가 나이를 우선한다.
- 여성 우선 원칙 - 같은 조건이면 여성이 우선이다.
- 기혼자 우선 원칙

(2) 상석이 되는 장소

- 벽을 바라보는 자리보다 등진 자리가 상석이다.
- 입구에서 먼 자리가 상석이다. 입구에서 가까운 자리가 말석이다.
- 경치가 바라다 보이는 자리가 상석이다.
- 위의 기준에 따라 최상석이 정해지면 최상석에 앉은 사람과 가까운 자리일수록 순차적으로 상석이 되며, 멀리 떨어진 자리가 말석이 된다.
- 부인이 참석하지 않는 남자들만의 모임에는 초청자 옆이 가장 상석이다.

(3) 좌석배치

- 부부가 함께하는 파티일 경우, 부부는 서로 마주보고 앉는 것이 원칙이다.
- 가장 중요한 여자 주빈은 호스트(host)의 우측에 앉는다. 그 다음으로 중요한 여자 손님은 호스트의 좌측에 앉고, 가장 중요한 남자 게스트(guest: 주빈)는 여자 주인(hostess)의 우측에, 다음으로 중요한 남자 주빈은 여자 주인의 좌측에 앉는다.
- 주빈이 있는 남자만의 모임 시 주빈은 초청자의 맞은편에 앉는다.
- 주빈이 있는 부부 모임 시 원탁에 앉을 경우 초청자는 오른쪽에 주빈의 부인을 앉히고 맞은편 자신의 부인의 오른쪽에 주빈을 앉힌다.
- 국빈 행사와 같이 'T'자나 'ㅠ'자 모양의 테이블에 앉을 경우 초청자의 왼편에 주빈의 부인이 앉고, 오른편에 주빈을 앉히며 주빈의 오른편에 자신의 부인을 앉힌다.
- 좌석의 배치는 식당의 위치, 출입구의 위치, 전망, 동부인 여부, 직위, 테이블 모양, 연령 등 여러 가지 요인에 의해 달라지므로 중요한 모임에는 반드시 사전에 좌석을 배치해 놓고 이름표를 올려놓는 것이 좋다.
- 일반적으로 식당에서의 좌석 배치는 그 식당의 지배인이나 안내를 맡은 그리트리스(greetress)가 상석을 구별해 안내하므로 안내하는 대로 착석하면 무난하다.

(5) 착석 에티켓

❶ 식당입장

- 대기실이 있거나 별도의 리셉션룸(reception room)이 준비되어 있는 경우는 그곳에서 입장하기 전 잠시 담소를 나눈다.
- 레스토랑에 들어갈 때는 여성이 앞선다. 호텔이나 고급 레스토랑 입장 시 안내인, 여성, 남성의 순서로 들어간다.
- 계단을 오를 때는 남성이 먼저 오르고, 내려갈 때는 여성이 먼저 내려간다. 엘리베이터는 여성이 먼저 타고 먼저 내린다.

- 레스토랑에 들어가기 전에 반드시 손을 씻고 들어간다. 식당에 들어가서 자리 잡은 후에 손을 씻기 위해 나가지 않도록 한다.
- 레스토랑에 들어가기 전에 반드시 립스틱을 엷게 고치고 들어간다. 엷게 고치지 못하고 입장하였을 경우에는 식사 전 종이 냅킨으로 살짝 닦는다. 립스틱이 진하면 식사 시 입술에 얼룩이 지기 쉽고, 물 잔이나 와인 잔 등에 자국이 남아 보기에 흉하다.
- 큰 가방이나 모자, 외투, 부피가 큰 휴대품 등은 식당 안으로 가지고 들어가지 말고 클로크룸에 맡겨야 한다.

❷ 착석

- 고급 식당에서는 빈자리가 있다고 하더라도 마음대로 가서 앉아서는 안 된다. 고급 식당의 경우 좌석은 대개 예약제로 운영되므로 입구에서 종업원의 안내를 받는다.
- 웃어른이나 주빈 여성이 계시면 그들을 먼저 앉혀 드리고, 그 다음 남자 손님이 앉는다.
- 웨이터가 없을 때에는 남자는 주빈 또는 여성들이 의자에 앉도록 도와주어야 한다.
- 의자에 앉을 때는 좌측으로부터 들어서야 한다.
- 다리를 꼬고 앉거나 허리를 앞으로 구부린 상태로 앉지 않는다.
- 의자에 앉을 때는 걸터앉거나 등을 기대지 말고 반듯하게 앉아야 한다. 상체는 곧게 펴고 등을 의자에 가볍게 기댄다. 몸의 긴장을 풀고 손은 무릎위에 올려놓으면 된다.
- 식탁과는 주먹 크기 정도(6~9cm) 사이를 두고 앉는 것이 좋다.
- 핸드백이나 기타 휴대품은 식탁위에 올려놓는 것은 금물이다. 핸드백은 의자의 등받이와 자신의 등 사이에 놓는 것이 원칙이다.
- 장갑, 부채와 같은 소형 휴대품은 어떤 경우에도 테이블 위에 두어서는 안 된다.
- 귀중품이 들어 있지 않은 비교적 큰 핸드백 종류는 바닥에 내려놓아도 된다.

- 식사 중에는 되도록 자리를 뜨지 않는 것이 좋다. 그러나 부득이 자리를 잠시 비워야 할 때에는 옆 사람에게 잠깐 실례한다고 인사를 하고 자리를 뜬다.
- 정좌한 후 주변을 두리번거리지 않는다.

3) 냅킨

- 냅킨은 착석 후 호스트(host)나 상석에 앉은 사람이 편 다음 펴도록 한다.
- 반으로 접어 재봉 부분이 배 쪽으로 오도록 하여 무릎에 얹는다.
- 냅킨은 무릎 위에 놓고 음식 소스가 떨어지는 것을 방지하기 위한 용도나 또는 입술을 닦는 데 사용한다.

냅킨은 테이블에서 식사와 관련된 일종의 신호 역할을 한다.

- 냅킨을 펴는 시점은 초대를 받은 경우 주빈이 편 다음에 한다. 냅킨을 혼자서 먼저 펴지 않도록 한다.
- 냅킨을 목에 거는 것은 어린이나 몸이 부자연스러운 사람 또는 흔들리는 비행기나 열차의 식당에서다. 보통의 식당에서는 냅킨을 목에 걸지 않는다.
- 식사 중에 냅킨을 테이블 위에 올려놓는 것은 금기다. 냅킨을 올려놓는 때는 커피를 마시고 난 다음이다.
- 인사할 때는 왼손에 냅킨을 쥔 채 자리에서 일어서서 한다.
- 자리를 잠깐 뜰 때는 냅킨을 의자에 놓거나 테이블에 살짝 걸쳐 접시로 눌러놓는다.
- 여성은 냅킨에 립스틱이 묻지 않도록 식전에 립스틱을 살짝 닦아낸 후 사용한다.
- 식사가 끝나면 냅킨을 대충 접어서 자신의 테이블 왼쪽 위에 놓는다.
- 냅킨을 수건으로 사용해서는 안 된다. 냅킨은 무릎 위에 얹어 놓아 옷을 더럽히지 않게 하는 것이 주목적이다. 입을 닦거나 식사 도중 손에 소스나 버터, 잼 등이 묻었을 때 이것을 닦는데도 사용한다. 냅킨으로 식기를 닦거나 나이프나 포크 혹은 안경렌즈를 닦는 것은 매너에 어긋난다.

- 얼굴이나 목에 묻은 땀은 자신의 손수건으로 닦는다. 그리고 식탁에서 물을 엎질렀을 경우 냅킨으로 닦지 말고, 웨이터가 처리하도록 한다. 입가를 닦을 때도 너무 힘을 주어 문지르는 것보다 가볍게 찍어내듯 사용한다.
- 냅킨에 립스틱을 묻히지 않도록 주의해야 한다. 구미지역에서는 식사 후 사용한 냅킨을 보고 그 사람의 매너 습득 정도를 저울질한다고 한다. 그러나 냅킨을 깨끗이 쓰겠다고 자신의 손수건으로 입을 닦는 일은 "이 식당의 냅킨을 불결하다."는 뜻으로 받아들여질 수 있으므로 주의해야 한다.

4) 메뉴 및 주문

- 메뉴 판을 이해하기 어려울 때는 웨이터에게 물어보거나, 그날의 스페셜 요리를 주문하는 것이 좋다.
- 음식 주문에서부터 서비스까지 레스토랑에서의 모든 서비스는 레이디퍼스트(lady first), 연소자퍼스트(children first)의 원칙과 연장자에 대한 예의를 엄격히 지키도록 한다.

(1) 메뉴의 구성

❶ 풀코스의 구성

일반적으로 양식 풀코스의 메뉴 구성은 전채(appetizer), 수프(soup), 생선(fish), 스테이크(steak), 샐러드(salad), 후식(dessert), 차(coffee or tea)의 순으로 구성되어 있다.

❷ 전채 (appetizer)

전채에는 찬 전채(cold appetizer)와 뜨거운 전채(hot appetizer)가 있다. 과실을 이용한 전채에는 로햄을 곁들인 멜론(melon with raw ham), 칵테일로는 새우칵테일(shrimp cocktail), 게살칵테일(crab meat cocktail), 바다가재칵테일(lobster cocktail) 등이 유명하다.

카나페(canape) 종류에는 연어(salmon), 청어(herring), 키조개(scallop), 거위간(goose liver), 로햄(raw ham), 치즈(cheese), 새우(shrimp), 바다가재(lobster) 등이 사용되며, 훈제류에는 훈제연어(smoked salmon), 훈제송어(smoked trout), 훈제청어(smoked herring) 등이 있다.

뜨거운 전채로는 키조개(scallop), 신선한 거위간(fresh goose liver)이 유명하다. 찬 오드볼의 대표적인 것은 철갑상어 알로 만든 캐비어(caviar)다. 캐비어는 빛깔이 연하고 알이 굵을수록 고급으로 친다. 캐비어는 일반적으로 러시아 산이 좋다고 하나 보통 사용되는 캐비어는 여러 곳에서 잡히는 상어 알로 만든 것으로 분홍색, 붉은색, 검은색 등이 있다. 푸아그라(foie gras)는 거위 간에 향신료를 쳐서 만든다.

❸ 수프(Soup)

수프에는 진한 수프와 맑은 수프가 있다. 진한 수프는 포타주 리에(potage lie)라 하고, 맑은 수프는 포타주 클레르(potage claire)라고 한다. 포타주는 불어로서 수프의 총칭이다. 콘소메(consomme)는 포타주 클레르의 일종으로 그 종류가 많다.

콘소메는 재료를 아낀다거나 성급하게 만들면 제 맛을 낼 수 없다. 서양에서는 콘소메 맛만으로도 조리사의 솜씨를 짐작할 수 있고 나아가 다른 요리의 솜씨도 짐작할 수 있다고 한다. 진한 수프는 양송이 크림수프와 같은 크림수프, 새우나 게, 바다가재 등으로 만든 비스크(bisque) 등이 있다. 찬 수프에는 토마토로 만든 수프인 스페인의 가스파쵸(Gazpacho)가 유명하다.

❹ 생선(Fish)

생선은 육류보다 섬유질이 연하고 맛이 담백하여 열량이 적다. 또 지방이 적고 단백질이 풍부하여 건강식으로도 선호되고 있으며, 양식당의 주요리로도 많이 이용된다. 생선은 산지에 따라 바다 생선, 민물고기, 조개류, 갑각류, 연체류 등이 있다.

생선의 종류는 수없이 많지만 양식당에서 사용되는 것은 그리 많지 않다. 멸치, 청어, 정어리 등은 주로 전채로 이용되며, 조개류는 전채 및 수프로 많이 이용된다. 주요리의 경우는 바다 생선은 농어, 연어, 적도미, 넙치, 혀 가자미 등이 많이 쓰이고, 민물고기는 송어가 많이 이용된다. 갑각류인 게는 전채와 수프에 많이 이용되지만 새우와 바다가재는 전채의 수프 및 주요리에도 많이 이용된다.

❺ 셔벗(Sherbet)

프렌치 식당이나 고급 식당에서는 주요리가 제공되기 전 먼저 먹은 생선의 비린내를 없애고, 입안을 깨끗이 하기 위한 목적으로 셔벗을 제공하기도 한다.

❻ 스테이크(Steak)

스테이크는 주요리로, 가장 선호되는 품목이다. 스테이크는 쇠고기나 양고기가 주종을 이루는데, 소나 양의 연령, 성별, 부위, 등급에 따라 대단히 많은 종류가 있다. 소의 안심 부분을 영어로는 텐더로인(tenderloin)이라고 하는데, 텐더로인은 부위별로 샤토브리앙(Chateaubriand), 필레미뇽(filet mignon), 또르네도(tournedos) 등으로 나뉘며 섬유질이 적고 연해서 쇠고기 중에서 최고품으로 꼽힌다. 등심에는 서로인 스테이크(sirloin steak), 티본 스테이크(T-bone steak), 갈비 등심(rib steak), 포터 하우스 스테이크(porter house steak) 등이 있다.

티본 스테이크는 T자 모양으로 자른 뼈를 중간에 두고 한쪽은 안심, 반대쪽은 등심 고기가 붙어 있어 두 가지의 고기 맛을 볼 수 있다. 송아지 고기(veal)는 일반적으로 우유로 키운 3개월 미만의 송아지의 고기로, 조직이 매우 부드럽고 핑크빛을 띤다. 양고기는 주로 갈비(lamb chop)와 안심부분이 스테이크로 이용된다.

❼ 가금류(poultry)

가금류는 집에서 사육하는 날짐승으로 흰 살 고기인 닭고기와 칠면조 고기, 검은 살 고기인 오리, 거위, 비둘기 등이 있다.

사냥으로 잡는 야생의 짐승이나 조개를 게임(game)이라고 한다. 게임은 사슴, 멧돼지와 같은 엽수류와 꿩, 메추라기, 들오리 같은 엽조류로 나뉘는데 가금류에 비해 연하고 담백하며 가을부터 겨울까지 가장 맛이 좋다.

우리나라에서는 사냥이 제한되기 때문에 양식당에서 야생 게임을 메뉴로 제공하는 곳은 드물며, 특별행사가 열리는 경우 수입된 야생 게임을 한시적으로 판매하는 경우가 보통이다.

❽ 샐러드(salad)

샐러드는 고기 요리에 제공되는 야채로 고기를 먹기 전에 먹거나 고기와 함께, 또는 고기를 먹고 난 다음 먹는다. 샐러드는 언제 먹어도 좋지만 고기 요리에는 반드시 샐러드를 먹어야 한다. 대개 생선 코스가 없을 경우에는 스테이크를 먹기 전에 먹으며 치즈 코스가 없을 경우엔 스테이크의 다음 코스로 먹기도 한다.

샐러드는 순수 샐러드와 혼성 샐러드로 나뉜다. 순수 샐러드는 여러 가지 야채를 섞어 맛과 영양 및 색이 조화를 이룬다. 양식에서 제공되는 샐러드는 대부분 순수 샐러드이며, 여러 가지 드레싱(dressing)을 기호에 맞게 선택해 가미해 먹는다. 혼성 샐러드는 여러 가지 야채에 향료와 소금, 후추, 등을 넣어 바로 먹을 수 있도록 만든 샐러드로, 시저 샐러드가 대표적이다.

❾ 치즈(cheese)

치즈는 단단함의 정도에 따라 경질치즈(hard cheese)와 연질치즈(soft cheese)로 나누고, 그 맛에 따라 강한 맛의 스트롱 치즈(strong cheese)와 순한 맛의 마일드 치즈(mild cheese)로 나눈다. 또한 치즈의 원료유에 따라 우유치즈, 양유치즈, 염소젖치즈가 있고, 드물게 낙타젖치즈나 물소젖치즈도 있다. 양식에서의 치즈는 매우 일반적인 것으로, 품격 있는 식사에서는 반드시 치즈가 메뉴에 오른다.

치즈는 주요리와 디저트 코스 사이에 제공되는데 식사량이 적은 우리나라에서는 생략되는 경우가 많다. 치즈가 생활화 된 유럽에서는 향이 강하고 맛이 자극적인 스트롱 치즈를 즐기지만, 우리나라 사람들에게는 입에 부드럽고 향도 강하지 않은 마일드 치즈가 어울린다.

❿ 디저트(dessert)

디저트는 식사의 마지막을 장식하는 감미 요리로, 시각적으로 구미가 당기게 화려하며 양이 적고 산뜻한 맛을 주는 것이 특징이다. 디저트는 푸딩, 무스, 아이스크림, 셔벗, 과일, 케이크 등의 찬 후식과 수플레, 팬 케익, 크랩 수제와 같은 뜨거운 후식이 있다. 찬 후식은 미리 만들어 냉장고에 보관하지만 뜨거운 후식은 바로 만들어야 하기 때문에 시간이 많이 걸린다.

(2) 주문요령

- 식탁에 앉자마자 음식을 주문하지 말고 신중하게 메뉴를 선택하여야 그 식당의 여러 요리를 이해할 수 있고, 식욕도 돋울 수 있다.
- 메뉴를 여유 있게 쭉 훑어보는 것이 매너다. 웨이터가 기다린다고 해서 메뉴를 보지도 않고 주문해서는 안 된다. 또 메뉴에 대해 너무 아는 체 하는 것도 모양이 좋지 않다.
- 옆 사람이 먹는 것을 손가락으로 가리키며 주문하지 않도록 한다. 그것이 정 궁금하면 눈으로 "저쪽 테이블의 음식은 어떤 것인가요?"하고 웨이터에게 묻는다.
- 초대 받았을 경우 제일 비싼 요리를 주문하거나 초청자보다 비싼 것을 주문하는 것은 매너에 어긋난다. 중간 정도의 가격의 메뉴를 주문하는 것이 좋다.
- 남성은 여성의 메뉴 선택을 도와준 다음, 자기가 원하는 요리와 함께 주문하도록 한다.
- 남자를 동반한 여성은 직접 주문하지 말고 동행한 남자에게 먹고 싶은 메뉴를 말하면 남자가 대신 주문하는 형식을 취하는 것이 좋다.
- 메뉴를 선택할 때 여성의 경우 남성에게 일임하거나 또는 무조건 "똑같은 것으로 하겠다."라고 하는 것은 예의가 아니다.
- 식전음료는 식욕을 촉진시키는 역할을 하는데 그 종류는 드라이 셰리, 캄파리 소다, 버무스, 마티니, 맨하탄, 진토닉 등이 있다. 위스키는 묽게 해서 마시는 것이 좋다.
- 일품요리 이외에도 레스토랑에는 테이블도트라 불리는, 풀코스 정식이 준비되어 있는 경우가 많다. 정식은 전채부터 커피까지 포함하고 있으며, 메뉴를 일일이 한 가지씩 고를 필요가 없다. 정식은 비교적 저렴한 요금으로 식사를 할 수 있다는 특징이 있다.
- 점심에 풀코스 요리를 먹으면 양이 너무 많으므로 전채나 수프 중 한 가지, 생선과 스테이크 중 한 가지를 선택해 먹는 것이 좋다.
- 생선을 주문할 때는 껍질이나 뼈가 있는지를 확인하고, 필요할 경우 제거해 달라

고 부탁하면 먹기에 편리하다.

- 풀코스 주문 시 생선 요리와 고기 요리를 한 접시에 반반씩 주문해 먹어도 좋다. 후식을 먹기 전 치즈를 먹기도 하는데, 이 경우 와인을 곁들이는 것이 좋다.

02 식사 중의 매너

1) 포크와 나이프

나이프(knife)나 스푼(spoon), 포크(fork)는 바깥쪽에 놓여 있는 것부터 차례로 쓴다.

- 전채용 나이프와 포크(appetizer knife & fork)
- 수프 스푼(soup spoon)
- 샐러드 포크(salad fork)
- 디너 나이프와 포크(dinner knife & fork)
- 비 앤드 비 플레이트와 나이프(B & B plate & knife)
- 디저트 스푼과 포크(dessert spoon & fork)

- 나이프와 포크를 손에 쥔 채로 말하지 않는다.
- 나이프를 접시 위에 놓을 때는 칼날이 밖으로 놓이지 않게 한다.
- 포크는 날이 위를 향하도록 놓으며 뒤집어 놓지 않도록 한다.
- 어떤 일이 있어도 나이프로 음식을 찍어 먹지 않도록 한다.
- 식탁에 놓여 있는 나이프와 포크는 바깥쪽에 놓인 것부터 순서대로 사용한다.
- 수프 스푼과 티 스푼은 사용한 후 컵의 앞쪽에 놓는 것이 좋다.
- 전채로 생굴이 나오는 경우는 포크를 따로 제공하는 경우가 많다.
- 포크는 우측 손으로 옮겨 잡아도 무방하다.

- 바닥에 떨어진 나이프와 포크는 줍지 않는다.
- 손에 쥔 나이프와 포크를 세워서는 안 된다.
- 요리를 다 먹은 후 나이프와 포크는 나란히 접시 오른쪽 아래에 비스듬히 놓는다.
- 음식물을 입안에 넣고 씹을 때는 포크와 나이프는 접시 위에 놓도록 하며, 나이프의 경우 입안에 직접 넣는 것은 금기다.

2) 전채요리

식사 시 너무 단 음식은 식욕을 잃게 하므로 잼은 점심, 저녁때는 먹지 않는 것이 좋다.

전채는 식욕을 불러일으키기 위한 요리로 불어로는 오드볼이라고 한다. 전채의 종류는 수십 종에 달하며 맛도 매우 좋지만, 그날의 식욕과 주 요리를 참작해 선택해야 한다. 양이 많지 않은 사람은 전채를 먹은 다음 수프를 생략하는 것도 좋다. 또 뜨거운 오드볼을 주문할 때는 메인 코스를 비교적 가벼운 요리로 하고, 찬 오드볼을 먹을 때는 다소 무거운 요리를 주문하는 것이 좋다.

- 로햄을 곁들인 멜론(melon with raw ham)은 나이프와 포크로 먹는다.
- 새우칵테일(shrimp cocktail), 게살칵테일(crab meat cocktail), 바다가재칵테일(lobster cocktail) 등 칵테일류는 전채용 포크와 나이프를 사용해 먹는다.
- 훈제연어(smoked salmon)는 양상추 위에 훈제한 연어를 얇게 썰어 올려놓는데, 레몬 조각, 양파, 케이퍼(caper), 호스래디시(horse radish), 계란흰자(egg white), 계란노른자(egg york)가 곁들여져 나오므로 레몬 즙을 뿌린 다음 전채용 포크와 나이프를 사용해 작게 썰어 이것들과 함께 먹는다.
- 샐러리, 파슬리 등은 손으로 집어서 먹는 것이 오히려 보기에 좋다.
- 오드볼의 대표적인 것으로 카나페(canape)가 있다.
- 생굴은 생굴용 포크로 잘라서 떠먹는다.

3) 샐러드

샐러드는 유럽 쪽에선 주요리 뒤에, 미국 쪽에선 주요리 전에 나오는 것이 상례이다.

- 샐러드 접시를 자기 몸 앞으로 옮겨서 먹지 않는다.
- 샐러드는 포크로만 먹는다.
- 샐러드에는 두 가지 이상의 드레싱(dressing)을 섞지 않는다.
- 샐러드와 고기요리는 번갈아 가며 먹는 것이 좋다.

(1) 옥수수는 손으로 먹어도 된다.

식기를 사용하지 않고 손으로 먹어도 되는 요리를 핑거 푸드(finger food)라고 한다. 옥수수는 먹기 불편한 음식의 하나로, 특히 여성들이 꺼리는 경향이 많다. 이런 경우에는 막대기를 양손으로 잡고 우선 1/4~1/2 정도에 버터를 바르고, 소금, 후추를 뿌린 후 먹고, 나머지 부분도 같은 식으로 먹는다. 여기저기 아무 생각 없이 갉아먹지 않도록 주의한다. 막대기가 꽂혀 있지 않은 경우에는 양손으로 잡고 먹어도 무방하다.

그 밖에 샐러드로 나오는 아티초크도 손으로 먹는다. 먹는 방법은 바깥쪽에 붙어있는 잎사귀를 뜯어낸 후 껍질의 안쪽에 소스를 묻혀서 먹는다.

살짝 데친 새우의 경우도 크기가 작아서 나이프나 포크로는 먹기 불편하므로 손으로 먹는다. 베이컨을 바삭바삭하게 튀긴 크리스피(crispy)도 손으로 먹는다.

(2) 소금이나 후추는 무턱대고 뿌리는 것이 아니다.

테이블 위에는 대개 소금, 후추, 머스타드, 타바스코 등의 조미료가 놓여있다. 흔히 음식이 나오면 무턱대고 이들 조미료부터 뿌리고 보는 사람들이 있는데, 이는 매너에서 벗어나는 일이다. 일단 한두 번 먹어본 다음 취향에 맞추어 조미료를 뿌리도록 한다.

프랑스의 일류 레스토랑에서는 요리의 맛이 가장 좋은 상태에서 음식을 내는 전통이 있다. 따라서 함부로 조미료를 뿌리는 사람에 대해서는 주방장을 무시하는 것으로 간주될 수도 있고, 음식을 먹을 줄 모르는 사람으로 취급하거나 무시하는 경향이 있으므로 조심한다.

4) 음료 및 주류

- 잔을 들 때는 잔의 다리 부분(stem)을 살짝 잡고 마신다. 손바닥으로 감싸거나 잔을 잡게 되면 음료의 온도가 바뀌거나 손자국이 남기 때문이다.
- 술을 못 마시는 사람이라도 건배를 위한 샴페인이나 맥주 등은 받아 두는 게 좋다.
- 술을 마시지 않을 때는 웨이터가 술을 따르려 할 때 술잔에 손을 갖다 대거나 낮은 목소리로 사절한다.
- 술을 마시지 않겠다는 표시로 술잔을 엎어 놓는 것은 예의에 어긋나는 일이다.
- 건배 시 술잔을 자기 눈높이 정도로 올려 주는 것이 예의다.

(1) 식전주는 식욕을 촉진하기 위해 마신다.

식전주는 타액이나 위액의 분비를 활발하게 만드는 다소 자극적인 것이 좋다. 대표적인 식전주로 셰리(sherry)주가 있다. 셰리주는 스페인산 백포도인데, 맛이 담백하고 약간 곰팡이 냄새가 나는 듯한 것이 특색이다.

스페인에서는 셰리와인을 '헤레스"(Jerez)'라고도 부르는데, 이는 주 생산지인 '헤레스 델라 프론테라(Jerez de la Frontera)' 지방의 이름에서 따온 것이다.

한편, 셰리주에는 크림 셰리(cream sherry)와 드라이 셰리(dry sherry)가 있는데, 크림 셰리는 여성에게, 드라이 셰리는 남성에게 각각 잘 어울린다.

정식 만찬에서는 셰리주와 함께 베르무트(vermouth)를 식전주로 마시는 경우가 많다. 베르무트는 백포도주에 여러 가지 약초와 향초 등을 가미한 것으로, 드라이 (dry)한 프랑스 베르무트와 약간 달짝지근(sweet)한 이탈리아 베르무트가 있다.

대표적인 식전용 칵테일로는 남성의 경우 마티니, 여성의 경우 맨해튼이 있다. 칵테일 중에 키르(Kir), 혹은 키르로얄(Kir Royale)이라는 것이 있다. '키르'라는 명칭은 겨자(mustard) 생산지로 유명한 프랑스 디종(Dijon)시의 '키르'라는 시장(市長)의 이름에서 따온 것으로, 그가 최초로 만들어 마시기 시작한 데서 유래되었다고 한다. 키르는 크림 드 카시스(creme de cassis)라고 하는 리큐어에 백포도주를 혼합한 것이고, 키르로얄은 샴페인을 혼합한 것이다.

그 밖에 즐겨 마시는 식전주로 마가리타(Margarita), 캄파리(Campari), 듀보네(Dubonet), 샴페인 등이 있다.

술을 마시지 못하는 사람이나 여성의 경우 식전주를 다함께 마실 때는 멍하니 앉아 있는 것보다 진저엘이나 쥬스 등을 함께 마시는 것이 예의다.

(2) 차가운 술인 경우에는 글라스의 다리 부분을 잡는다.

식전주는 식욕을 촉진하기 위해 차가운 것이 준비되는 경우가 많다. 이런 경우에는 글라스를 감싸듯 잡으면 체온으로 인해 술의 온도가 변해 본래의 제 맛을 잃게 된다. 또한 술의 아름다운 빛깔도 감상할 수 없다. 차게 마시는 식전주의 경우는 글라스의 다리 부분(stem)을 잡도록 하며, 지나치게 뜸을 들이며 마시지 않는다.

한편 식전주로 칵테일을 낼 경우에는 올리브나, 체리, 레몬 등을 글라스 가장자리에 장식하는데, 이는 먹어도 된다. 물론 먹는 시점도 자유다. 장식 핀에 끼워져 있는 경우는 장식 핀을 이용해 먹도록 하며 레몬 등은 손으로 집어 먹어도 된다.

(3) 식전의 위스키는 묽게 해 마신다.

위스키는 원래 식후주이나 최근에는 식전에 마시는 일이 많아졌다. 그러나 위스키는 알코올 함유량이 80~86프루프(proof)로 높으므로 물이나 소다수로 희석하여 마시도록 한다. 참고로 위스키 알코올 함유량 80프루프는 도수로 따지면 40도에 해당한다.

식전주는 한두 잔 정도로 끝내도록 하며 식사 전에 너무 마셔 취하는 일이 없도록 한다.

5) 수프

- 뜨겁더라도 소리를 내지 않도록 한다.
- 수프 볼을 들고 마셔서는 안 된다. 다만, 양쪽 손잡이가 있는 수프 컵의 경우에는 들고 마셔도 된다.
- 수프(soup)를 떠먹는 방법에는 유럽식과 미국식이 있다.
- 수프를 먹을 때 흐르지 않게 하기 위해 너무 입을 그릇에 가까이 대지 않도록 한다.

6) 빵

(1) 빵은 수프를 먹고 나서 먹기 시작한다.

빵은 처음부터 테이블에 놓여있는 경우도 있지만 연회의 경우 대개 수프가 끝나면 바로 나온다. 빵은 처음부터 먹지 않으며, 수프와 함께 먹는 것도 아니다. 빵은 요리와 함께 먹기 시작해 디저트를 들기 전에 끝내는 것이 좋다. 빵은 요리의 맛이 남아 있는 혀와 입속을 깨끗이 해 미각에 신선미를 주는 역할을 한다. 빵이 처음부터 제공되는 경우에는 조금씩 먹어도 무방하다.

빵 접시는 왼쪽에 놓인다. 따라서 긴 테이블에서 식사할 경우에는 오른쪽에 놓인 다른 사람의 빵 접시를 잘못 사용하지 않도록 주의한다. 또 빵 접시를 중앙으로 옮기거나 하지 않도록 한다. 점심과 저녁식탁에는 대개 빵에 버터만 제공된다.

(2) 빵은 나이프로 자르지 않는다.

빵은 웨이터가 여러 종류를 가져와 서브하든 테이블위에 처음부터 놓여 있든 자신의 손으로 취향대로 가져와 먹는다. 이 때 여성에게 먼저 건네는 것이 매너다. 또한 포크나 나이프를 이용해 먹지 않는다.

빵은 한 쪽 한 쪽 적당량을 손으로 잘라 먹으면 된다. 빵을 손으로 자르다 보면 빵 부스러기가 떨어지기 쉬우므로 되도록 빵 접시 위에서 자르도록 하고, 테이블위에 부스러기가 떨어진 경우 구태여 손으로 털거나 할 필요는 없다.

토스트의 경우는 나이프를 이용해 자른다. 버터나 잼이 발려져 있기 때문에 손으로 자르면 오히려 불편하기 때문이다. 이럴 경우 왼손으로 빵의 한쪽 끝을 잡고 오른손에 나이프를 들고 자르면 된다. 끝으로 토스트(toast)나 크루아상(croissant), 브리오슈(brioche) 등은 조식용 빵이므로 만찬석상에서 요구하는 실수를 범하지 않도록 한다. 버터는 낱개 포장으로 된 1인용이 제공되기도 하고 2인용으로 나올 때도 있다. 2인용일 경우는 버터나이프를 이용해 빵 접시로 버터를 한 조각 옮긴 다음 사용한다.

7) 주요리

- 음식은 입에 들어갈 만큼 작게 자르며, 미리 한꺼번에 잘라 놓지 않는다.
- 생선은 살을 다 먹은 후 뼈를 걷어 내고 반대편을 먹는다. 생선을 뒤집지 않는다.
- 돌려가며 덜어 먹는 요리는 적은 인원이 참석하는 연회에서는 전채가 골고루 분배된 다음에 먹도록 하고, 많은 인원일 때는 앞서 덜은 사람이 먹기 시작한 후에 먹는다.
- 요리를 먹고 싶지 않으면 웨이터가 서빙할 때 조용히 손짓 등으로 사절한다.
- 일행과 식사 보조를 맞추도록 주의한다. 특히 많은 사람이 참석하는 연회행사 시에는 주위 사람과 속도를 맞춰서 식사하도록 한다.
- 연회 시 부득이한 사유로 늦게 참석하였을 때 식사의 코스가 많이 진행되었으면 다른 사람들이 먹고 있는 코스부터 시작한다.

- 멀리 떨어져 있는 소금 병이나 후추 병을 집을 때 가까운 옆 사람에게 집어달라고 부탁한다.
- 식사 중의 담화는 가급적 건너편의 세 사람, 양편의 두 사람 정도와 나누도록 한다.
- 식사 도중 나이프와 포크를 잠시 내려놓을 때는 좌측에 포크, 우측에 나이프를 '八'자 혹은 삼각형이 되도록 접시 위에 포개 놓는다.

(1) 생선요리(fish)

- 생선 요리는 서브 된 상태 그대로 먹는다. 뒤집지 않는다.
- 생선 버터 구이, 즉 므니에르는 제공된 레몬의 즙을 짜 뿌린다.
- 갑각류를 먹는 방법 : 새우, 게, 바다가재 등의 갑각류는 먹기 쉽게 껍질을 벗겨 요리하거나 살만을 꺼내 요리한 다음 껍질 속에 다시 넣어 제공되므로 먹는 데 그다지 불편하지 않다. 만약 새우가 껍질째로 요리되어 나올 경우엔 포크를 사용해서 머리 부분을 누르고 나이프를 껍질과 살 사이에 넣어 움직이면서 꼬리까지 밀어 나가면 살이 껍질에서 잘 떨어진다. 껍질은 접시 위쪽에 놓고, 발려진 살은 자신 쪽으로 둔 뒤 왼쪽부터 잘라가며 먹는다.
- 달팽이를 먹는 방법 : 달팽이를 영어로는 스네일(snail), 불어로 에스까르고(escargot)라고 하는데, 버터·마늘·향료를 넣어 구워서 내며 식탁에 나올 때는 매우 뜨겁다. 왼손으로 스네일 텅(snail tong)을 쥐고 껍질을 꼭 잡은 후, 스네일 포크(snail fork)를 오른손에 쥐고 꽂아서 먹는다. 껍질 속에 있는 소스는 마셔도 좋다.

(2) 스테이크(steak)

- 스테이크는 소스가 따로 서브될 경우 소스가 나올 때 까지 손을 대지 않는다.
- 묽은 소스(sauce)는 스테이크 위에 치고, 진한 소스는 접시 위에 떠놓고 찍어가며

먹는다.

- 스테이크의 참 맛은 고기에서 배어 나오는 즙에 있다.
- 스테이크를 주문할 때는 굽는 정도를 주문한다.
- 스테이크는 반드시 결을 따라 세로로 자른다.
- 송아지 요리와 돼지고기는 굽는 정도를 확인하지 않는다.
- 미트파이(meat pie)의 껍질은 포크로 자르지 않는다.
- 옥수수는 통째로 잘라 먹는다.
- 먹기 어려운 콩은 포크의 등으로 눌러 으깨어 먹는다.
- 구운 감자의 껍질은 먹어도 된다.

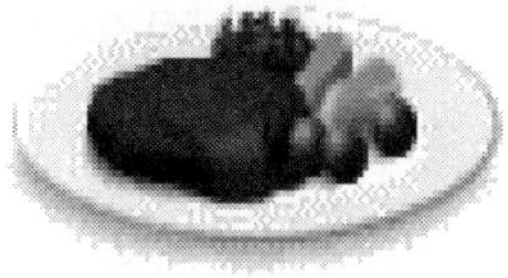

스테이크 굽는 정도

A. 레어(rare) : 표면은 갈색, 속은 붉은 기가 도는 정도로 살짝 구운 것(2~3분)
B. 미디엄 레어(medium rare) : 중심부가 핑크 색과 붉은 색으로 조금 더 구운 것(3~4분)
C. 미디엄(medium) : 겉은 완전히 구워지고 중심부는 핑크색으로 중간 정도 구운 것(5~6분)
D. 웰던(well-done) : 표면과 중심부 모두 갈색으로 완전히 구운 것(10~12분)

(3) 가금류(poultry)

- 가금류 특히 치킨(chicken)은 손으로 먹어도 좋다.
- 야생 조류는 수량에 제한이 있기 때문에 미리 예약을 해두어야 한다.

8) 핑거볼

핑거볼을 이용해 손을 씻을 때는 한 손씩 교대로 손을 씻는다.

핑거볼은 손가락 끝만을 닦는 것이므로 손을 푹 담그지 않도록 주의한다. 또 한 손씩 교대로 씻도록 한다. 포도나 살구 등 손으로 먹는 과일은 과즙이 손에 묻기 쉽다. 이 경우에는 냅킨으로 닦지 말고 핑거볼에서 손가락을 씻도록 한다. 왜냐하면 과즙이 묻은 냅킨은 얼룩이 잘 지지 않기 때문이다.

핑거볼은 과일을 먹을 때만 나오는 것이 아니라 튀긴 베이컨이나 아티초크, 양갈비, 굴, 가재요리 등 손을 사용해 음식을 먹을 때도 함께 따라 나온다.

9) 디저트

- 식후에는 대개 마른 과자를 먹지 않는다.
- 아이스크림은 형태를 망가뜨리지 않으며 먹는다.
- 수분이 많은 과일은 스푼으로 먹는다.
- 바나나는 껍질이 벗겨진 상태로 나오거나 껍질의 일부분이 벗겨져 나오므로 좌측에서부터 한 입에 넣을 수 있는 크기로 잘라서 먹으면 된다.
- 포도는 손으로 먹는 것이 정식이다.
- 뜨거운 디저트 중에는 만드는 데 상당한 시간을 요하는 것이 많으므로 미리 주문해야 한다.
- 모서리가 있는 케이크는 모서리 부분부터 잘라 먹는다.

10) 커피와 차

- 일품요리를 먹을 때 커피와 차는 별도의 주문이 필요하다.
- 커피 컵은 손가락을 끼우지 않고 손잡이를 잡는다.
- 홍차에 곁들여진 레몬은 짜지 않는 게 좋다.
- 아이리시커피(Irish coffee)는 식후주로도 사용할 수 있다.

11) 식사 중 에티켓

(1) 악수를 하는 경우

먼저 입안의 음식을 모두 먹어 없앤 다음 냅킨으로 입 언저리를 닦는다. 냅킨을 왼손에 쥐고 의자에서 천천히 일어나 악수를 한다. 반갑다고 순간적으로 급하게 일어나지 않도록 한다.

(2) 식사 중 전화가 걸려 왔을 때

웨이터가 전화가 왔다는 전갈을 하면 가급적 "이쪽에서 전화를 하겠으니 전화번호를 알려 달라고 하세요."라고 부탁을 하고, 식사가 끝난 후에 전화를 한다. 식사 중에는 이석을 하지 않는 것이 원칙이다.

(3) 화장실에 다녀올 경우

동석자에게 화장실에 갔다 온다고 말하지 말고 목례만 한 뒤 냅킨을 의자에 놓는다. 용변이나 화장실이란 말을 꺼내는 것은 무감각한 사람이다. 의자를 뒤로 빼고 나온 다음 의자를 테이블 밑으로 밀어 넣고 조용히 나간다.

(4) 중간에 떠나서 돌아오지 않을 경우

웨이터에게 돌아오지 않는다는 것을 알려준다. 그래야 종업원이 음식을 계속 가져오지 않는다.

12) 상황에 따라 재치 있게 대처하는 방법

(1) 식사 중의 실수

이런 경우엔 웨이터나 지배인을 불러 도움을 청한다. 가능한 한 다른 사람이 모르게 조용히 오른손을 들어 신호를 보내도록 한다.

(2) 뜨거운 음식이나 상한 음식을 먹었을 때

무심코 먹은 음식이 너무 뜨거울 때는 찬물을 마신다. 주변에 물이 없을 때는 뱉어내되 종이 냅킨에 싸서 그릇 한쪽에 놓아둔다. 음식이 상한 경우에도 마찬가지로 빨리 뱉도록 하되, 뱉는 모습이나 뱉은 것을 보이지 않도록 냅킨으로 가리도록 한다.

(3) 고기나 뼈가 목에 걸렸을 때

생선가시가 걸렸을 때는 물을 마시거나 냅킨으로 입을 가리고 기침을 한다. 손가락으로 입에서 꺼내는 것도 실례가 되지 않으며, 이때도 역시 다른 손이나 냅킨으로 입을 가리도록 한다. 고기나 뼈가 목에 걸려 기침을 여러 번 해야 하는 상황이면 양해를 구하고 자리에서 잠시 물러나도록 한다.

(4) 기침, 재채기, 코 풀기

기침이나 재채기가 나올 기미가 있으면 손수건 또는 냅킨으로 코와 입을 먼저 가리도록 한다. 코를 풀고 싶을 때엔 양해를 구하고 자리를 뜬다. 이 경우 자신의 손수건이나 휴지를 사용하며, 냅킨을 사용해서는 안 된다. 땀이 날 때도 냅킨으로 닦지 않도록 한다.

03 식사 후의 매너

1) 포크와 나이프

- 다 먹었다는 표시로 접시의 우측 편에 포크와 나이프의 손잡이가 나란히 향하도록 접시 위에 놓는다.
- 가능하면 여자 고객보다 먼저 나이프나 포크를 내려놓아 여성이 식사하는 데 부담을 주지 않도록 한다.

2) 냅킨

자리를 떠야 할 때는 냅킨을 대강 접어 테이블 위에 올려놓는다.

3) 흡연

담배는 메인디시(main dish)가 끝난 후 후식 및 커피(dessert & coffee) 코스가 시작된 다음 피우는 것이 좋다. 요즘에는 금연석(non-smoking area)이 설치된 곳이 많은데 이 곳에서는 일체 담배를 피워서는 안 된다.

4) 팁

식사를 마친 후 계산을 할 때는 이용요금의 10%정도의 팁을 웨이터에게 주는 것이 좋다. 단 우리나라와 일본의 관광호텔에서는 봉사료가 의무적으로 포함되어 있으므로 따로 지불할 필요가 없다.

(1) 계산하는 방법

- 손님을 초청한 경우엔 반드시 초청자가 계산을 한다. 다만 동창회와 같이 주빈이 따로 없는 경우에는 사전에 계산을 어떻게 할 것인가 명확히 해두어야 식사 후에도 서로 곤란해지지 않는다.
- 식사 후 계산할 때는 남성이 한다. 각자 나누어 계산할 지라도 일단 남성이 지불하게끔 여성은 미리 남성에게 어느 정도의 돈을 건네주는 게 바람직하다.
- 계산은 웨이터에게 계산서를 건네받고 테이블에서 하는 것이 좋다.
- 고액의 수표는 은행 영업시간 이후 확인이 불가능해 받지 않는 곳이 많으므로 주의한다.

(2) 팁 에티켓

- 계산서에 봉사료(service charge)가 포함 되어 있는 경우에는 팁을 주지 않는다. 이런 경우 팁을 주면 세련되지 못한 사람으로 취급당한다.

- 계산서에 봉사료가 포함 되어 있지 않은 경우에는 팁을 지불하는 것이 관행이며, 보통 청구액의 10%~15% 정도를 팁으로 지불한다. 특히 유럽에서는 반드시 팁을 지불해야 한다. 현금이 없을 때는 계산서의 아래 부분에 팁을 금액이나 %로 기록하면 된다.
- 팁은 계산서에 끼워 두거나 또는 테이블 위에 두어도 좋다. 냅킨이나 접시로 눌러 놓는 것도 좋은 방법이다.

5) 레스토랑을 나설 때

식당에서 나올 때 초청을 받아 갔을 때는 호스트(host)나 호스티스(hostess)에게 고마움을 표시해야 하며, 여자가 코트를 입을 때는 입혀주는 것이 좋다.

04 뷔페와 와인의 매너

1) 뷔페

- 뷔페 식사 때는 먼저 어떤 음식이 있는지 대강 훑어보고 찬 음식, 뜨거운 음식, 후식, 커피의 순으로 먹는다.
- 음식의 소스류가 서로 섞이지 않도록 주의해야 하며, 너무 많은 양을 떠 담아 버리는 일이 없도록 한다.

2) 와인

- 마시기에 적당한 살리는 와인의 온도
  - 화이트· 로제 와인 → 8~12℃
  - 레드 와인 → 15~17℃

• 샴페인 → 6~8℃

■ 와인을 마시는 방법

• 와인을 차게 하려면 냉장고에 2~3시간 전쯤 넣어 두거나 얼음을 띄운 찬 물에 30분 정도 병째로 넣어 두는 것이 좋다.

• 와인을 마시기 전에 미리 코르크를 따서 일정한 시간 동안 숨을 쉬게 해 주어야 한다.

• 와인은 천천히 그 맛과 향을 음미하면서 마시는 게 좋다. 빨리 마시지 않도록 주의한다.

• 마시다 남은 와인은 산화되기 쉬우므로 보통 이틀 내에 마시는 것이 좋다.

■ 와인 잔

• 윗부분의 끝이 좁아지면서 아래 부분이 통통한 튤립형의 잔이 와인 향을 오래 즐길 수 있어서 좋다.

■ 와인 보관 시

• 와인은 15도 정도 뉘어서 보관하는 것이 좋다.

05 세계 각국의 식사예절

1) 한국식 식사예절

■ 출입문에서 떨어진 안쪽이 상석이므로 윗사람이 앉도록 하며, 식탁에는 곧고 단정한 자세로 앉는다.

■ 손윗사람이 수저를 든 후 아랫사람이 따라 들고, 식사 중에는 음식 먹는 소리 등을 내지 않도록 한다.

■ 숟가락을 빨아서는 안 되며, 숟가락과 젓가락을 동시에 한 손에 쥐지 않는다.

■ 밥은 한쪽부터 먹기 시작하고, 국은 그릇째 들고 마시지 않는다.

- 식사 속도를 윗사람에게 맞추는 것이 예의며, 윗사람이 식사를 마치고 일어서면 따라 일어선다.

2) 중국식 식사예절

원형 탁자가 놓인 자리에서는 안쪽의 중앙이 상석이고, 입구 쪽이 말석이다. 중국식은 원탁에 주빈이나 주빈 내외가 주인 혹은 주인 내외와 마주 앉는 게 일반적이다. 주빈의 왼쪽자리가 차석, 오른쪽이 제 3석이다.

중국 식당에서는 냅킨과 물수건이 함께 제공되는데, 이때 물수건으로 얼굴을 닦아선 안 된다.

중국요리는 요리접시를 중심으로 둘러앉아 덜어먹는 가족적인 분위기의 음식이다. 적당량의 음식을 자기 앞에 놓인 접시에 덜어먹고, 새 요리가 나올 때마다 새 접시를 쓰도록 한다. 젓가락으로 요리를 찔러가며 먹어서는 안 되며, 식사 중에 젓가락을 사용하지 않을 때는 접시 끝에다 걸쳐놓고, 식사가 끝나면 상 위가 아닌 받침대에 처음처럼 올려놓는다.

중국식당에서는 녹차, 우롱차, 홍차 등의 향기로운 차가 제공된다. 한 가지 음식을 먹은 후에는 한 모금의 차로 남아있는 음식의 맛과 향을 제거하고 새로 나온 음식을 즐기면 된다. 중국 사람들이 기름진 음식을 먹고도 비만을 예방할 수 있는 것은 이 차 덕분이라고 한다. 그러므로 중국 음식을 먹을 때에는 중국차를 많이 마시는 것이 좋다.

중식의 주문 요령은 다음과 같다.

- 세트메뉴가 있는 식당인 경우, 요리를 하나하나 주문하는 것보다 손님의 수와 취향을 고려하여 세트메뉴를 주문하는 것이 바람직하다. 좋은 요리를 골고루 먹을 수 있고 한결 경제적이기 때문이다.
- 4명 이상인 경우 요리 중에 탕류를 포함시킨다.
- 재료와 조리법, 소스 등이 중복되지 않도록 주문한다.
- 처음 이용 시에는 웨이터의 도움을 받는 것이 합리적이다.

3) 일본식 식사예절

일식에서는 일식 벽장 앞 중앙이 상석이며, 밥상 앞에서는 언제나 똑바른 자세로 앉아야 한다.

일본 요리는 보통 소반 위에 올려진 상태로 나오는데, 젓가락은 소반 앞쪽에 가로로, 음료용 컵들은 바깥쪽에 뒤집어진 상태로 놓여있다. 밥이나 국을 받으면 밥은 왼쪽에 국은 오른쪽에 놓았다가 들고 먹는데, 그릇을 받을 때나 들 때는 반드시 두 손을 사용하도록 한다.

밥을 먹을 때는 반찬을 밥 위에 얹어 먹어서는 안 되고, 추가를 원한다면 공기에 한 술 정도의 밥을 남기고 청하는 것이 예의다. 국은 그릇을 들고 한 모금 마신 후 건더기를 한 젓가락 건져 먹은 다음, 상위에 놓는 식으로 여러 번 들고 마시며, 밥그릇에 국물을 부어 먹어서는 안 된다.

생선회는 겨자를 생선 위에 조금 얹고 말듯이 한 후 간장에 찍어 생선 맛과 겨자의 향을 즐기는 것이 원칙이다. 우리처럼 처음부터 겨자를 간장에 풀어서 먹으면, 겨자의 향이 날아가 버리므로 바른 방법이 아니다. 생선회에는 무나 향초 잎이 곁들여 나오는데, 이것은 장식용이지만 입가심으로 먹어도 좋다. 두서너 종의 회가 제공되는 모둠회인 경우에는 희고 담백한 생선부터 먹는 것이 바른 순서다.

마지막으로 잔이 비고 난 후 술을 따르는 우리나라와는 달리 상대의 술잔에 술이 조금 남아 있을 때 술을 채워주는 것이 일본식 주도임을 알아둘 필요가 있다.

사례 11-1 음식 평론가 송희라 씨가 말하는 글로벌 테이블 매너

지난 여름방학, 유럽 배낭여행을 갔던 K군. 그는 쓰라린 경험을 갖고 있다. 피 같은 여행경비를 절약해 파리의 식당에 들른 그는 메뉴판을 보고 몇몇 아는 단어의 의미를 추측, 대강 음식을 시켰다. 한참을 기다린 후에 나온 것은 스프만 두 그릇. 만만치 않은 비용을 지불하고도 배곯는 저녁식사를 하고는 일행과도 서로 탓을 하는 설전을 치러야 했다. 글로벌시대가 되면서 배낭여행 교환학생 등의 프로그램과 같은 다양한 기회를 통해 외국문화를 접할 기회가 늘어나고 있다. 낯선 음식을 먹어야 할 자리를 거북살스럽지 않은 '정'의 자리로 만들기 위해선 어느 정도의 글로벌 테이블 매너를 알아두는 것은 필수다.

최근 취업강좌 커리큘럼에 테이블 매너가 약방의 감초로 편성되는 것도 이 때문이다. 음식평론가 송희라 세계 미식 문화연구원장에게 기본적 테이블 매너와 상황별 대처방법을 물어봤다. 서울과학종합대학원에서 CEO들을 대상으로 음식과 즐거움을 결합시킨 이터테인먼트(eatertainment executive program) 최고경영자 과정을 진행하고 있는 그는 "테이블매너는 나를 표현하는 가장 확실한 방법"이라며, "세련된 식문화 예절이 인생의 행복과 문화는 물론 비즈니스 관계를 향상시키는 열쇠가 될 수 있다"고 강조한다. 그의 설명을 문답식으로 재구성했다.

■ 해외여행 중 생긴 일

Q. 배낭여행을 가 모처럼 현지 식당에 갔어요. 그런데 메뉴판을 도저히 못 읽겠어요. 이런 경우, 어떻게 하는 게 좋을까요.

A. 질문이 최선의 방법입니다. 고급식당이라면 매니저, 보통급 식당이라면 웨이터에게 더듬더듬이라도 꼭 물어보세요. 물어보는 게 '촌티'를 내는 것이라고 오해하는 경우가 종종 있습니다. 실패율을 낮추기 위해선 범위를 좁혀 물어보는 게 상책입니다. 예를 들어 "이 집에서 가장 잘하는 음식은?" "동양 사람들이 가장 입에 맞아 하는 음식은 무엇인가?"등으로 물어보는 것입니다.

Q. 해외에 갈 때 맛있는 집 찾는 비결이 있을까요.

A. 여행은 문화체험입니다. 고추장 햇반 바리바리 싸가기보다는 그 곳 현지음식을 경험하는 게 최고의 여행자산이지요. 그러기 위해선 먹는 계획도 치밀하게 짜는 게 필수입니다. 특별히 미식가가 아닌 이상, 맛집·멋집 위주로 편성하기는 무리고, 자신의 동선에 따라 주변 맛집을 알아보는 게 순서이겠지요. 그 나라의 식문화를 모르고 여행했다면 감히 말하건대 2% 빠진 여행이라고 생각합니다. 식문화에는 그 나라의 관습, 문화 모든 것이 녹아있으니까요.

Q. 기내식을 먹을 때도 명심해야 할 식사 예절이 있나요.

A. 기내식 때뿐 아니라 모든 식사에 공통적인 것인데요. 정리정돈을 해가며 깨끗이 먹어야 한다는 것입니다. 좁은 장소에서 식사하다보니 오히려 식사예절이 더 중요하지요. 흔히 냅킨, 포크, 비닐봉지 등을 너저분하게 승무원에게 반납하는 경우가 있는데 이는 금물입니다. 기내뿐 아니라 식당에서 서빙을 해준 사람에게 늘 "고맙다."는 말을 할 것을 강조하고 싶습니다. 테이블 매너의 기본은 근본적으로 감사의 마음과 직결되니까요.

■ 식당에선 어찌 하오리까

Q. 때로 교수님 또는 친지어른들과 외부에서 식사하는 자리에 참석할 경우가 있습니다. 이 경우, 어느 자리에 앉아야 할지 망설여집니다.

A. 자신이 없을 때는 나서지 말고 기다리는 게 좋은 방법입니다. 미리 갔다면 맨 끝 말석에 앉는 것도 한 방법이겠지요. 상석 하석의 구분은 단순히 말하자면 문 쪽이 하석이며, 중앙 쪽이 상석이지요. 또 4-5인승의 조그만 모임이라면 창문 등 전망 좋은 쪽이 상석이라고 보면 됩니다. 긴 직사각형의 테이블인 경우 중앙을 중심으로 각자의 오른쪽이 상석이라고 보면 됩니다.

Q. 음식이나 소금 후추 등 양념이 내 손에서 먼 곳에 위치하고 있을 때는 어떻게 해야 할까요.

A. 경우에 따라 다릅니다. 양식의 경우, 소금이나 후추가 자기에게서 멀리 있을 경우 "Pass me the salt!"라고 말해 가까이 있는 상대에게 요청하는 것이 전혀 결례가 안 됩니다. 하지만 여러 음식이 한꺼번에 차려져 나오는 한식의 경우, 자기 입맛에 맞는 반찬이 저 멀리 있다면 아쉽지만 먹기를 포기하는 게 좋습니다. 무리하게 팔을 뻗쳐 덜어오는 것은 결례랍니다. 만일 서빙하는 종업원이 있다면 그에게 덜어달라고 부탁하는 것은 무방합니다.

Q. 주문한 음식이 각각 오는 시간이 달라서 들쭉날쭉할 경우, 주문한 음식이 다 올 때까지 기다려야 하는 것인가요?

A. 반드시 그렇지는 않습니다. 모든 것에 속도와 페이스 조절이 중요하듯 식사 또한 예외는 아니지요. 속도를 어느 정도는 맞춰서 되도록이면 모든 사람이 같이 식사를 시작하는 게 좋지만 여러 명 중 절반이상의 음식이 도착했다면 식사하는 것은 괜찮습니다. 초대한 호스트는 일단 주빈의 음식 속도에 맞추어 식사를 시작하고 끝내는 페이스를 조절하는 게 예의지요.

■ 알아두면 좋은 나라별 테이블 매너

- **중국음식** : 짝수로 요리를 주문하는 것이 통례다. 중국은 문화적으로 홀수보다 짝수를 좋아한다. 따라서 손님도 대개 짝수로 초대한다. 중국음식점에 가면 흔히 보는 회전테이블의 경우, 가까운 음식을 따라 이리저리 돌리기 쉽다. 하지만 시계방향으로만 돌리는 게 원칙이다.
- **일식** : 생선초밥을 먹을 때는 생선 살 쪽으로 간장을 찍어 먹는 게 좋다. 이는 테이블 예절이기도 하지만 밥 쪽을 찍으면 흐트러진다는 점에서 편리성을 위한 것이기도 하다. 또 회를 먹을 때는 담백한 흰 살 생선회부터 붉은 살 생선회 순서로 먹어야 생선회의 참다운 맛을 즐길 수 있다. 일식에선 밥을 먹을 때 그릇을 들고 먹어야 한다는 게 상식. 또한 면음식을 먹을 때는 중간에 면발을 끊지 않고 후루룩 소리를 내며 마시듯 먹는 게 일본식 예절이다. 이때 소리를 많이 내도 예의에서 벗어나지 않는다.
- **양식과 이태리음식** : 과일, 고기, 빵 등 모두 한입 크기로 잘라 먹어야 함은 기본. 왼손에 포크, 오른손에 나이프를 잡고 고기를 자를 때 구부러진 안쪽이 본인과 접시바닥을 바라보고 있어야 한다. 왼손에 포크, 오른손에 나이프를 잡고 고기를 자른 후 오른손으로 포크를 잡고 자른 고기조각을 먹는 경우가 있는데 이는 매너에 어긋나는 행동이다. 피자 등은 손으로 먹는 것이 정석이다.
- **동남아시아 음식** : 일단 손으로 먹는 음식이 많기 때문에 식사 전 손을 씻고 오는 게 필수. 문화적으로 왼손이 부정하다고 생각하기 때문에 오른손을 사용해 먹는다. 이때 다섯 손가락을 다 사용하는 것이 아니라 엄지부터 중지까지 3개를 주로 사용해 먹는다.

자료원 : 세계일보 2005년 11월 14일자

CHAPTER 12

일상·공공·글로벌 매너

01 직장 예절

1) 출근할 때

직장인은 늘 옷차림에 신경을 써야 한다. 아무리 이른 시간에 출근하더라도 언제나 깨끗하고 단정한 복장이어야 한다. 특히 대인관계가 많은 사람일수록 정장에 넥타이를 매는 것이 좋다. 너무 유행에 뒤떨어진 진부한 옷차림도 곤란하지만 지나치게 유행을 앞서가는 옷차림 역시 곤란하다.

출근 시간은 최소한 근무 시작 10분 전까지는 도착하도록 한다. 언제나 아슬아슬하게 출근하거나 지각을 자주 하는 사람은 상사나 동료들로부터 신임을 얻기 힘들다. 늦어도 근무 시작 10분 전까지 출근하는 습관을 가지도록 한다.

2) 자리를 비울 경우

근무 시간에는 원칙적으로 자리를 비우지 않는 것이 바람직하다. 잠시 비우는 경우에도 동료직원에게 행선지, 용건, 돌아올 시간 등을 미리 알려두는 것이 좋다. 일단 외출할 때는 공적이든 사적이든 상사의 허락을 받고, 사무실에 들어오는 대로 결과를 보고한다. 외출 시에는 사무실에 중간연락을 취한다.

출장이나 교육 등으로 장기간 사무실을 비울 경우에는 책상 위에 사유를 적은 표시판을 놓아두는 것이 좋다.

3) 복도나 계단에서

복도나 계단에서는 언제나 우측통행을 하고, 외부 손님이나 상사를 앞질러 가지 않도록 한다.

복도나 계단에서 긴 이야기를 하는 것은 삼가고, 담배를 피우거나 껌을 씹으며 다니지 않는다. 외부 손님을 만나면 찾는 곳을 친절하게 안내 한다.

4) 퇴근할 때

- 퇴근 준비는 근무 시간이 끝난 후부터 한다. 퇴근시간이 되기도 전에 미리 서두르지 않도록 한다.
- 금일 처리한 일을 체크하고, 익일 해야 할 일도 아울러 점검한다.
- 책상 위에는 아무 것도 없도록 깨끗하게 치우고, 전기기구의 전원을 반드시 끈다.
- 상사나 동료에게 퇴근 인사를 한다.

5) 회식 자리에서

- 회식은 근무의 연장으로 생각하고 예의 바르게 행동한다. 특히 술자리에서 동료나 상사의 험담을 하지 않는다.
- 외국인과 동석한 자리에서 술잔 돌리기나 폭탄주 등을 강요하지 않는다. 특히 여사원에게 술 따르기를 강요하거나 성적인 농담을 해서는 안 된다.

02 경조사 예절

1) 문병할 때 예절

(1) 문병시간

- 병문안은 가급적 짧게 끝내 환자에게 부담을 주지 않도록 한다.
- 문병시간은 병원에서 정한 면회시간 또는 오전 10시경이나 오후 3시경이 좋으며, 환자의 식사시간이나 치료시간 혹은 의사의 회진시간은 가급적 피한다.
- 회진 시에는 복도에서 끝날 때까지 기다린다.

(2) 문병 인사말

- "사고를 당하셨다는 얘기를 듣고 무척 놀랐습니다. 이만 하기가 다행입니다."

■ "갑작스럽게 우환이 생겨 얼마나 걱정되십니까?"
■ "병환은 좀 어떻습니까? 차도가 있다니 반갑습니다."
■ "요전보다는 안색이 많이 좋아진 것 같습니다. 곧 완쾌되겠지요. 몸 조리 잘 하십시오."

2) 조문할 때 예절

(1) 조문의 바른 순서

■ 영전에 꿇어앉아(혹은 서서) 향을 피운다.
■ 잠시 명복을 빈다.
■ 절을 두 번 하고 일어서서 반절을 한다(여자의 경우 원칙은 4번).
■ 종교를 가진 사람은 종교의식에 따라 기도 또는 묵념을 한다.
■ 상주에게 맞절을 한다.

(2) 분향의 요령

■ 향에 불을 붙여 불꽃을 손으로 끈 후 향로에 꽂는데, 이때 불꽃을 입으로 불지 말고 왼손을 흔들어 끈다.
■ 향은 홀수로 분향한다(1개 혹은 3개).

(3) 조문할 때의 인사말

■ 상제의 부모인 경우
  • 얼마나 망극하십니까?
  • 무어라 드릴 말씀이 없습니다.

■ 상제의 자제인 경우
  • 얼마나 애통하십니까?
  • 얼마나 가슴 아프십니까?

■ 상제의 형제인 경우

• 백씨 상을 당하여 얼마나 가슴 아프십니까?

• 계씨 상을 당하여 얼마나 애통하십니까?

■ 상제의 남편인 경우

• 상사에 어떻게 말씀 드려야 할지 모르겠습니다.

• 상사에 여쭐 말씀이 없습니다.

■ 상제의 아내인 경우

• 위로할 말씀이 없습니다.

• 얼마나 상심이 크십니까?

■ 자식이 죽었을 때 그 부모에게 말할 경우

• 얼마나 상심이 크십니까?

• 참척을 당하셔서 얼마나 마음이 아프십니까?

■ 조문할 때 덧붙여 말할 수 있는 말

• 필시 좋은 곳으로 가셨으리라 생각합니다.

• 훌륭한 분이셨는데 참으로 안타깝습니다.

• 춘추는 얼마나 되셨습니까?

• 장지는 어디로 정하셨습니까?

(4) 문상(問喪)

문상(問喪)은 상가에 가서 죽은 이에게 예를 올리고 유족을 위로하는 것으로, 요즘에는 조상(弔喪 : 죽은 이에게 예를 표함), 조문(弔問 : 상주에게 인사를 함) 등과 구분 없이 같은 의미로 사용한다.

■ 일반 조문 시

• 상가에 도착하면 문밖에서 외투나 모자를 벗는다.

• 상제에게는 가볍게 목례만 하고 영정 앞에 무릎을 꿇고 앉는다.
• 분향한다. 향나무를 깎은 나무향일 경우는 오른손으로 향을 집어 왼손으로 손목을 받치며 향로불 위에 놓는다. 선향(線香.막대향)일 경우 한 개를 집어 촛불에 불을 붙인 다음 손가락으로 가만히 잡아서 끄든지 왼손으로 가볍게 흔들어 끈다. 절대 입으로 불지 않도록 한다. 두 손으로 공손히 향로에 꽂는다. 하나로 충분하지만 여러 개일 경우 반드시 하나씩 꽂아야 한다.
• 영좌 앞에 일어서서 잠깐 묵념 후 두 번 절한다.
• 영좌에서 물러나 상제에게 절을 한 번 하고, 무릎을 굽혀 앉은 다음 상주에게 위로의 말을 전한다.
- "얼마나 애통하십니까.", "삼가 조의를 표합니다." "건강하신 모습을 뵈었는데 안타깝습니다.", "마음이 아프시겠습니다.", "고인의 명복을 빕니다.", "장수는 하셨지만 인자하신 모습을 못 뵙게 되니 참으로 안타깝습니다." 등이 무난하나, 격식이나 형식을 차린 표현보다 따뜻하고 진지한 위로 한 마디가 더 바람직하다.
• 일어서서 몇 발자국 뒷걸음으로 물러난 다음 몸을 돌려 나온다.

■ 헌화만 하는 경우
• 헌화할 꽃을 받거나, 한 개 잡아서 가슴 앞쪽에 들고 영전 앞으로 간다.
• 두 손으로 영전에 천천히 놓은 다음 물러서서 묵념 또는 기도를 한다.
• 상주 앞으로 와서, 서서 인사를 한 다음 위로의 말을 한다.

■ 유의사항
• 주변사람이 상을 당했을 경우 부득이한 경우가 아니면 조문을 한다. 옛날에는 부고(訃告)를 받고도 조문을 않거나 조장(弔狀)이라도 안보내면 서로 상대하지 않는다는 관습이 있었다. 부득이한 경우 조장(弔狀)이나 조전(弔電)이라도 보내는 것이 좋다. 조의문은 발인 전에 도착하도록 해야 한다.
• 가까운 친지나 친구가 상을 당했을 경우 가급적 빨리 상가에 가서 상제들을 도

와 장례 준비를 함께 하는 것이 좋다. 가까운 사이라도 정중하게 조상하는 예절을 잊지 않도록 한다.

- 조문객의 옷차림은 남성의 경우 검정색 양복이 원칙이다. 미처 검정색 양복이 준비되지 못한 경우 감색이나 회색도 실례가 되지 않는다. 그러나 드레스셔츠는 흰색으로 넥타이, 양말, 구두는 검정색으로 하는 것이 예의다.
- 여성의 경우 검정색 상의에 검정색 스커트를 입는 것이 원칙이다. 검정색 구두에 무늬가 없는 검정색 스타킹이 좋다. 그밖에 장갑이나 핸드백도 검정색으로 통일시키고, 되도록이면 색조 화장은 피하는 것이 바람직하다.
- 조문은 즉시 달려가서 도와주어야 하는 입장이 아닌 경우엔 상가에서 성복을 끝내기를 기다려 문상하는 것이 예의다. 상을 당한 직후에는 조문객을 맞을 준비가 안 되어 있는 경우가 많기 때문이다.
- 유족에겐 말을 많이 시키지 않도록 한다. 장례 진행에 불편을 주고 유족에게 정신적 피로감을 주는 일이기 때문이다.
- 반가운 친구나 친지를 만나더라도 큰 소리로 이름을 부르지 말고 낮은 목소리로 조심스럽게 말하며, 조문이 끝난 뒤 밖에서 따로 이야기하도록 한다.
- 장수했다고 해서 "호상입니다."라는 말을 하거나 웃고 떠들지 않도록 주의한다.
- 전통 예절에서 망인이 여자인 경우 살아 있을 때에 인사를 나누었던 사이가 아니고 그저 상주만 알고 있는 사이라면 영정에 절을 하지 않는 것이 예의다. 이때는 영정 앞에 잠시 묵념하고 상주에게만 인사하는 것이 바람직하다.
- 궂은 일 등을 돕되 상례절차 등에 대해서는 간섭하지 않는다. 종교나 풍습의 차이가 있더라도 상가의 예를 존중하고 따른다.
- 문상을 마치고 나올 때는 함께 있어 주어야 할 정도로 가까운 사이가 아니면 상제에게 따로 인사를 하지 않는 것이 예의다.

■ 조의금

- 조의금은 문상을 마친 후 물러 나와 호상소에 접수시키거나 부의함에 직접 넣는다. 상주에게 직접 건네는 것은 결례다.

- 부의(賻儀)는 상부상조하는 전통적인 미풍양속으로, 형편에 맞추어 성의를 표하는 것이 중요하다. 무리를 하거나 여유가 있다고 과도한 금액을 출연하는 것은 오히려 결례다.
- 봉투에는 일반적으로 '부의(賻儀)'라고 쓰는 것이 일반적이고, 그밖에 '근조(謹弔)', '조의(弔儀)', '전의(奠儀)', '향촉대(香燭臺)'라는 표현을 쓰기도 한다.
  - 깨끗한 흰 봉투를 사용한다.
  - 봉투 안에는 단자(單子)를 쓴다. 단자란 부조하는 물건의 수량이나 이름을 적은 종이를 말하는데, 흰 종이에 써서 세로로 세 번 정도 접고 아래에 1cm 정도를 가로로 접어 올리며, 가능하면 조의 문구나 이름 등이 접히지 않도록 한다.
  - 부조하는 내용이 돈일 경우에는 단자에 '金OO원'이라 쓴다. 영수증을 쓰듯이 '일금 OO원 정'으로 쓰지 않도록 한다.
  - 부조하는 사람은 이름만 써도 되지만 이름 뒤에 '근정(謹呈)', 또는 '근상(謹上)' 이라고 쓰기도 한다.
  - 단자의 마지막 부분에 'OO댁(宅) 호상소 입납(護喪所入納)'이나 'O상가(喪家) 호상소 귀중'과 같이 쓰기도 하나 요즘은 호상소가 없는 경우가 대부분이므로 쓰지 않아도 무방하다.
- 별도로 조의금을 접수하지 않고 함(函)을 비치하여 조의금을 받는 것이 일반적이므로 방명록에 이름을 기입하고, 함에 넣으면 된다. 부득이한 경우를 제외하고는 상제에게 직접 전하지 않는다.

3) 결혼할 때 예절

(1) 축하의 기본자세

- 축하금은 자신의 분수에 맞추어 준비한다.
- 봉투와 내면지에 축하 문구를 쓸 경우 성의를 다하여 깨끗하게 쓴다.
- 봉투와 내면지는 회사의 양식을 사용하여도 좋다.
- 축의금은 봉하지 않는다.

(2) 축하의 문구

- 축혼인(祝婚姻), 축화혼(祝華婚), 축의(祝儀), 축성전(祝盛典)

03 음주·흡연 예절

1) 음주 예절

사회생활을 하다보면 술을 접할 기회가 많다. 특히 비즈니스는 음주과정을 통하여 이루어진다 해도 지나친 말이 아니다. 그러나 단합과 조직 문화를 앞세운 강압적인 술잔 돌리기와 폭탄주를 포함해 술자리에서는 부작용도 적지 않은 것이 현실이다. '주도(酒道)' 운운하며 술 마시는 법을 따지는 이들이 많음에도 불구하고 정작 음주예절을 제대로 지키는 사람을 찾아보기란 쉽지 않다.

(1) 술자리의 좌석

어느 자리에서건 상석의 위치는 비슷하다. 방 아랫목이나 벽을 등지고 앉아 출입문을 바라볼 수 있는 자리가 상석이다. 차석은 상석의 맞은편 좌석이다. 아랫사람이 상석에 미리 앉아 있을 경우 예의 없는 사람으로 간주될 수 있으므로 연장자나 모임의 주체가 상석에 앉을 수 있도록 신경 써야 한다.

(2) 술잔을 권할 때

우리나라의 음주예절은 아랫사람이 어른이나 윗사람에게 먼저 잔을 올리는 것이 예의다. 잔을 올릴 때 왼손바닥으로 오른손 손목을 가볍게 받쳐 든 다음 오른손으로 술잔을 공손하게 올려야 한다. 예전에는 술잔을 받고 난 뒤에는 곧바로 연장자에게 술을 권하는 것이 상례였다. 그러나 요즘에는 건강상의 이유로 거절하는 경우가 있기 때문에 반드시 상대방 의사를 확인한 뒤 술잔을 권해야 한다. 자신이 마신 술잔을 권할 때는 냅킨 등을 이용해 입술이 닿았던 부분을 깨끗하게 닦은 다음 권한다.

(3) 술잔 받기

술자리에서 술을 잘 마시지 못한다는 이유로 술잔을 받지 않는 것은 예의에서 벗어난다. 감사하다는 인사를 올리고 잔을 받은 뒤 술잔을 입술에 대는 정도로 예를 표하면 된다. 술잔을 받을 때는 반드시 오른손으로 받아야 한다. 이때 가볍게 목례를 건네며 감사의 마음을 전한다. 술잔을 받은 후 바로 내려놓으면 달갑지 않다는 뜻으로 보이므로 일단 입에 대어 조금 마신 후 내려놓아야 한다. 술잔의 3분의 1 정도는 항상 남겨놓고 다른 사람이 권할 때 비우고 받도록 한다.

(4) 술 따르기

- 온돌방인 경우 두 무릎을 꿇거나 왼쪽 무릎을 꿇고 오른쪽 무릎을 세운 자세로 따르며, 테이블인 경우엔 일어선 자세로 따른다.
- 술병으로 따르는 경우엔 오른손으로 병의 목을 쥐고 왼손 손바닥이나 검지를 오른손 손목에 가볍게 받쳐 들고 따르면 된다.
- 주전자일 경우엔 오른손으로 주전자를 들고 왼손으로 주전자의 뚜껑을 가볍게 누른 자세로 따른다. 술잔의 90%정도로 적당히 따른다.

음주매너에서 무엇보다도 중요한 것은 과음과 폭음을 피하는 일이다. 술로 자제력을 상실할 경우, 대인관계에 피해를 주고 사회생활에 치명적인 결과를 낳기도 한다. 술자리에서도 상대방에 대한 배려가 필요하다. 끝으로 전날 술자리에서의 실수나 해프닝은 가급적 화제로 삼지 않도록 하는 매너도 잊지 말아야 한다.

2) 흡연 예절

- 담배는 반드시 흡연 장소에서만 피운다.
- 엘리베이터, 전철, 버스, 승용차 등 협소한 공간에서는 금연이 원칙이다.
- 식탁에서는 식사가 다 끝난 후 양해를 구하고 담배를 피우는 것이 매너다. 흡연이

금지되는 구역이나 공간에서는 무조건 금연해야 한다.

- 초대된 자리에서는 안주인이 담배를 피워도 좋다는 말이 있을 때 피운다.
- 머리, 옷 등에서 담배 냄새가 배지 않도록 주의한다.
- 상대방의 얼굴에 연기를 뿜지 않도록 주의한다.
- 재는 반드시 재떨이를 이용한다. 식기, 컵, 병 등에 재를 털지 않도록 유의한다.
- 손님이나 윗사람이 담배를 꺼내 물면 불을 붙여 주는 것이 매너다.
- 불을 붙일 때는 라이터를 다른 쪽에서 미리 붙여 가스냄새가 사라지고 불꽃이 적당할 때 두 손으로 공손히 권한다.
- 상대방을 만나자 마자 담뱃갑을 꺼내거나 사무실 방문 시 의자에 앉자마자 담배를 꺼내 피우는 것은 매너에 어긋난다.
- 어린이가 있는 곳에서는 담배를 삼간다.

04 방문 예절

방문은 상대방과의 경계를 누그러뜨리고, 상호 간의 우의를 돈독히 하는 데 큰 역할을 한다. 상대방에게 친밀감을 줄 수 있는 기회는 많지만, 방문만큼 효과가 큰 방법도 드물 것이다.

1) 방문시간

방문 시 특히 신경 써야 할 것은 시간에 대한 에티켓이다. 어떤 경우든 약속시간은 반드시 지켜야 하지만 특히 방문은 시간을 엄수하지 않으면 안 된다.

방문을 하고자 할 때는 먼저 상대방의 형편을 확인한 후 미리 약속시간을 정해야 한다. 시간 약속을 하지 않고 방문하는 것은 매우 특별한 경우에 한하며, 사전에 반드시 시간 약속을 해 두는 것이 에티켓이다.

서양에서는 사교방문에 적당한 시간을 대개 점심식사 후부터 저녁식사 전까지로 생각하는데, 가장 바람직한 시간은 오후 4시~6시 사이이다. 그러나 사전에 미리 상대방의 편리한 시간을 알아보고, 방문시간을 정하는 것이 예의다.

아무리 친한 친구라 하더라도 오전 방문은 실례가 된다. 오전 중에는 집안 정리 등 가사일로 말미암아 여주인이 손님을 맞기에 거북한 경우가 보통이므로, 병문안이나 조문을 제외하면 오전 중에는 사교방문을 하지 않는 것이 상식이다.

2) 방문 시 에티켓

(1) 외투와 장갑

현관에서 인사를 하고 일단 집안으로 들어서면 모자나 레인코트 등은 벗어야 한다. 장갑이나 외투는 벗지 않아도 무방하지만, 시간이 다소 소요되는 방문의 경우에는 벗는 것이 예의다.

우리나라 사람들은 현관에 들어서기 전에 미리 외투를 벗는 습관이 있지만, 서양에서는 구태여 그럴 필요가 없다. 다소 시간이 소요되는 방문일 경우에도 여성은 외투를 입고 있어도 무방하다. 벗은 외투나 장갑은 현관에 놓고 실내에 들어가는 것이 좋다. 여성의 경우 장갑은 벗지 않아도 흉이 되지 않는다. 그러나 방문 시에는 보통 차나 커피를 마시는 경우가 많으므로 그때 급히 벗는 것 보다는 객실에 들어서면서 장갑을 벗는 것이 좋다.

(2) 착석

실내에 들어서면 이곳저곳 기웃거리는 일은 삼가고, 주인이 권하는 자리에 앉도록 한다. 만일 먼저 온 여자 손님이 있으면 남자 손님은 여주인이 앉기를 권할 때까지 서 있는 것이 에티켓이다.

서양에서는 출입구 쪽이 하석이고 그 반대가 상석이다. 그리고 응접실에는 긴 소파와 1인용 의자가 있는데 소파가 손님용으로 상석이다. 상석은 손윗사람이 앉는 자리이므로 권하지 않는 한 먼저 앉지 않는다.

05 거리 예절

영미식 매너에 따르면 서로 지면이 있는 남녀가 길에서 만났을 때는 여성 쪽에서 먼저 인사를 건네는 것이 예의라고 한다. 그러나 최근 유럽과 미국에서는 남성이 먼저 인사를 하는 경우도 늘고 있다. 순서야 어떻든 서로를 인정하는 인사 그 자체가 중요하다고 이해하는 것이 바람직할 것이다.

여성과 함께 길을 걸을 때 남성은 차도 쪽에 선다. 이때 남성이 여성의 팔을 잡는다든지, 여성이 남성의 팔에 매달리듯이 걷는 것은 보기에 좋지 않을 뿐더러 예의에도 어긋난다.

공공장소에서는 가능한 한 이야기를 삼가는 편이 좋으며, 길을 가며 담배를 피우거나 침을 뱉는 행위도 삼간다. 또 남성의 경우, 셔츠의 윗단추를 풀어헤치고 걷는다거나 넥타이를 고쳐 매는 행위, 여성의 경우 길에서 화장을 고치는 행동은 바람직하지 않다. 또 길을 가다 아는 사람을 만난 경우 그 자리에 서서 오랫동안 이야기하기보다는 길가로 비켜서서 대화를 나누는 것이 좋다.

06 관람 예절

영화나 연극, 오페라 등의 문화생활을 통해 얻는 감동과 즐거움은 크다. 그러나 아무리 괜찮은 영화나 연극을 보았다 하더라도 관람 도중 극장에서 불쾌감을 느꼈다면 그 만족감은 반으로 줄어들 것이다. 이런 장소는 누구나 즐겨 찾는 곳이고, 또 즐거워지고자 찾는 곳이므로 예절은 더욱 잘 지켜져야 한다.

기본적인 관람예절을 보면, 먼저 극장에는 영화나 연극이 시작되기 전에 도착한다. 늦게 도착한 경우에는 한 곡이 끝난 다음, 또는 그 막이 끝날 때까지 밖에서 기다렸다가 막간을 이용해 들어가도록 한다. 남녀 동반인 경우 남성은 여성이 자리에 앉고 난 후에 앉는데 통로 쪽에 남자가 앉도록 한다. 여럿이 함께 왔을 때에는 남녀가 번갈아 앉고, 남녀가 두 사람씩이면 맨 안쪽에 남자, 이어 여자 둘, 그리고 남자가 앉는 것이 좋다.

영화나 연극이 시작되면 필요 이상의 사담은 삼가야 한다. 뒷좌석의 관람객을 위해 모자를 벗거나 조금 내려앉는 배려를 해주는 것도 훌륭한 매너다.

끝으로 휴식시간(연극의 경우)이 끝나기 2~3분전에 자리로 돌아와 미리 앉는 것이 다른 관객뿐 아니라 출연자를 위해서도 지켜야 하는 기본 매너다.

07 승차 예절

서양에서는 기차나 버스, 자동차 등을 타고 내릴 때의 예절이 비교적 까다롭다. 우리에게는 다소 생소하게 느껴질 수 있지만 승차 예절도 알아두어야 한다.

1) 자동차

여성과 동승할 경우 승차할 때는 여성이 먼저 타고, 하차 시에는 남성이 먼저 내려 차문을 열어준다. 윗사람과 함께 탈 때에도 마찬가지다.

운전기사가 있을 경우, 자동차 좌석의 서열은 뒷자리 오른편이 가장 상석이며, 그 다음은 왼쪽, 가운데, 앞자리의 순이므로 서열에 맞추어 앉는다. 운전석 옆자리에 앉는 것은 가급적 피하는 것이 관행이다. 그러나 자가운전자의 경우는 운전석 옆자리에 앉는 것이 예의에 속하고, 그 곳이 상석이다. 그리고 뒷좌석의 오른편이 제 2상석, 맨 왼쪽이 제 3석, 중앙이 말석이 된다. <그림 12-1>은 자동차 좌석의 상황별 배치도를 나타낸 것이다. ①번 좌석이 상석이고, ④번 좌석이 말석이다.

그림 12-1 ▌ 자동차 좌석 배치도

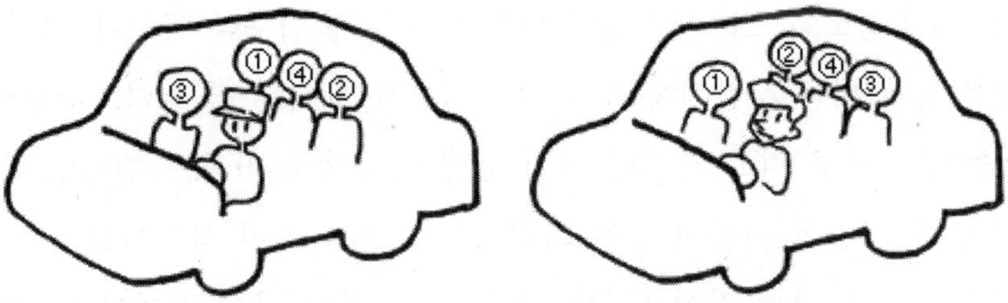

운전기사가 있는 경우　　　　　자가운전인 경우

자동차 내에서는 동승한 사람이 있을 경우 담배를 피우지 않는 것이 예의다. 특히 담배를 피우지 않는 여성과 함께 탔을 경우에는 절대로 피워서는 안 된다. 자동차에서의 상석과 매너를 살펴보면 다음과 같다.

- 자가용의 차주가 직접 운전을 할 때는 운전사의 오른쪽 좌석에 앉는 것이 매너다.
- 운전자의 부인이 탈 경우에는 운전석 옆자리가 부인석이다.
- 지프류일 경우에는 운전석의 옆자리가 상석이다.
- 버스에서는 운전기사의 뒤쪽 창문자리가 상석이다.
- 승용차에서는 윗사람이 먼저 타고 아랫사람이 나중에 타며, 아랫사람은 윗사람의 승차를 도와준 후 반대편 문을 이용하여 탄다.
- 승용차에서 내릴 때는 아랫사람이 먼저 내린 후 윗사람의 하차를 도와줄 수 있도록 한다.
- 상석의 위치에 상관없이 여성이 스커트를 입고 있을 때는 뒷좌석 가운데에 앉지 않도록 배려해 주는 것이 매너다.
- 자동차 내에서의 흡연은 반드시 여성의 양해를 구하는 것이 예의며, 담배연기를 남의 목덜미나 얼굴에 내뿜는 것은 절대 금물이다.
- 택시를 탔을 때 운전기사에게 지시를 하는 것은 여성 쪽의 역할이다.

2) 기차

기차 안은 공공장소이므로 사람들이 많이 다니는 출입구나 통로에 기대어 서 있거나, 큰 가방을 놓아 다른 사람에게 폐가 되는 행위를 해서는 안 된다. 차내에서 큰 소리로 웃고 떠들거나 마구 먹고 휴지나 과일 껍질을 바닥에 버리는 행위도 삼가야 한다.

기차에서는 두 사람이 나란히 앉는 좌석에서는 창가 쪽이 상석이고 통로 쪽이 말석이다. 네 사람이 마주 앉는 좌석에서는 기차 진행방향의 창가 좌석이 제1상석이고, 그 맞은편이 제2상석, 제1상석의 옆자리가 제3석, 제3석의 맞은편 좌석이 말석이 된다. 침대차에서는 아래쪽의 침대가 상석이다. 침대차에서는 특히 다른 사람의 수면에 방해가 되지 않도록 정숙을 유지하는 것이 중요하다.

3) 대중교통

자리가 정해져 있지 않은 버스나 전철 등의 대중교통 수단을 이용할 때는 노약자나 여성에게 자리를 양보하는 것이 에티켓이다. 버스나 전철 등이 많이 붐빌 때, 동행한 여성이 있다면 여성이 먼저 편안히 탈 수 있도록 도와준 후 타는 것이 예의다. 승차 후에도 여성이 자리를 잡고 난 후에 앉는 것이 매너다. 다른 승객이 동행여성에게 자리를 내주었다면 그녀를 대신해 목례 정도로 사의를 표하는 것이 바람직하다.

또한 대중교통을 이용할 때는 음식물을 가지고 타서는 안 된다. 특히 엎지를 위험이 있는 음료수나 냄새가 나는 음식물은 절대 금물이다. 큰 소리로 떠들며 웃는 것도 타인에게는 피해를 주는 일이므로 가급적 침묵을 지키거나 불가피할 경우 조용한 목소리로 대화하도록 한다.

4) 비행기

비행기를 타고 내릴 때는 상급자나 연장자가 나중에 타고, 내릴 때는 먼저 내리는 것이 올바른 순서다. 기내에 들어가면 지정된 좌석에 앉도록 하며, 무거운 휴대품이나 작은 가방 등은 자신의 좌석 아래에 놓고 오버 코트 등 가벼운 것은 선반에 넣는다. 너무 무거운 것을 선반에 올려 두면 비행기가 흔들릴 때 떨어질 위험이 있다.

이·착륙 시 안전벨트를 잊지 말고 착용해야 하며, 금연에 대한 사항은 철저히 지켜야 한다. 기내방송 및 좌석 앞 표시등에 나타난 지시를 따르도록 한다. 안전벨트 착용 및 금연에 대한 사항은 자신은 물론 다른 사람의 안전과도 관련되는 것이므로 철저히 지켜야 한다.

장시간 여행을 할 경우, 간편한 옷차림을 하거나 슬리퍼를 신는 것은 괜찮지만, 양말을 벗는다든지 하는 지나친 행위는 삼간다. 발이 피로해서 신을 벗는 것은 무방하지만 발을 타인에게 보이거나 신발을 벗은 채로 기내를 돌아다녀서는 안 된다.

기내의 화장실이나 세면장은 남녀 공용이다. 그러므로 이용할 때에는 밖에서 '사용중(occupied)' 혹은 '비어있음(vacant)' 표시를 확인하고, 사용할 때에는 반드시 안에서 걸어 잠궈 '사용중(occupied)'이라는 표시가 나타나도록 한다. 화장실은 되도록 짧게 사용하고 세면대를 사용한 후에는 타월로 물기를 닦아 다음 사람을 위해 깨끗이 해주는 것이 상식이다. 비행기에서는 객석 양측 창문가 좌석이 상석이고, 통로 쪽이 차석, 상석과 차석 사이의 좌석들이 하석이다.

08 글로벌 에티켓과 매너

한 나라에는 당사국의 질서와 안녕의 유지를 위해 당사국 국민들이 반드시 지켜야 할 법이 있듯이, 우리의 일상생활, 사회생활, 사교생활도 개개인이 따라야 할 행동기준이 존재한다.

이러한 행동기준 중 가장 중요한 것이 있다면 그것은 한 나라나 사회에서 전통적으로 존중되어 온 예의범절, 즉 예절이다. 예절은 민족마다, 나라마다 다르며 또 시대의 변화에 따라서 새롭게 생겨나는가 하면 소멸하기도 한다.

오늘날 교통과 정보통신의 발달로 세계가 상대적으로 좁아지면서, 지구촌이 하나로 통합되는 경향이 생기고 있다. 국제화, 세계화, 개방화의 시대를 살면서 우리의 것만을 고집할 수도, 그렇다고 무턱대고 서양의 것을 그대로 따를 수만도 없는 것이 실정이다.

그러므로 우리의 예절을 소중히 간직하면서, 국제화 과정에서 글로벌에티켓으로 자리 잡고 있는 서양 예법을 우리 것으로 받아들이고 몸에 익히는 노력이 필요하다.

국제사회에서 우리나라, 우리 기업의 위상이 점차 높아지고 있다. 우리 비즈니스맨들이 국제적인 예절감각을 자연스럽게 갖춘다면 자신이나 자신이 소속된 기업의 발전은 물론 우리나라의 경쟁력 제고에도 도움이 될 것으로 기대된다.

1) 서양예절에서의 기본개념(상대방 우선주의)

- 상대방에게 폐를 끼치지 않고 편안하게 해 주는 것 - 언제 어디서나 상대방을 먼저 생각한다.
- 상대방에게 호감을 줄 수 있도록 노력하는 것 - 형식상의 편안함뿐만 아니라 상대의 감정과 정서를 고려한다.
- 상대방을 마음으로부터 존경하는 것 - 상대의 마음을 상하게 하는 사생활에 관한 이야기는 삼간다.
- 상대방을 먼저 생각하고 그 중에서도 약한 자, 여자를 배려하는 원칙은 서양예절의 또 하나의 기본이다.

2) 외국인이 오해하는 한국인의 습관

- 꾸중을 들을 때 상대방의 눈을 똑바로 바라보지 않는다. 한국인들은 꾸중들을 때 연장자의 눈을 똑바로 보는 것은 예의에 어긋난다고 생각한다. 그러나 미국인들은 이런 경우 상대방의 눈을 똑바로 보지 못하는 사람은 상대방에 대한 존경심이 없을 뿐 아니라 정직하지 못한 사람이라고 생각한다.
- 상대방의 주의를 끌기 위해 옷자락을 잡아끈다. 한국인들은 주의를 끌기 위해 "실례합니다."라는 말 대신에 상대방의 옷자락을 잡아끄는 경우가 있다. 이것은 미국인들에게는 자신만의 "영역"을 침해하는 매우 무례한 행동으로 간주된다.
- 양복 차림에 흰 양말. 미국인들은 이러한 행동을 매우 촌스럽다고 생각한다. 즉 양말은 바지색깔에 맞춰서 신어야 한다고 생각하기 때문이다.

- 동성 간에 손을 잡고 길을 걷는다. 한국인들, 특히 한국 여성들은 동성의 손을 잡는 것을 지극히 자연스러운 행동으로 생각한다. 손을 잡는 것은 친구들 간의 친밀감을 나타내는 제스처라고 보기 때문이다. 그러나 미국인들은 동성연애자로 오해할 수도 있다.
- 자신이 마신 잔으로 다른 사람에게 술을 권한다. 한국 사람들은 흔히 자신이 마시던 잔으로 술을 권하곤 한다. 그것은 상대방에 대한 호감과 우정의 표현이다. 미국인들은 어릴 때부터 다른 사람이 마시던 잔으로 음료를 마시는 것은 비위생적이며 해서는 안 되는 행동이라고 배운다.

3) 한국인이 오해하는 외국인의 습관

- 식사 중에 밥그릇에 수저를 꽂아둔다. 한국인들은 수저를 그릇이나 접시 옆에 나란히 놓는다. 우리나라에서는 제사를 지내는 경우에 한해서 밥그릇에 수저를 꽂아둔다.
- 서양인은 흔히 둘째손가락으로 사람을 가리킨다. 미국인들은 상대방의 주목을 끌기 위해 흔히 손가락질을 한다. 그러나 이것은 한국에서는 매우 무례한 행동이다.
- 서양인은 사교적인 자리에서 코를 푼다. 식사 도중에 함께 앉아 있는 사람들을 향해 코를 푼다면 그것은 아주 무례한 행동이다. 한국인들은 남 앞에서 코를 푸는 것을 큰 실례로 생각한다.
- 연장자의 이름을 부른다. 서로 믿고 도울 수 있는 친숙한 관계가 되기 위해 많은 미국인들은 사업상의 모임이나 사교적인 자리에서 이름을 불러줄 것을 부탁한다. 한국인들은 아주 가까운 사이가 아닌 경우 이름을 부르는 것은 무례한 행동이며, 연장자의 이름을 부르지 않는다. 상대의 성에 직함을 붙여주는 것이 예의다.
- 연장자에게 한 손으로 물건을 주고 한 손으로 받는다. 미국인들은 연장자에게도 한 손으로 물건을 주고 한 손으로 받는다. 한국인들은 이것은 무례한 행동이며, 한국인들은 보통 두 손으로 물건을 주고받는다. 이것은 상대를 존중한다는 뜻을 나타내기 위한 것으로 상대방이 연장자일 경우는 반드시 그렇게 해야 한다.

- 빨간 색으로 사람의 이름을 쓴다. 한국에서는 죽은 사람의 이름을 쓸 때만 빨간 색으로 쓴다. 미국에서는 어떤 색깔로 사람의 이름을 쓰든 문제가 되지 않으며 빨간 색은 교사들이 흔히 사용하는 색이다.

4) 여행지에서의 예절

(1) 여행

사전준비를 철저히 하면 시행착오를 줄이고 보람 있는 여행을 할 수 있다.
특히 해외로 갈 때는 목적지에 관한 공부를 해두는 것이 보다 즐거운 여행이 될뿐더러 혹시 충돌할 수 있는 관습상의 문제도 줄일 수 있다.

우리가 외국인들로부터 이해 받고자 하는 것처럼 외국인의 문화와 생활양식도 존중해야 한다. 낯선 지방에서의 에티켓에 특히 신경을 써야 한다. 어느 나라고 정도차이지 외국인에 대한 여러 편견이 있기 때문에 자칫하면 곤경에 처할 수 있음을 알아야 한다. 내가 한 행동은 그 한국 사람의 이미지가 된다는 사실도 기억해야 한다.

로마에 가면 로마법을 따라야 한다는 속담도 있듯이 그 나라의 풍속과 습관을 잘 숙지하고 행동하는 것이 바람직하다. 똑 같을 수는 없지만 눈에 거슬리지 않도록 주의할 필요가 있다.

그리고 그 나라의 간단한 회화 정도는 미리 익혀두어야 한다. 서툰 언어라도 그 나라 말로 얘기하면 호감을 갖는다.

외국의 생활습관, 풍속 등을 이해하고 적응하도록 노력한다. 대화 시 표정과 시선 맞춤이 어떤 단어보다 더욱 중요하다.

선물은 첫 만남이나 상담 때 전달한다.

'실례합니다.' '감사합니다.' '죄송합니다.'의 표현을 너무 남발하는 것은 좋지 않지만 시기적절하게 사용해 손해 볼 것은 없다.

촬영금지 구역에서는 사진이나 동영상을 촬영하거나 작품에 손대지 않는다. 몸이 부딪히거나 발을 밟으면 혼잡한 곳에서도 반드시 사과한다.

(2) 여행지에서의 주의사항

여행지에서 필요 이상으로 호의를 베푸는 건 일단 경계한다. 여행을 떠나기 전 그 나라에 있는 한국 대사관 연락처를 미리 알아두어 긴급 상황에 대비한다.

여권은 소중하게 보관하되, 지갑 같은데 함께 보관하지 말고 돈도 분산시켜 넣는 것이 좋다.

신기하다고 생소한 음식을 시장 같은데서 함부로 사먹지 말고 긴급의약품을 소지하도록 한다. 특히 물은 함부로 마시지 않는다.

여자 혼자 아무런 연고가 없는 곳을 무턱대고 찾는 일이나 목적지에 대한 안전 지식 없이 배낭 하나 달랑 매고 떠나는 건 용기 있는 일이 아니라 무모하고 위험한 일이다.

안전에 관계되므로 비행기 내에서는 승무원의 지시를 잘 따른다. 비행기에서 좌석 등받이를 뒤로 눕히기 전에 반드시 뒷사람의 상태를 확인한다.

(3) 팁

서구사회에서 팁이란 제공받은 서비스에 대한 조그만 감사의 표시다. 사실 팁만으로 생활을 꾸려가는 사람이 있다는 사실을 감안하면 서양 사회에서 팁이 얼마나 보편화되어 있는지 이해할 수 있을 것이다.

영어로 팁의 어원은 'To Insure Promptness'다. 이 말은 '신속함을 보장한다''라는 뜻을 지니고 있어서 팁을 주면 어느 누구보다도 가장 먼저 신속하게 서비스를 제공받을 수 있다는 의미다.

팁을 줄 때 가장 중요한 것은 적절성이다. 팁을 주기에 적절한 장소인가, 또 팁으로서 적절한 금액인가 등을 고려한다.

팁의 금액은 상황에 따라 다르다. 팁에 대해서 너무 인색하면 자칫 무례한 행동이 될 수 있고 그렇다고 듬뿍 팁을 주는 것도 허세를 부리는 행동으로 간주되기 쉽다. 이런 경우는 돈 주고도 욕먹는 셈이 되므로 적정선을 잘 유지하는 것이 대단히 중요하다. 경우에 따라 다르지만 보통 우리나라 돈으로 1,000~2,000원 정도로 생각하면 된다.

(4) 호텔

여행을 떠나기 전 호텔을 미리 예약 해두는 것이 좋다. 호텔 내에서는 정숙하며 비품을 청결하게 사용하고 호텔 외부로 반출하지 않는다.

실내화를 신고 호텔 내를 돌아다니지 않는다. 외국인들은 이러한 행동을 잠옷차림으로 거리를 활보하는 것이나 마찬가지로 여긴다.

호텔을 나갈 때는 체크아웃 하겠다는 연락을 미리 한다. 팁을 미리 예상해서 1달러짜리 지폐를 여유 있게 바꿔둘 필요가 있다.

욕실에서는 물이 넘치지 않도록 주의한다. 비디오 시청 시 유·무료를 정확히 파악한 후 시청해야 말썽이 없다.

간단한 세면도구를 준비해서, 없는 경우에 대비한다.

5) 각종 파티에서의 소개법

(1) 만찬이나 오찬 시

주빈에게는 모든 손님을 소개한다. 안주인은 손님과 인사를 주고받은 후 주빈이나 지위가 높은 사람에게 소개한다.

지위가 높은 사람이 다른 곳에 있을 경우 안주인은 손님을 동반하고 그곳까지 가서 소개한다.

외국인이 참석한 경우 안주인은 대화가 가능한 사람을 소개한다. 손님이 많을 때는 전부 소개할 필요는 없다. 단 외국인은 가능하면 참석자 전원에게 소개한다.

정식 만찬 시에는 남자 손님을 필히 파트너에게 소개한다. 안주인이 소개할 상황이 아니라면 남성이 스스로 여성에게 가서 자기소개를 해도 상관없다.

(2) 나라별 소개에 얽힌 관습

■ 영국식

영국에서는 파티나 모임의 주최자가 참석자를 반드시 소개해야 한다. 반면, 프랑스 등 유럽에서는 주최자에 의한 소개 없이도 평소 안면이 있는 사람 또는 이전에 정식으로 소개 받은 사람을 통해 소개 받기도 한다.

■ 대륙식

유럽, 남미에서는 소개에 매우 높은 비중을 둔다. 자기 스스로 하는 소개를 대단히 나쁜 방식으로 여기므로 주최자나 다른 사람을 통해 소개 받는다. 소개를 부탁하는 대상은 주최자나 정식으로 소개 받은 사람 누구라도 상관없고, 남성은 필히 참석한 모든 여성, 연장자 및 손윗사람에게 소개를 해야 한다. 여성의 경우도 나이가 어린사람은 연장자 전원에게 소개하도록 되어 있다.

영국이나 미국과 마찬가지로 많은 사람이 참석하는 파티에서는 일일이 소개 받지 않는다.

대륙식의 소개 관습 중 가장 보편적인 것은 여성이 자기보다 연장자인 여성을 소개 받거나 남편보다 지위가 높은 사람의 부인을 소개 받았을 때는 적어도 1주일 이내에 상대방에게 명함을 보내는 것이다. 이때 그 부인의 남편과 안면이 없더라도 남편 앞으로 자기 남편의 명함을 함께 보내야 한다.

모임에 처음 참석한 사람은 소개 받은 사람들에게 2~3일 내에 명함을 보낸다. 수신측이 회신용 명함 위에 '시간과 주소'를 적어 보내면 방문을 기다리는 뜻으로 해석하면 된다. 아무것도 적혀있지 않다면 계속적인 교제의 의사가 없다는 뜻이다.

6) 초대·방문·선물 예절

국제 생활에서 상호 초대와 방문은 그 나라의 문화에 따라 하여야 하는데 대부분 상호주의 원칙에 따라 상대방의 초대에 자신도 상대방을 초대하는 것이 예의다.

(1) 초대하는 사람의 예절

■ 목적과 장소, 시간을 분명히 한다.
■ 모임의 성격에 따라 초대 대상을 정한다.
■ 초대할 날짜를 미리 알아본 후 결정하며, 1~2주 정도의 여유를 두고 미리 연락

한다.

- 초대방법은 초대장 발송이 가장 좋다. 격의 없는 상대에게는 전화나 팩스도 좋으며, 비공식파티에는 전화도 무방하다.
- 초대할 장소는 미리 예약을 하며, 편의상 집이 아닌 음식점이나 고급호텔로 하는 경우에는 미리 예약한다.
- 좌석 배치에 결례가 생기지 않도록 한다. 공식서열과 관례상의 서열을 충분히 감안한 후 신중하게 좌석을 배치한다.
  - 공식적인 정찬인 경우 - 참석하는 사람의 지위, 연령을 정한다.
  - 비공식적인 정찬인 경우 - 주빈의 자리만 정하고 그 외에는 자유로이 앉는다.
  - 벽난로가 없는 경우에는 출입구에서 먼 쪽이 상석이다.
- 참석자의 연령, 성별, 계절 등을 고려하여 메뉴를 선정한다.

(2) 초대장

- 정식 초대장은 3인칭으로 쓰며, 파티의 종류, 요일, 일시, 장소, 복장 및 참석여부를 기입한다.
- 정중한 초대장은 백지에 직접 필기하는 형식으로 작성하는 것이 원칙이다.
- 복장은 카드 우측 하단에 기입하고, 그 밑에 장소를 쓴다.
- 사적이고 간략한 연회 시에는 약식초대장에 날짜, 시간, 연회의 종류만 적는다.

(3) 초대받은 사람의 예절

- 참석여부를 미리 알린다. - 참석치 못할 경우 카드나 엽서, 전화로 초대에 대한 감사의 뜻을 전한다.
- 가능하면 참석하는 것이 예의다.
- 단정한 옷차림으로 참석한다. - 초대의 성격과 내용에 맞게 입는다.
- 방문시간을 정확히 지킨다.
- 초대받은 이외의 사람은 동반하지 않는다.

- 행사가 진행되는 도중에 자리를 뜨지 않는다. - 특히 혼인식장에서 식이 끝나기 전에 연회장으로 향하는 것은 결례다.
- 사례나 부조는 분수에 맞게 한다.
- 초대에 대한 감사의 인사를 한다.
- 퇴장은 파티 종료시간보다 늦어선 안 된다. - 도착은 시작 시간보다 늦어도 무방하나, 퇴장은 종료시간보다 늦어서는 안 된다.
  - 주빈이 돌아갈 때까지 머물러야 한다.
  - 자신이 주빈의 자격일 때는 너무 오래 머물러 있어서는 안 된다.
  - 시간이 정해져 있지 않으면 다른 사람들이 자리를 뜨기 시작할 때 같이 일어선다.

(4) 선물의 선택

- 서양에서는 보통 선물을 가지고 가지 않는다.
- 작은 초콜릿이나 화분 정도를 선물한다.
- 지나친 선물은 상대방을 당황하게 한다.
- 개인적 친분이나 사회적 관계 및 자신의 경제력을 고려한다.
- 상대를 잘 모를 때는 소모품이나 지방특산물을 선택한다.
- 계절도 고려한다.
- 꽃은 일반적으로 경사용 선물로 쓰인다.
- 노란국화나 흰 국화는 피한다.
- 꽃일 경우 동양에서는 4송이, 서양은 13송이를 피한다.
- 프랑스에서는 카네이션을 삼간다. 불행을 상징하고 장례식에 많이 쓰기 때문이다.
- 독일에서는 장미를 함부로 선물하지 않는다. 구애를 의미하기 때문이다.

(5) 선물을 주고받는 예절

- 선물을 든 채 다른 집에 들르지 않는다.

- 축하나 송별, 환영 시에는 당일이나 몇 일 전 쯤이 효과적이다.
- 선물은 집안에 들어가 인사를 하면서 내놓는다.
- 선물은 정중한 자세로 드린다. 생색이나 과시하는 태도는 좋지 않다.
- 선물을 받았을 때 문갑 위 등 바닥이 아닌 곳에 올려놓는다.
- 여러 사람 중에 선물을 준비하지 못한 사람이 있을 수 있으므로 너무 오랫동안 말하지 않는다.
- 카드나 편지를 먼저 읽는다.
- 선물한 사람의 성명, 금액, 품목을 적었다가 상대의 경조사에 답례한다.
- 유학이나 업무 차 오랫동안 머물다 귀국하는 경우 카드나 작은 선물을 하는 것이 바람직하다.

7) 여성존중사상(Women's Respect Concept)

페미니즘을 표방하는 미국의 맹렬 여성들이 맨 처음 적개심을 보인 것은 남성은 기혼이나 미혼을 막론하고 미스터(Mr.)로 통칭하면서 여성은 미혼(Miss)과 기혼(Mrs.)을 구분해 부르는 언어관습에 대한 것이었다. 그리고 이들은 기혼·미혼을 통칭한 미즈(Ms.)라는 새로운 표현을 만들어 공표했다.

'미즈'라는 잡지를 발행하고 여성 문필가들에게 이 말을 쓰도록 권고했으며, 많은 신문, 잡지들이 이에 호응했음은 누구나 아는 일이다.

여성들이 여권 신장을 위해 이처럼 적극적으로 나설 수 있었던 것은 여성존중사상, 즉 'Lady First'의 개념이 생활화된 서양인들의 사고방식 때문으로 생각된다. 남편이 죽으면 화장을 하고 이어 아내도 불 속에 뛰어 들어 순사하는 '사티'를 미덕으로 여기는 인도나, '남편은 하늘' 혹은 '남존여비(男尊女卑)'의 사상이 지배적인 가부장적 사회관습을 가진 우리나라에서는 찾아보기 어려운 개념이 바로 이것이다.

서양의 여성존중 사상은 '여존(女尊)'이라든가 '공처가'라는 개념과는 전혀 다르다. 그 발생배경은 기독교 정신이나 중세의 기사도 정신에서 나온 것으로, 남성에 비해 상대적으로 약한 여성을 돌보거나 감싸는 것이야말로 남성의 품위나 힘을 제대로 나타내는 것이라고 생각한데서 비롯된 것이다. 그렇다고 이 사상에만 집착해 남성은 마음에도 없는데 존대하는 척 행동한다거나 여성은 존대 받아야 된다는 이유로 마음대로 행동해도 된다는 것은 아니다. 당연히 여성 자신도 그에 준하는 매너를 가지고 기품 있게 행동해야 하는 것이다.

한국인들은 서양식 여성존중의 문화와는 전혀 다른 환경 속에서 성장했기 때문에 이에 대해 적잖은 오해를 하고 있다. 여성 자신이 남편 혹은 상대의 뜻에 반의무적으로 따르는 '겸손의 미덕'이 그것이다. 국제화 시대에는 남성이 먼저 여성존중 사상의 참 의미를 이해하고 존중할 필요가 있다. 물론 여성 스스로도 겸허하고 사려 깊은 한국여성 특유의 부덕을 적당히 나타내도록 노력해야 한다. 여성존중의 사상을 잘못 이해해 외국인과 교제하거나 외국에서 생활할 때 빈축을 사지 않도록 주의해야 한다.

8) 악수와 장갑에 대한 에티켓

남성은 악수할 때 장갑을 벗는 것이 에티켓이다. 특히 여성과 악수할 때는 반드시 장갑을 벗어야 한다. 다만 우연한 만남으로 여성이 손을 내밀 때 당황해 장갑을 벗느라고 상대방을 기다리게 하는 것보다 "실례한다."라고 양해를 구한 후 장갑을 낀 채로 신속하게 악수를 하는 것이 옳다.

여성은 실외에서 악수를 하는 경우 장갑을 벗을 필요가 없이 낀 채로 해도 무방하다. 특히 공식 파티의 리셉션라인에 서서 손님을 맞이할 때 장갑을 끼고 악수할 수 있다. 부인이 꼭 장갑을 벗어야 하는 경우는 승마 장갑 내지는 청소용 장갑을 꼈을 때이다.

9) 교제 에티켓

- 일본인에게 선물할 때에는 흰 종이로 포장하지 않는다.
- 중국인에게는 괘종시계를 선물하지 않는다.
- 자줏빛 꽃은 멕시코와 브라질에서는 죽음을 상징한다.
- 흰 꽃은 일본에서 죽음을 상징한다.
- 홍콩인에게는 같은 값이면 한 가지 선물보다는 두 가지를 선물하는 것이 좋다.

- 유럽에서 짝수의 꽃은 불행을 가져온다.
- 중동인에게 애완동물을 선물하지 않는다.
- 일본인과 대만인의 등 뒤에서는 손뼉을 치지 않는다.
- 프랑스인에게는 카네이션을 선물하지 않는다. 장례식에 많이 쓰이므로 불길하게 생각할 수 있다.

10) 트림과 재채기에 대한 에티켓

우리나라 사람들은 재채기에 대해 관대한 편이다. 이에 비해 서양인들은 코 풀기에 대해 매우 너그러운 입장을 취한다. 코 풀기에 대해 관대하다고 해서 서양인들이 식탁이라든지 혹은 공공장소에서 코를 탱탱 푼다고 생각하면 오해다. 서양인들도 코를 싫어하기는 한국인이랑 매 한가지다. 코를 계속 훌쩍대기보다는 차라리 푸는 게 낫다고 생각할 따름이다. 그리고 코를 풀 때는 손수건으로 닦아내는 정도로 생각하면 크게 틀리지 않는다. 서양인들은 손수건을 보면 마치 조건반사처럼 콧물을 연상한다. 따라서 아무리 향수를 듬뿍 뿌린 예쁜 꽃무늬 손수건이라 할지라도 공식적인 자리에서 시도 때도 없이 꺼내서는 안 된다.

특히 레스토랑에서 냅킨을 사용하지 않고 자신의 손수건으로 입을 닦는 모습을 보면 서양인들은 대경실색하므로 주의해야 한다.

11) 제스처에 대한 에티켓

우리가 흔히 몸짓언어(body langage)라 부르는 제스처도 중요한 의사소통 방법 가운데 하나다.

제스처는 우리가 외국에 나갔을 때 유용하게 사용할 수 있는 만국 공용어지만 때로는 사고나 오해를 불러일으킬 수도 있다.

동일한 제스처라도 나라나 지역에 따라서는 정반대의 의미를 가질 수도 있기 때문이다.

(1) 각국의 제스처와 의미

■ 손바닥을 아래로 하여 손짓

- 누군가를 오라고 부르는 의미(중동, 극동지역)
- 가라는 의미(서구지역)

■ 손가락으로 하는 링 사인

- 돈(한국, 일본)
- 무가치(남부프랑스)
- OK표시(미국, 서유럽)
- 음탕하고 외설적인 사인(브라질, 남미)

■ 손바닥을 바깥쪽으로 향한 V자 사인

- 승리(유럽)
- 욕(그리스)

■ 손등을 바깥쪽으로 향한 V자 사인

- 꺼져버려(영국, 프랑스)
- 승리(그리스)

■ 손바닥을 펴서 흔드는 행위

- '안녕'의 의미(유럽, 한국 등)
- 무챠 - 당신의 일이 잘되지 않기를 바란다.(그리스)

■ 어깨를 으쓱이며 양손바닥을 하늘로 향하게 하는 행위

- "내가 무엇을", "나는 모르겠는데"(구미)

■ 수평으로 뿔 만들기

- 악령에 대한 자기방어의 표시(유럽)

■ 두 손가락을 맞대는 행위
- 남녀의 동침의 의미(이집트)

■ 손가락으로 사람을 가리키며 말하는 행위
- 중동의 여러 국가에서는 무례한 행동으로 간주

■ 엄지와 중지 사이에 검지를 끼워 넣는 행위
- 외설적이고 경멸하는 제스처(유럽, 지중해 연안 국가, 한국)
- 문신이나 부적 등의 다양한 형태(남미)
- "아이가 귀엽다."는 의미(미국)

■ 손가락을 교차시키기
- 방어, 행운의 의미(유럽)

■ 중지를 내미는 제스처
- 외설적이고 부정적인 의미(서양)

■ 주먹으로 손바닥을 치는 행위
- 도전을 의미

■ 주먹을 쥔 채 엄지손가락만 위로 올리는 행위
- 매우 좋다
- 무례한 제스처(호주)
- 입 닥쳐!(그리스)
- 동성연애자의 사인(러시아)

■ 합장
- 인사(태국, 기타 불교국가)
- 거만함을 표시(핀란드)

■ 머리를 위 아래로 끄덕이는 행위
- YES, 긍정의 표현

• NO(불가리아, 그리스)

■ 엄지로 코를 미는 행위

• 조롱(유럽)

■ 코에 원을 그리는 행위

• 동성연애자를 의미(콜롬비아)

■ 손끝에 키스하기

• 매우 아름답다(유럽, 남아메리카)

■ 턱을 두드리는 행위

• 별 재미가 없거나 꺼져버리라는 의미(이탈리아)

■ 귀 둘레에 손가락으로 원을 그리는 행위

• 너 미치지 않았니?

CHAPTER 13

취업준비와 전략

01 성공적인 취업을 위한 첫걸음, 이력서

지원자들의 수준이 상향평준화 되어가는 현 상황에서 입사서류는 성공취업의 기본이자 경쟁력으로 작용하고 있다. 취업의 기회를 얻느냐 그렇지 못하느냐는 제대로 작성된 서류에 달려있다고 해고 과언이 아니다. 물론 이력서에 정답이 있는 것은 아니지만 '눈에 띄는 이력서'는 분명 있다.

1) 이력서란?

이력서란 개인의 신상명세와 경력, 이력이 담긴 양식이다. 입사지원을 위한 기본적인 서류로 자신을 기업에 나타내는 중요한 도구이기 때문에 작성할 때 신경을 써야 한다. 지원하는 기업에 규격화된 양식이 있는 경우에는 그 규격에 맞춰서 작성을 해야 하고, 규격양식이 없는 기업의 경우에는 자신의 장점을 부각 시킬 수 있는 서식을 별도로 만들어야 한다.

2) 이력서 작성은 이렇게

이력서는 구직자와 구인자 간의 1차적인 대화의 수단이자, 자신을 시장에 알리는 광고이기도 하다. 아무리 상품이 뛰어나다 하더라도 기획이나 마케팅 단계에서 실수를 하게 되면 소비자에게 외면당할 수도 있는 일이다. 물론 개인에 대한 평가가 단순히 겉으로 드러난 포장에 의존하는 것은 아니지만, 자신의 능력을 제대로 표현하지 못한다면 인사 담당자가 결코 자신을 알아주지 않을 것이다.

(1) 자신만의 양식을 만들어라

자신이 하고 싶은 이야기를 정하고, 거기에 가장 적합한 형식을 찾아야 한다. 그리고 자신의 장점을 살릴 수 있는 이력서 양식을 만들어서 사용한다. 회사의 로고가 홈페이지에 올라와 있는 경우 이를 적절히 활용해도 좋다. 최근에는 파워포인트, 엑셀을 이용해 이력서를 만드는 경우도 종종 볼 수 있는데, 자신의 컴퓨터 활용능력을 보여줄 수 있는 기회가 되기도 한다. 만약 문구점에서 판매하는 인사서식 제1호의 이력서로 취업하려는 사람이 있다면 빨리 생각을 바꾸는 것이 좋다.

(2) Selling point를 드러내라

좋은 학벌이나 높은 TOEIC 점수만으로는 부족하다. 자신이 무엇을 할 수 있고 무엇을 할 것인지를 분명하게 보여주어야 한다. 자신을 채용해야만 하는 이유를 인사담당자에게 효과적으로 전달할 수 있어야 한다.

(3) 직무에 관련된 내용을 기재하라

본인이 지원하는 직무와 관련된 내용을 부각시켜서 기재한다. 신입사원을 채용한다고 하지만 기업은 준비된 인재를 원한다. 구인분야와 관련된 동아리 활동 내용, 아르바이트 경력, 자격증 등은 확실한 플러스 요인이 될 수 있다.

(4) 디자인도 신경 써라

이력서도 첫인상이 중요하다. 비슷한 실력을 보유하고 있는 경쟁자들의 이력서들 가운데 자신의 이력서가 부각되길 바란다면 편집에도 신경을 써야 한다. 내용 못지않게 포장도 중요하다. 보기 좋은 문서에 시선이 가는 것은 당연한 일이다. 자신이 강조하고 싶은 곳에 다른 색으로 표시를 한다든지, 밑줄을 긋는 것도 하나의 방법이 될 수 있다.

(5) 여러 번 확인하라

서류를 작성한 다음에는 몇 번이고 다시 읽어서 실수를 없애도록 해야 한다. 이는 사소하지만 중요한 문제다. 이력서 작성이 끝난 뒤에는 몇 번이고 오타가 없는지, 어색한 문장은 없는지 확인해야 한다. 오타가 있는 입사지원서를 제출해 놓고 인사담당자가 면접 기회를 줄 것이라는 기대는 버리는 것이 좋다.

(6) 이력서 수령 여부를 확인하라

최근엔 이메일을 이용한 지원이 보편화되고 있다. 이력서를 보낸 후 반드시 수신확인을 하도록 한다. 가끔 도착하지 않는 경우도 있다. 며칠이 지나도 수신확인의 사인이 뜨지 않으면 재전송을 해 보는 정도의 성의는 지녀야 한다.

영어에 어느 정도 자신이 있는 사람도 영문이력서라면 다소 부담이 생기는 것이 사실이다. 영문이력서는 사실 간단하다. 단순히 영어로 이력서를 쓰는 것이라고 생각하면 된다. 이력서를 통해 자신이 얼마나 필요한 사람인지를 나타내도록 한다.

3) Resume란?

외국계 기업에 입사하려면 국내기업과 마찬가지로 이력서를 써야 한다. 외국의 기업문화에 맞는 영문이력서를 작성해야 하는데, 한국의 이력서와 구성요소가 비슷하다. 다만 영문이력서를 보낼 경우엔 Cover Letter도 함께 동봉해야 한다는 점이 다르다. 외국의 인사담당자들은 커버레터를 매우 중요하게 생각하므로 지원동기, 학력, 경력, 업무스킬 등을 설득력 있게 잘 표현해야 한다.

4) 영문이력서의 기본구성

(1) Personal Data(인적 사항)

일정한 이력서 양식은 없으나 기본적으로 이력서 상단에 성명, 주소, 전화번호 등의 인적사항이 반드시 들어가야 한다. 외국에서는 사진 부착을 의무화하지 않는다. 성별, 생년월일은 필요에 따라서 쓰기도 하고 생략하기도 하지만 국내 외국계 기업에 취업할 때는 기재하는 것이 좋다.

(2) Objective(지원 분야)

우선 채용공고에 나와 있는 모집분야를 꼼꼼히 살피고, 자신에게 맞는 분야를 결정해야 한다. objective에는 단순히 원하는 부서, 직책만 쓰지 말고, 자신의 능력과 목적 등 지원동기를 간략하게 기록하는 것이 좋다. 외국 인사담당자가 한 눈에 지원목적과 자질을 파악할 수 있도록 해야 한다. 요즘에는 objective 바로 위에 자신의 강점을 한 줄의 헤드라인으로 표현하는 경우도 있다.

(3) Education(학력 및 관련 교육)

지원 분야의 직무와 관련하여 어떠한 교육과 훈련, 경험이 있는지 구체적으로 쓴다. 국문이력서와는 달리 현재부터 과거 순으로 기록해 나간다. 외국문화는 과거보다 현재를 중시하기 때문에 이력서에도 최근의 일부터 기록한다. 보통 재학기간, 대학명, 전공, 논문, 수상내역 등을 쓰고, 고등학교 졸업사항은 안 써도 된다. 학력은 경력보다 먼저 쓴다.

(4) Work Experience(경력사항)

자신의 경력사항을 기간, 직책, 근무지역, 주요업무 순으로 작성하면 된다. 어떤 업무를 통하여 달성한 목표가 있으며 달성한 수치까지 정확히 쓰면 신뢰성이 높아진다. 인턴십이나 아르바이트 경력 등을 써도 좋다.

(5) Activities; Affiliations(활동 사항)

학교 동아리, 학생회, 해외연수, 사회단체나 비영리 조직 등에서 활동한 사항이 있으면 기록한다. 활동기간과 직책, 주요역할과 업무내용을 쓰면 된다.

(6) Skills; licenses & certification(특기 및 자격사항)

MS-Word, PPT, Excel이나 직무, 전공과 관련한 자격사항을 기록한다. Customer Relationship Management(CRM) Expert와 같이 Level(기술수준)을 적는다.

(7) Military Service(군복무 관련)

한국에서 활동하고 있는 외국기업의 경우에는 대부분 병역의무를 명기하는 것이 좋다. 병역관계는 기업입장에서 직원의 근무 연속성을 확보하는 데 참고 자료로 활용한다.

(8) Languages(외국어 능력)

영어나 기타 외국어 능력을 Level이나 점수로 표기한다, ‘Fluent English' ,'TOEIC 900 Points'와 같이 보통 외국어는 읽기, 쓰기, 말하기 등으로 레벨을 기재해 주면 좋다.

(9) Additional Information; References(참조)

자신에 대한 추가 정보를 확인할 수 있도록 한다. 인사담당자가 신원조회나 평판조회를 할 수 있도록 하거나 자신의 특별한 취미나 특이사항을 기록하면 된다.

5) Cover Letter 작성요령

외국계 기업에 취업을 하려면 언제나 영문이력서 앞에 잘 정리된 커버 레터가 첨부되어야 한다. 영문이력서를 보낼 때 같이 보내면 좋다. 일종의 한글 자기소개서와 같은 유형이라고 이해해도 무방하다. 다만 커버 레터는 일종의 비즈니스 레터이므로 자신의 신상에 관한 내용을 쓰는 것이 아니라 직무에 관련된 사항을 주로 쓰도록 한다. 외국 인사담당자들은 이력서를 보기에 앞서 커버 레터를 읽기 때문에 지원하는 동기와 직무역량을 중심으로 매력적으로 써야 한다. 형식은 일정하게 정해진 것은 없으나 기본적으로 1장 정도로 간결하고 인상 깊게 쓰면 된다. 커버 레터는 먼저 보내는 사람과 날짜, 수신인을 쓴 다음에 본문내용과 끝에는 이름, 서명을 하는 순서로 작성한다.

(1) 인사담당자 이름을 직접 써라.

수신자를 관계자(To whom it may concern 또는 Personnel manager)라고만 쓰기 보다는 해당 회사에 전화를 걸어 채용담당자 이름을 직접 쓰는 것이 좋다, 자신이 회사에 대한 높은 관심을 나타내는 것일 수도 있고 추가적인 정보도 얻을 수 있어 좋다. 이때 주의할 점은 이름과 직책을 정확히 확인하고 스펠링도 확인하여 오타가 나오지 않도록 해야 한다는 것이다.

(2) 첫 문장

첫 문장은 인사담당자가 왜 이력서를 읽어야 되는지에 대한 의문점을 없애줄 수 있어야 한다. 어떠한 분야에 관심이 있고 어떠한 직책에 지원하는지를 명확하게 기재해야 하며, 구체적인 지원동기와 어떤 경로(인터넷, 주위 추천 등)를 통해서 입사지원을 하게 되었는지도 밝혀야 한다. 외국계 기업은 수시채용이 흔한 편이어서 채용공고 경로가 다양하다.

(3) 본론

지원하는 회사에 대한 자신의 정보를 담아야 한다. 회사가 지금 어떠한 상황이고, 어떠한 쪽에 맞는 인물을 찾는지를 언급한 다음 자신이 그 분야에 관심과 경력, 그리고 적합한 능력이 있음을 나타낼 수 있도록 작성해야 한다. 또한 자신이 지금 상황을 기록하여 인사담당자에게 언제부터 근무할 수 있는지, 어떤 직책으로 업무에 투입할 수 있는지를 판단할 수 있도록 해야 한다.

특히 자신의 업무와 관련된 직무능력을 구체적으로 기술해줘야 한다. 이력서에 한 두 줄로 기재한 사항을 알기 쉽게 풀어서 설명하면 된다.

"I served two terms as president of ABC University's student Tennis club, where my responsibilities ranged overhauling the organization's fee structure to representing our members in key meetings with faculty and other university leadership."

(4) 맺음말

자신이 인터뷰를 받고 싶다는 말과 함께 추가적인 정보로 연락처를 알려주고, 자신의 영문이력서와 자격증 그리고 성적증명서 등을 첨부한다고 기재해야 한다.

(5) 끝 인사

마지막으로 끝 인사말을 한다. 대부분 정중한 표현으로 인사말을 쓰고 그 다음 줄에 자신의 이름을 쓰고 서명을 한다. Sincerely, Sincerely Yours, Yours truly, Yours Faithfully 등과 같이 쓰면 된다.

02 독창적인 자기소개서 작성의 노하우

인사담당자가 한 사람의 이력서에 눈길을 주는 시간은 그리 길지 않다. 때문에 '가난한 농부의 아들로 태어나'라는 식으로 시작되는 진부하고 상투적인 자기소개서로는 서루전형을 통과할 수 없다. 인사 담당자들이 흥미를 느낄만한 내용을 중심으로 전개해 관심을 유발해야 한다. 자신이 회사에 필요한 인재임을 피력하여야 한다.

1) 자기소개서란?

자기소개서는 이력서와 함께 채용을 결정하는데 있어 가장 기본적인 자료다. 이력서를 개인에 대한 개괄적인 소개라고 한다면 자기소개서는 깊이 있게 자신을 소개하는 양식이라 볼 수 있다. 기업에서는 자기소개서를 통해 그 사람이 어떻게 살아왔으며 성격은 어떤지를 판단하며, 입사 후 포부 등을 통해 적합 여부를 파악한다. 또한 글 쓰는 능력을 통해 지원자의 논리성과 문장구성력 등을 가늠하기도 한다. 자기소개서의 경우에는 면접전형 시 질문하기 위한 자료로 활용되기도 하므로 충분히 생각한 후 작성해야 한다.

2) 자기소개서의 구성

자기소개서는 기본적인 형식이 있다. 물론 이력서와 마찬가지로 제시된 양식을 따라 작성하지 않아도 되는 회사에 지원하는 경우라면 창의력을 최대한 발휘해 작성하는 것도 좋다. 그러나 인사 담당자들에게 익숙한 양식이나 틀을 따라 작성하는 것이 감점을 최소화할 수 있는 방법이다.

(1) 성장배경

'공기 좋고 물 맑은 시골에서 엄하신 아버지와 자상하신 어머니 밑에서 부유하진 않았지만 큰 어려움 없이 컸으며...'와 같은 상투적인 문장으로 작성하면 감점될 가능성이 높다. 인사담당자들이 관심을 가지는 성장배경은 그런 것들이 아니기 때문이다. 그러므로 특별하게 남달랐던 성장과정에 대해 짧고 눈에 띌 수 있도록 써야 한다.

(2) 성격의 장, 단점

장점만 부각시켜도 모자라는 공간이 자기소개서이긴 하지만 혹 단점을 전혀 기술하지 않는다면 자칫 자신의 단점을 깨닫지 못하는 인간으로 비춰질 가능성이 있다. 단점을 얘기할 때는 그것을 극복하기 위해 어떤 노력을 하고 있는지를 기술해야 하며 그런 노력들이 입사 후 업무를 처리하는 데 있어서 오히려 장점이 될 수 있음을 강조한다.

(3) 학창시절 및 경력사항

학창시절의 동아리 활동이나 학생회 활동 등을 통해 조직생활에 어려움이 없음을 드러내야 바람직하다. 개인보다는 조직이 우선임을 강조할 필요가 있다. 대부분의 신입 사원들은 경력이 없기 때문에 수상내역이나 아르바이트, 과외활동 등을 무작위로 나열하기가 쉽다. 하지만 인사 담당자는 그런 사항을 일일이 눈여겨 볼만큼 시간이 넉넉하지 않다. 버리기에 아까운 경력이라고 생각한다면 지원 분야와 관련되는 사항을 먼저 기술하고, 나머지는 뒤에서 간단히 언급한다.

(4) 지원동기 및 입사 후 포부

자기소개서에서 가장 중요한 항목이다. 지원 동기는 자신의 적성과 비전이 지원 분야와 얼마나 적합한지를 제시하는 것이 좋다. 취업하고자 하는 기업의 업종, 경영이념, 회사문화, 성격 등을 알아서 그 기업의 특성에 맞게 지원동기를 기술한다면 좋을 것이다. 포부는 단순히 필요한 인물이 되겠다는 말보다는 업무에 대한 목표 성취나 자기계발을 위해 어떤 계획을 가지고 있는지 구체적으로 언급하는 것이 좋다.

3) 눈에 띄는 자기소개서로 통과하기

(1) '저는', '나는' 으로 시작하지 않는다.

'저는', '나는' 등의 자신을 지칭하는 표현은 쓰지 않는다. 자기소개서는 정해진 분량이 있는 경우를 제외하고는 A4 1장에서 2장 정도가 적당하다. 인사담당자들의 시선이 글의 서두에서 시작된다는 사실을 감안하면 핵심적인 내용을 군더더기 없이 서두에 제시해야 한다.

(2) 한 번에 써내려갈 생각은 하지 말라

평소에 자기소개에 능숙한 사람도 글을 쓰다보면 실수를 하게 된다. 특히 자필 이력서를 써야 할 경우에는 미리 연습장에 초고를 쓴 후에 베껴 쓰는 것이 좋다. 온라인 지원의 경우에도 빈문서를 열고 여러 번 작성해본 후에 수정 보완을 하여야 한다.

(3) 기업체별로 새로 작성하라

입사지원서에는 정성이 제일 중요하다. 한 업체에만 지원 할 것이 아니라면 각 기업체별로 다른 자기소개서를 써서 지원하는 것이 각 인사담당자들에게 가산점을 얻을 수 있는 방법이 될 것이다. 물론 자기소개서의 기본 틀은 써두고 기업체 별로 달라지는 부분을 다르게 작성하더라도 성의가 없어 보이지만 않는다면 무방하다.

(4) 일관성 있는 표현을 써라

글 쓰는 연습을 미리 해두어야 한다. 하나의 완성된 글에는 통일성이 있어야한다. 서두에서는 '나는~'으로 시작했다가 어느 부분에서는 '저는~'으로 기재한다면 베꼈다는 오해를 살 수도 있고 지원자의 신뢰도가 떨어지기 마련이다. 호칭, 종결형 어미, 존칭어 등은 일관된 표현으로 써야 하며 평소에 꾸준한 연습이 필요하다.

(5) 기본적인 정보는 꼭 기재하라

지원하고자 하는 기업에서 제시한 양식이 있다면 그에 준해서 쓰면 된다. 자유 형식의 경우에는 창의력이 돋보이는, 상투적인 형식에서 벗어난 자기소개서를 작성해도 무방하다. 그러나 독창적인 자기소개서일지라도 인사담당자가 평가하려고 하는 기본적인 정보까지 빠져 있다면 낭패가 아닐 수 없다. 기본 요소가 되는 성장배경, 성격, 학창시절, 지원동기 및 입사 후 포부는 꼭 기재하도록 한다.

(6) 추상적인 표현을 배제한다

"뽑아만 주신다면 최선을 다하겠습니다." 와 같은 표현은 지나치게 진부하고 추상적이다. 어떻게 열심히 하겠다는 것인지, 구체적으로 기재해야 한다. 아르바이트 경력에 대해 쓰고자 한다면 언제부터 어떤 아르바이트를 했으며, 그런 일들을 통해 현재 어떤 도움을 얻고 있고, 입사한다면 어떤 부분에 도움이 될 것이라는 것까지 구체적으로 기재한다. 열 마디 말보다 구체적인 숫자를 기입해 신뢰감을 주는 것이 훨씬 효과가 크다.

(7) 여러 번 퇴고를 거쳐 오·탈자율을 0%로 하라

자기소개서는 사회생활의 초기 활동이다. 문서를 작성하는 능력에서 기본이 되는 것이 바로 오·탈자율을 줄이는 것이다. 특히 자기소개서를 작성하는 과정에서 오자가 생긴다는 것은 용납이 되지 않는다. 물론 오자 하나 때문에 탈락하는 경우는 드물겠지만 사소한 곳에서 빈틈을 보이지 않아야 한다.

4) 서류전형 통과를 가로막는 자기소개서 유형

(1) 식상한 표현

'저는 서울시 송파구에서 1980년 3월에 2남 1녀의 막내로 태어났습니다. 회사의 중역을 지내신 아버님은 엄격함과 자상함으로 저희 형제들을 이끌어주셨으며, 어머님은 아버님의 완고함을 부드러움으로 보완하면서.....'

일상적으로 수많은 이력서를 접하는 채용담당자는 이 같은 자기소개서를 하루에도 수십 개 이상 발견한다. 남들이 작성한 자기소개서를 베껴온 듯한 문서는 채용담당자의 눈에서 벗어나는 첫 번째 유형이다. 형식에서 많이 벗어나지는 않는 정도에서 자기만의 독특한 자기소개서를 작성하는 것이 훌륭한 자기소개서 작성의 출발점이다

(2) 자기자랑 일색형

자기소개서를 자기자랑으로 가득 채워 넣는 구직자들을 쉽게 볼 수 있다. 물론 자기소개서는 자신의 장점을 피력하는 것을 목적으로 한다. 하지만 한 번도 보지 못한 사람이 자신은 리더십이 뛰어나고 책임감이 강하며, 대인관계가 좋고 성실하다고 말하면 그 말을 믿을 수 있을까? 만약에 이처럼 모호한 단어들을 사용하려고 한다면 그에 관련된 에피소드 등을 예로 들어 상대를 설득할 수 있어야 한다.

구직자들이 특히 많이 사용하는 문장들은 다음과 같다.

- 리더십이 뛰어나다.
- 신중한 성격에 꼼꼼하다.
- 창조적인 사고를 한다.
- 적극적인 소유의 성격이다.
- 성실하다.
- 대인 관계가 좋다.
- 업무 적응력이 뛰어나다.
- 친구들이 항상 자신에게 고민을 상담한다.

위에서 소개한 문장들은 사실 기업이 원하는 인재상에 부합하는 것들이다. 하지만 이런 좋은 말들만 나열한다면 신뢰감을 떨어뜨릴 수 있다. 자신이 강조하고 싶은 사항을 정해서 그에 맞은 근거를 제시하여 인사담당자를 설득해야 한다.

(3) 경력 나열형

"대학에서 경험한 과외활동으로는 벤처창업 동아리, 영어연극 동호회 및 경영학과 학회활동 등이 있으며, 통신모임으로는 싸이월드의 마케팅연구 동호회 등에 소속되었

습니다.

또 성가정 입양원 봉사활동을 한 바 있으며 아르바이트로는 커피숍 아르바이트를 했습니다. 이와 같은 다양한 활동을 통해서 얻은 지식과 경험은 지금도 대학시절의 가장 큰 추억으로 남아있습니다. 먼저 벤처창업동아리 활동을 통해서......"

특별한 경력이 없다고 생각되면 다양한 활동을 소개할 경우 "이중에 하나쯤은 걸려들겠지..." 하는 생각을 가질 수도 있지만 이는 큰 오산이다. 자기소개서에는 자신의 능력과 역량을 적절하게 보여주어야 하지만 불필요한 군더더기가 많은 경우 오히려 산만하게 보이기도 한다. 꼭 필요한 내용만 담고, 불필요한 부분은 과감하게 삭제하는 것이 더 효과적이다.

(4) 역사교과서 부록형

"00년 서울 목동에서 태어난 저는 00년에 한국고등학교에 입학하였으며, 00년에 한국고등학교를 졸업하였습니다. 동년 00대학교 영문과를 입학하였습니다. 재학 중 00년부터 00년까지 강원도 00부대에서 군복무를 수행하였으며, 다시 복학 후 00년 졸업하였습니다.

00년에는 아르바이트로 00에서 일했고, 00년부터 00년까지는 여행 동아리 활동을 하였습니다."

자기소개서는 자신의 경력을 요약한 자료집이 아니라 왜 자기가 일을 해야 하는지에 대하여 설득하는 글이어야 한다. 강약과 리듬이 있는 자기소개서를 작성해야 효과적이다.

(5) 사소한 실수형

우리는 항상 실수를 저지르며 살아간다. 아주 사소한 오·탈자부터 누구든지 이해할 수 있는 수자상의 오류, 또 기업이 요구하는 제출서류 중 일부서류를 누락할 수도 있다. 그리고 서류의 제출 마감시간을 넘길 수도 있다. 하지만 이런 사소한 실수들로 인해 서류전형에서 탈락될 수도 있음을 잊지 말아야 한다.

5) 자기소개서 체크리스트

평 가 항 목	체 크
자기소개서의 시작이 신선한가?	
항목별로 나누어 작성했는가?	
사건의 나열이 아닌 구체적인 서술을 하고 있는가?	
개인의 개성이 들어나 있는가?	
지원동기 및 입사 후 포부가 잘 들어나 있는가?	
경력에 관한 기술이 누락되어 있지는 않은가?	
판에 박혀 지루하지는 않은가?	
맞춤법과 띄어쓰기가 잘 되어 있는가?	
전체적인 문맥이 자연스러운가?	
자기소개서의 양식이 깔끔하게 정리된 느낌을 주는가?	

03 효과적으로 자신을 어필하는 면접의 요령

인사담당자들은 흔히 면접을 진행하다 보면 자신감이 넘치고 능력은 있지만 겸손한 인재는 드물다고 말한다. 이는 지원자들이 자신의 실력과 능력을 제대로 표현하는 능력이 모자라기 때문이다. 실력과 능력의 표현은 당당하고 자신감이 있어야 하겠지만 유머감각이 넘치는 화사함, 윗사람을 존중하는 겸손함까지 몸에 배어 있어야 한다. 기업이 지나치게 슈퍼인재를 원한다고 생각 할 수도 있지만 본래 보기 좋은 떡이 맛도 좋은 법이다.

1) 면접의 포인트 잡기

(1) 미리 준비하라

면접에 대비하기 위해서는 자기 분석과 기업에 대한 정보 파악이 우선되어야 한다. 보통 면접에 자주 등장하는 질문들은 일정한 유형을 갖고 있다. 지원할 회사가 정해지면 면접관이 물어볼 것으로 예상되는 질문에 대한 답변을 준비할 필요가 있다. 답변은 자신의 장점과 경험 등을 자연스럽게 전달할 수 있도록 준비한다. 대주주나 계열사 혹은 매출현황 등을 파악해 두면 면접 시 활용할 수 있다. 인터넷 홈페이지 등을 둘러보며 지원 회사의 최근 분위기를 익혀두면 도움이 된다. 중요한 것은 어떤 형식, 어떤 분위기에서 면접이 진행된다 하더라도 자신이 말하고자 하는 바를 분명하게 표현할 수 있도록 하는 것이다.

(2) 지원 동기와 입사 후 포부를 명확히 하라

- 왜 일을 하는가?
- 왜 이 회사에 들어가려고 하는가?
- 이 회사에 들어가서 무엇을 하고 싶은가?

(3) 무엇을 요구하는지를 파악하라

질문 내용을 짐작하지 말고 면접관이 무엇을 묻고 있는지를 정확히 파악해야 한다. 무엇을 묻고 있는지, 무슨 이야기를 하고 있는지 정확한 의도와 내용을 파악해야 적절한 답변이 가능하다. 요지를 제대로 파악하지 못 했으면 대충 넘어가거나 우물쭈물하지 말고 과감하게 "죄송하지만 다시 한 번 말씀해 주시겠습니까?"라고 정중하게 요청한 다음, 질문의 의미를 이해하고 대답하도록 한다. 만약 자신이 질문에서 벗어난 답변을 하고 있다고 판단되면 가급적 빨리 마무리하는 게 좋다. 신뢰감을 떨어뜨리는 것보다는 솔직하게 모르겠다고 말하는 것이 좋다.

(4) 한 템포 쉬고 이야기 하라

면접에서는 자신의 경쟁력을 보여주어야 한다. 하지만 짧은 시간동안 자신의 모든 모습을 보여줄 수는 없다. 여유를 갖고 질문의 요지를 파악하고, 결론부분을 먼저 말하고 세부설명으로 들어가야 한다. 자신의 특기나 장점과 연결될 수 있는 질문에 대해서는 기회를 놓치지 말고 그것을 적극적으로 전달해야 한다. 단 너무 자신의 장점만을 부각시키면 오히려 신뢰를 잃을 수 있다.

(5) 결론부터 이야기 한다

배경에 대한 설명부터 늘어놓고 결론을 이야기하면 지루한 느낌을 주기 쉽다. 결론을 먼저 이야기한 다음, 필요한 부분을 부연해 설명하는 것이 더 적절하다. 답변이 늘어지면 중간에 답변을 중지시키는 면접관도 있다는 사실을 알아두어야 한다. 답변 시에는 가능한 한 말끝을 분명히 하도록 한다. 말끝을 흐리면 분명하지 못하다는 인상을 줄 수 있다. 말끝을 분명히 함으로써 자신감 넘치는 태도를 유지할 필요가 있다.

(6) 표정 관리에 신경 써야 한다

중요한 것은 첫인상이다. 단 몇 초 이내에 외형적 모습만으로 평가가 끝날 수도 있다는 사실을 염두에 두어야 한다. 미소를 잊지 말고 표정관리에 유의해야 한다. 신기한 듯 두리번거리는 태도를 보이거나 면접 대기실의 흐트러진 자세 등은 결정적인 감점 요인으로 작용한다. 또 면접관이 질문을 할 때 손을 만지작거리거나 시선을 다른 데로 두는 것은 곤란하다. 구인자의 입술이나 양미간을 바라보면서 진지하게 듣고 있다는 표정의 관리가 필요하다. 답변이 어려운 질문이 주어지더라도 얼굴 표정에 변화를 주지 말고 끝까지 듣는 진지함을 보여야 한다. 늘 면접관이 뒤에 있다는 사실을 잊어선 안 된다.

(7) 뒷모습도 중요하다

면접이 끝났다고 판단되면 대부분의 수험생들은 긴장을 풀고 머리를 긁적이거나 어깨 짓을 하는 등 자신의 본래 습관을 보이는 경우가 많다. 문을 닫고 나오는 그 순간까지 절도 있는 모습을 유지하는 침착성이 필요하다.

2) 핸디캡 극복하기

(1) 첫인상이 좋지 않다

일부 대기업에서는 면접을 실시하는 과정에서 관상전문가의 조언을 구할 정도로 첫인상은 중요한 부분을 차지한다. 이때 포인트를 두는 부분을 파악해서 자신의 약점을 보완한다면 큰 도움이 될 것이다. 기업주들이 꺼리는 인상은 윗입술이 얇은 사람, 이마가 좁은 사람, 눈이 움푹하게 들어간 사람, 턱선이 세모꼴로 뾰족한 사람 등인데, 이러한 사람은 비밀을 누설할 상이라는 선입견을 지니고 있는 이들이 의외로 많다. 이러한 약점은 화장을 통해 간단히 극복할 수 있다. 눈썹이 짧거나 숱이 적은 사람은 눈썹을 그리고, 피부색이 어두우면 파운데이션 화장을 하는 것이 좋다. 윗입술이 얇은 사람은 연한 분홍색으로 입술의 윤곽을 뚜렷이 그리고, 눈이 움푹 들어간 사람은 눈 주위에 밝은 색의 색조 화장을 가볍게 해준다. 헤어스타일도 중요한 포인트다. 얼굴에 각이 진 사람은 부드럽게, 얼굴이 둥그런 사람은 좀 강직하게 보이도록 헤어스타일을 바꾸는 것이 좋다.

(2) 타인 앞에서 서면 얼어버린다

면접을 하는 동안 긴장하는 것은 자연스러운 현상이다. 지나친 긴장은 실수를 유발할 기능성이 있다. 위기에서도 침착할 수 있는 사람이라는 인식을 심어주는 것이 중요하다. 면접장에 들어가기 전에 기지개를 한두 번 켜보거나 심호흡을 천천히 몇 차례 함으로써 긴장을 줄일 수 있다. 면접관은 대개 평소의 지원자의 모습을 이끌어내기 위해 생활주변의 이야기부터 꺼내기 마련이다. 지원자는 이때를 마음을 가라앉히는 계기로 삼아야 한다. 과거의 추억들을 생각하며 마음의 여유를 찾으면 바람직할 것이다. 자신의 모습을 자연스럽게 보여주는 것이 현명한 방법이다.

(3) 말을 잘 하지 못 한다

이공계 학생들 중에는 말을 제대로 잘 하지 못 한다는 고민을 지니고 있는 이들이 의외로 많다. 면접장에서 유창하게 말하는 사람은 드물다. 일부 업종을 제외하고는 유창한 화술보다는 그 사람이 가진 자신감과 진실성을 보여주는 선의 대화만으로도 충분하다. 일관성 있게 답변하도록 노력하고, 면접관에게 좋은 인상을 심어줄 수 있는 말투를 사용하도록 노력해야 한다. 미리 답변을 연습해 보는 것도 도움이 된다.

(4) 준비되지 못한 모습으로 면접에 임해야 할 상황이 발생했다

전날 밤잠을 못 잤다거나 술을 과음한 다음날 면접을 하면 자기관리를 잘못하는 사람으로 비춰질 수 있다. 피곤해 보이는 사람을 채용할 회사는 없다. 우선은 미리 충분한 수면을 통해 이러한 불상사가 없어야 하지만, 이미 벌어진 상황에 대해서는 자신의 폭넓은 지식 분야를 피력해서 외관상의 핸디캡을 다소나마 커버할 수 있도록 해야 한다.

(5) 취업이 늦어졌거나 공백 기간이 있다

취업재수, 휴학 등의 공백 기간이 있는 경우에는 면접장에서 그 기간 동안의 생활, 인생의 목표, 그리고 비전의 확립 등에 대한 집요한 질문이 이어질 가능성이 있다. 따라서 면접에 임하기 전 충분한 사전준비를 해둘 필요가 있다. 공백 기간 중 자신이 미래를 위해 어떤 노력을 하였고, 그 결과 사회에 적응할 준비가 완벽히 되었다는 점을 어필해야 한다.

(6) 지원 분야에 대한 지식이 부족하다

아무리 준비를 했다고 해도 자신이 준비한 분야와 면접을 하는 기업의 실제 업무와는 차이가 있을 수 있다. 전혀 모르는 질문이 나왔을 때 당황해 횡설수설하는 경우가 있는데, 이럴 때는 차라리 솔직하게 접근하는 것이 낫다. 단 잘 모르겠다고 끊어 답하기보다는 아는 범위까지 성실하게 설명하고, 자신의 부족한 부분을 솔직히 인정하는 편이 바람직하다.

3) 첫인상이 면접을 좌우한다.

(1) 면접 시 구직자의 행동이 미치는 영향

구분	내용	감점 비중
시각요소	진지하지 않은 자세 시선 회피 앉은 자세 불량 거리 못 맞춤	70.3% 54.7% 32.8% 12.5%
음성요소	작은 목소리 불분명한 발음 중복되는 말 말의 빠르기	61.7% 59.4% 44.5% 39.1%
언어요소	요점의 불명확 문장의 미숙 목소리	74.2% 43.0% 18.1%

(2) 첫인상의 중요성

	Preview	First Impression	Confirmation	Determination
10분	10분	3분	17분	30초
점수 결정 영향력	15%	60%	5%	20%

자료협조 : 서울대학교 학생생활연구소

4) 면접, 이것만은 지키자

면접에도 예절이 있다.

(1) 인사법

- 입실을 할 때 밝은 모습으로 웃는 얼굴을 유지하며 들어선다.

- "안녕 하십니까?" 라고 인사말을 던지며 45도 각도가 유지되도록 인사를 한다. 이때 시선이 너무 아래를 향해서는 안 된다.
- 면접관이 앉으라는 말을 하면 자리에 앉고 "감사합니다."라고 공손히 말하며 앉을 때 소리가 나지 않도록 주의한다.

(2) 면접 시 대화법

- 구직자는 자신이 하고자 하는 메시지를 핵심적인 내용을 중심으로 명확하게 전달해야 한다.
- 진지한 자세는 신뢰할 수 있는 사람이라는 인상을 주는 반면, 그렇지 않은 자세는 성실성과 책임감을 의심하게끔 할 수 있다. 따라서 구인자와 마주한 자리에서 말을 듣거나 할 때 항상 진지한 자세를 유지해야 한다.
- 작은 목소리는 자신감이 없음을 나타낼 수 있으므로, 구직자는 자신의 목소리 크기가 상대방이 듣기에 적절한지를 점검해야 한다.
- 긴장을 해서 목소리가 떨리는 것은 어쩔 수 없지만 분명한 발음으로 또박또박 이야기해 나감으로써 업무 처리 또한 확실한 사람이라는 인상을 줄 필요가 있다.
- 일반적으로 시선 접촉을 피하는 것은 자신감이 없음을 나타낸다. 따라서 구직자는 면접관과 적절히 시선 접촉을 함으로써 자신감 있는 태도를 보일 필요가 있다. 면접관이 여러 명인 경우는 면접관의 눈을 번갈아가며 쳐다보며 말을 한다.
- 항상 웃는 얼굴을 잊지 않아야 한다.
- 발음이 꼬이지 않도록 하며 "~습니다."체를 쓰도록 한다. 면접관이 자신보다 연장자라는 사실을 잊지 말도록 한다.
- 질문을 잘 듣지 못했다면 정중하게 다시 물어 본다.
- 다른 면접자가 대답을 할 때도 함께 경청하는 모습을 보인다.
- 면접 중 직위가 높아 보이는 사람이 입실해도 일어서지 않는다.

(3) 면접이 끝난 후

- 면접 볼 기회를 준 것에 대한 감사와 고마움을 전하는 멘트를 하고 돌아선다.
- 퇴실했다고 하여 긴장을 늦추지 말고 회사 정문을 나설 때까지 긴장을 늦추지 않는다.
- 면접을 잘 못 봤다고 해도 절대 얼굴을 찡그리며 돌아서지 않는다.

(4) 면접 시 주의 사항

- 지각은 절대금물이다. 적어도 30분 전에 여유 있게 도착한다.
- 앉으라는 얘기가 있을 때까지 앉지 않는다. 허락을 받지 않고 앉으면 무례해 보일 수 있기 때문이다.
- 옷을 자꾸 고쳐 입지 않는다. 자신감이 없어 보일 수도 있다.
- 시선을 자꾸 돌리거나 손장난이나 발장난을 하지 않는다.
- 응답 시 너무 말을 꾸미지 않는다.
- 질문을 듣자마자 바로 대답하지 않는다. 경솔해 보일 수 있다.
- 혹시 잘못 대답하였다고 해서 혀를 내밀거나 긁적이지 않는다.
- 머리카락에 손대지 않는다. 정서가 불안정해 보일 수 있다.
- 대화를 질질 끌지 않는다. 분명하고 명확하게 한다.
- 연설하는 말투나 군대식 말투를 사용하지 않는다.
- 질문에 대답을 못했다고 천정을 보거나 고개를 푹 숙이고, 바닥을 보지 않는다.
- 질문 내용을 모른다고 얼버무려 대답하지 않는다.
- 자신 있다고 너무 큰 소리로, 너무 빨리, 너무 많이 말하지 않는다.
- 과장이나 허세로 면접자를 압도하려 하지 않는다.

04 취업준비와 전략

사례 1 '나'라는 상품을 명품으로 만들기 위한 노하우

상품의 가치를 결정하는 데 있어서 가장 중요한 요인은 무엇일까? 명품(名品)은 어떻게 태어날까? 명품이나 히트상품이 만들어지기 위해서는 두 가지 핵심적인 요소가 잘 융합되어야 한다. 첫째는 상품이 우수해야 한다는 것이다. 다른 하나는 상품을 소비자들에게 잘 전달하고 이해시켜야 한다는 것으로, 이른바 '마케팅'을 잘 해야 한다는 의미다. 단순히 품질이 우수하다고 명품의 반열에 오를 수는 없다. 또 품질이 우수하지 않은데, 오히려 화려하기만 한 마케팅은 일시적으로 소비자들을 현혹시킬 뿐이다.

그렇다면 '나'라는 상품은 어떤가? 지금까지 20여 년간 '나'라는 상품을 끊임없이 가꾸고 만들어 온 사람으로서 '나'라는 상품에 대해서 몇 점의 점수를 줄 수 있는가? 그리고 '나'의 우수성을 홍보하고 알리기 위한 '마케팅 전략'은 가지고 있는가? '나'를 시장에서 제대로 팔기 위해, 시장이 요구하는 조건들을 갖추고 있는가?

인사담당자들은 그동안 많은 사람을 면접하고 구직자가 제출한 자기소개서를 들여다보았지만, 자신을 내다 팔기 위한 마케팅은 찾아보기 힘들다고 고백하는 이들이 많다.

그렇다면 자신을 돋보이게 하는 효과적인 방법은 무엇일까?

우선 스스로를 아는 것에서 출발해야 한다. 자신의 상품성을 냉정하게 평가해야 한다. 다른 사람들과의 차별성, 그리고 자신만의 장점과 단점을 명확하게 정의하고 설명할 수 있어야 한다. '나'라는 상품을 '구입'할 소비자의 입장에서 철저히 고민해야 한다. 일반적으로 면접과정이나 자기소개서에서 흔히 보는 오류 중의 하나는 '소비자'의 입장에는 별 관심 없이, 그저 그런 장점을 나열하는 것이다. 구직자의 이야기를 듣고 소비자(기업)가, "그래서, 어쩌라는 거지?"라고 의문을 갖게 된다면, 취업의 실패는 불을 보듯 뻔하다.

어떻게 홍보할 것인가와 관련된 마케팅 전략을 세워야 한다. 글로 자신을 표현하고, 말로서 자신을 홍보하는 방법을 고민해야 한다. 자기소개서를 쓸 때 스스로 쓰고 싶은 것을 쓰기보다, “면접관은 과연 무엇을 궁금해 할까?”부터 먼저 고민해야 한다.

구직자들은 눈을 감고 한번 자신을 가만히 평가해 보기 바란다. 나의 고객들은 과연 나에게 몇 점의 상품성을 부여할까? 나의 마케팅 전략은 과연 기업 입장에서 매력적일까? 이에 대한 솔직하고 객관적인 분석과 평가가 없다면 치열한 취업시장에서 결코 ‘명품’이 될 수 없다. 나의 상품성을 높이기 위한 부단한 노력과 ‘나’라는 상품에 적절한, 나만의 마케팅 전략이 필요하다. 명품이 되기 위해 가장 먼저 해야 할 일이 그것이다.

노주선 : 한국인성컨설팅·글로벌피에이씨 대표

자료원 : 조선일보 2007년 7월 25일자

사례 2 가장 자신이 있는 분야를 골라라 – 해외 취업 5계명

(1) 자신의 능력을 정확히 파악한다.

외국의 회사들은 바로 실무에 투입할 수 있는지를 중시한다. 따라서 자신이 어느 분야에 가장 능통하고 숙달돼 있는지 파악해야 한다.

(2) 어학과 실무능력은 기본이다.

현지의 기업들은 해외 인력 채용 시 전문적인 실무능력과 어학능력을 따진다. 국내에서 관련 업무에 대한 경력을 적어도 2년 정도 쌓고 도전하는 것이 유리하며, 외국어는 업무와 관련된 내용을 완벽하게 구사할 수 있을 만큼 능숙해야 한다. 해외 취업에 도전하는 구직자들은 늘고 있지만 취업 성공률이 20% 정도로 낮은 이유는 전문적인 실무능력과 어학능력을 제대로 갖추지 못했기 때문이다.

(3) 회사 선정은 신중하게

외국회사도 국내처럼 부실 회사가 있을 수 있다. 취업 전 해당 회사가 자신에게 제공해줄 수 있는 것이 무엇인지 미리 알아두도록 한다. 해당 기업의 홈페이지나 전문 헤드헌팅사를 통해 사전 정보를 알아보는 것도 방법이다.

(4) 자신만의 PR 전략을 세워라

외국 기업은 자신을 적극적으로 홍보할 수 있는 사람을 선호한다. 자신을 효과적으로 홍보할 수 있는 기법을 개발하고, 자신을 채용할 경우 해당 회사에 어떤 경제적 이익을 가져다줄 수 있는지를 알리는 적극성이 필요하다.

(5) 국제자격증을 취득하라

국내에서 국제 공인 자격증을 취득하면 해외 취업을 할 때 도움이 된다. 국제 자격증이라고 해도 희소성이나 활용성에 따라 대우가 달라지는 만큼 정확한 정보와 전망을 고려해 선택하도록 한다. (커리어www.career.co.kr)

❶ 도전하기 전에 체크할 일

성공적인 해외 취업을 위해서는 우선 국내 구직자들이 유리하게 진출할 수 있는 직종과 국가를 골라 전략적으로 추진해야 한다. 현재 정보기술(IT)과 간호사 직종은 해외 취업자 중 60%가량을 차지할 만큼 수요가 많다. 건설토목과 항공승무원도 상당수에 이르며, 무역 영업과 요리사도 인기를 얻고 있다. 취업 포털 커리어의 도움을 받아 해외 취업 체크포인트를 정리해 보기로 한다.

- **비자 발급** : 까다로운 취업 비자를 얻는 게 필수 관문이다. 국가별로 비자의 성격이나 취득 절차, 체류 기간 등이 다르기 때문에 꼼꼼히 살펴야 한다. 대부분의 지원자는 대졸 혹은 동등 수준 이상의 학력을 소지해야 하며, 학위를 취득한 전공분야와 원하는 직종이 일치해야 한다. 또 접수할 때는 직종에 대한 충분한 실무경력이 있음을 증명하는 기술교육증명서, 각종 자격증 등을 갖춰야 한다.
- **영어 면접** : 해외 취업에서 가장 중요한 것 중 하나는 영어면접이다. 면접할 때 자신이 갖고 있는 능력을 최대한 보여 주기 위해서는 사전에 예상 답변을 만들어

연습하고, 지원한 회사에 대한 정보를 파악해 두어야 한다. 또 면접 일정이 정해지면 정확한 인터뷰 장소, 면접관의 이름(정확한 발음) 및 직위를 알아 놓아야 한다. 면접 과정에서 둘 이상의 면접관을 만날 수도 있기 때문에 여분의 이력서도 미리 준비해 둔다.

- **교육기관 선택** : 교육기관의 공신력과 취업 보장 정도를 꼼꼼히 따져 봐야 한다. 자신이 일하게 될 기업과 생활 조건에 대한 충분한 정보를 제공하고, 현지 네트워크를 갖춘 알선 업체의 도움을 받는 것이 중요하다. 산업인력공단(www.worldjob.or.kr)에서는 해외 채용 정보를 제공할 뿐 아니라 지정 알선기관을 두고 적극적으로 해외취업 개발과 해외 취업자의 정착을 돕고 있으므로 적극 활용한다.
- **자격증 활용** : 국제 자격증을 활용하면 도움이 된다. IT나 전문 분야의 국제 자격증을 취득하면 취업 시 가산점을 얻을 수 있으며, 정보통신부가 주관하는 해외 취업 프로그램에도 참여할 수 있다. 물론 해당 자격증이 취업하려는 국가에서 인정받을 수 있는지 미리 알아봐야 한다. 국내 자격증을 취득한 뒤 해당 국가에서 새로 자격 취득 시험을 치러야 하는 경우도 있기 때문이다.
- **적어도 경력은 5년 정도는 되어야 국내에서도 인정된다.** : 해외 취업 후 경력 관리는 크게 일정 기간이 지난 후 한국으로 돌아오는 선택과 현지에서 계속 근무하며 영주권을 취득하고 아예 이민을 가는 경우로 나눌 수 있다. 보통 해외 취업자들은 현지에서 2~3년 근무한 뒤 결혼 등을 이유로 국내로 돌아오는 경우가 많다. 이때 해외 기업 근무가 국내 기업에서 인정받을 수 있느냐가 문제다. 자동차 설계나 IT 등 첨단 기술 분야는 선진 기술을 익히는 등 관련 분야 전문가로 성장하면 국내기업에서도 경력을 인정받을 수 있다. 이를 위해서는 현지에서 적어도 5년 이상 근무해야 한다. 연봉을 더 준다고 해서 이곳저곳 옮겨 다니는 것은 경력에 좋지 않다.

자료원 : 중앙일보 2007년 6월 5일자

사례 3 '나'의 강점을 최대한 부각시켜라 – 취직·이직할 때 효과적인 PR방법

(1) 취업과 이직을 위한 사전 다지기

심각한 취업난 속에서도 취업과 이직에 성공하는 사람들이 있다. 이들의 공통점은 무엇일까? 일단 자신에게 맞는 업종을 정확히 파악하고, 목표하는 기업과 분야를 구체적으로 설정하는 것이다. 자신을 객관적으로 평가하고 기업이 원하는 맞춤형 취업준비 전략을 세워 '준비된 인재'라는 느낌을 주는 것이 중요하다.

또 대학의 취업특강, 취업정보실이나 취업 전문업체의 채용박람회를 적극 활용해 채용시장의 동향과 정보를 수집한다. 관심기업 사이트를 정기적으로 방문하는 것도 잊지 말아야 한다.

이직에서도 취업 못지않은 전략이 필요하다. 이직 시 가장 중요한 것은 바로 철저한 준비와 신중한 선택이다. '준비 없는 이직은 실직'이라는 말을 명심하고 인생의 목표를 뚜렷이 설정할 필요가 있다. 잦은 이직은 '뽑으면 또 나갈 사람'으로 낙인찍힐 수 있기 때문에 본인에게 불리하다. 일부 기업은 이익이 잦은 구직자에게 면접의 기회조차 주지 않기 때문에 주의하는 것이 좋다.

'뒷모습을 아름답게 정리하는 것' 또한 중요하다. 전 직장 상사나 동료를 언제 어디서 다시 만날지 모르는 법이다. 또 전 직장에서의 행동거지는 고스란히 이직한 회사로 흘러 들어간다는 사실을 잊어선 안 된다. 아울러 이직을 하는 주된 이유가 연봉 문제 때문이라면 입사하기 전에 확실히 해 둘 필요가 있다. 이직 후 처음과 다른 말을 하는 기업도 있기 때문이다.

(2) 튀는 이력서로 눈길 사로잡기

자기 PR이 가장 필요한 때가 바로 취업과 이직의 시기다. 서류전형과 면접의 관문을 넘어야 하는 데, 지원자의 80% 정도가 서류심사에서 탈락하고 20%만 면접을 하게 된다. 따라서 면접기회라는 바늘구멍을 통과하기 위해서는 차별화와 독창성이 필수다. 전문가들은 PR광고 문안을 쓰듯이 이력서와 자기소개서를 쓰는 것도 한 방법이라고 강조한다. 기존의 문방구에서 구입한 이력서를 사용하는 식의 구태에서 과감히 탈피해 자신의 강점을 극대화해 전면에 노출시킬 필요가 있다.

최근에는 이력서, 자기소개서 등의 서류 대신 자기 PR UCC(사용자 제작 콘텐츠)동영상을 활용하기도 한다. 자기 PR 동영상은 구성부터 콘티, 제작까지 본인이 주도해야 하기 때문에 구직자의 기획력, 창의성, 독창성을 두루 확인할 수 있다. 이런 이유로 '자기증명채용' 방식을 선호하는 기업들도 점점 늘어나는 추세다. 자기PR 동영상을 제작할 때는 자신을 상품화해 컨셉을 잡은 후 이를 확실하게 어필해야 한다. 가장 중요한 것은 상대방이 나를 '갖고 싶게'만드는 것이다.

특히 인터넷 방송업체나 게임, 서비스업체의 경우 창의성과 개성을 중요시하므로 업체에 제안할 수 있는 기발한 아이디어 등을 동영상에 담아도 좋다.

이직을 고려하는 경우라면 참여했던 프로젝트를 장황하게 늘어놓기보다 원하는 분야의 실무경력 중 강조하고 싶은 내용에 중점을 둬 설명해야 한다. 촬영할 때는 신뢰감이 가는 음성, 표정, 분위기 등을 연출하는 것도 중요하다.

(3) 돋보이는 외모도 중요하다.

사람들은 성공한 이미지를 갖고 있는 사람에게 더욱 끌리며, 그런 사람들을 자신의 시간과 노력을 들여 도우려 한다는 조사결과가 있다. 이러한 심리적 현상은 길거리에서나 면접 할 때나 통하는 현실이다. 즉 옷차림에 따라 상대방의 반응이 좌우된다.

따라서 면접 시에는 자신을 돋보이게 할 수 있는 옷차림이 필요하다. 그렇다고 너무 튀는 것은 역효과를 가져온다. 회사에 익숙해지고 나서는 어느 정도 자신의 개성을 표현하는 것도 나쁘지는 않지만 일단 목적에 대한 우선순위를 분명히 할 필요가 있다. 그 회사의 직원들과 비슷한 스타일의 옷을 입는 것이 가장 확실한 방법이다. 따라서 면접 전에 지원하는 회사에 가서 분위기를 파악하는 것도 도움이 된다.

면접을 성공으로 이끌기 위해서는 면접관으로부터 신뢰와 동의를 얻어야 한다. 약간은 보수적인 듯한 옷차림이 면접관들에게 자신의 전문성을 돋보이게 할 수 있다. 남성이라면 일반적으로 짙은 감색의 정장이 가장 무난하다. 지나치게 화려한 옷차림은 전문성에 대한 의심을 갖게 한다.

신발은 항상 정장보다는 짙은 색이어야 한다. 검정색이 실수가 적다. 양말은 구두와 같은 색이거나 구두와 바지의 중간색으로 선택한다.

그러나 무엇보다도 가장 중요한 것은 자기에 대한 자신감임을 잊지 않는 것이다.

도움말 : g마켓, 아인스파트너

자료원 : AM7 2007년 4월 9일자

사례 4 마음을 사로잡는 칭찬의 노하우 – 입에 발린 칭찬, 신뢰감 무너뜨린다

"아부는 우리가 원하는 사회를 만드는 데 도움이 되는 일상적인 예의다." 지난해 말 번역 출간된 미국 시사 주간지 타임의 편집장이 쓴 '아부의 기술'이라는 책에 나오는 말이다. 책은 '아부'에 대한 우리의 선입견을 여지없이 깨뜨리며 아부를 '품격을 갖춘 수준 높은 칭찬 기법'으로 끌어올렸다. 아부도 훌륭한 칭찬의 기술이 될 수 있는 것이다.

윗사람이건 아랫사람이건 칭찬을 싫어하는 사람은 없을 것이다. 귀에 거슬리는 얘기보다는 듣기 좋은 소리를 더 좋아하는 것은 인지상정이다. "할 말은 해야 한다."며 상사의 면전에서 거침없이 불만을 내뱉는다면 세상 물정 모르는 사람으로 낙인찍힐 수 있다. 칭찬의 말은 직장인들에게 특히 중요하다.

조직의 사기와 직결되기 때문이다. 하지만 칭찬에도 요령이 있다. 입에 발린 말이나 속이 빤히 보이는 칭찬은 오히려 상호간 신뢰를 무너뜨리는 등 역효과를 낼 수 있다. 그렇다면 상대방의 마음을 사로잡는 효과적인 칭찬이란 어떤 것일까?

(1) 제3자에게 칭찬하라

사람은 누구나 인정받고 싶은 욕구가 있다. 칭찬은 이런 욕구를 충족시켜 줌으로써 상대방에게 자신감과 희열을 느끼게 한다. 따라서 한 사람 보다는 두 사람, 나아가 여러 사람으로부터 인정을 받을수록 사기가 높아지고 동기가 부여될 수 있다. 1대1로 칭찬하는 것이 쑥스럽다면, 제3자를 통해 칭찬하는 것도 방법이다. 자신의 칭찬을 다른 사람을 통해 듣게 되면, 칭찬한 사람에 대한 신뢰감은 높아질 수밖에 없다. 공개적으로 칭찬하는 것도 같은 이치다. 경영자나 상사의 입장에서는 항상 부하직원의 잘못 된 부분이 보이게 마련이므로, 칭찬에 인색하고 채찍과 감시에 더 많은 관심을 갖는 경우가 많다. 이럴 때 평소에 개인적으로 질책했던 상사가 사람들 앞에서 공개적으로 칭찬을 해 주면 상사로부터 인정받았다는 생각에 사기가 높아질 수 있다.

(2) 구체적인 사실에 대해 칭찬하라

칭찬을 해야 한다는 의무감에 치우쳐 상대방에게 맞지 않는 틀에 박힌 칭찬을 한다면, 오히려 상대방을 난처하게 할 수도 있다. 일례로 중요한 자료가 빠진 보고서를 보고, "오, 매우 훌륭하군요!"라고 했다면, 칭찬 받은 사람은 착각을 하거나, 상대방의 무관심에 실망할 수도 있다. 날씨에 맞지 않는 옷에 신경 쓰고 있는 사람에게 "역시 패션 감각이 뛰어나십니다."라고 한다면, 자신을 놀린다는 생각에 불쾌해 할 것이다. 따라서 칭찬을 할 때는 정확한 사실에 근거해야 한다.

인재관리 전문기업 HRKorea(www.hrkorea.co.kr)의 최효진 사장은 "천편일률적으로 '좋아!', '대단해!'라고 할 것이 아니라, 어떤 아이디어 덕분에 좋은 보고서가 만들어져 대단하다는 식으로 근거를 제시해서 칭찬하는 것이 중요하다."고 말한다.

(3) 누구나 아는 사실은 피하라

모차르트나 베토벤에게 "작곡을 참 잘하는 군요."라고 했다면 모차르트나 베토벤은 이를 어떻게 받아들였을까? 칭찬으로 받아들이기보다 오히려 기분이 크게 상했을 것이다. 또 자신이 미인이라고 생각하는 사람에게 "예쁘다."고 말하면, 그 사람의 콧대만 높여줄 뿐, 기대했던 칭찬의 효과를 얻기는 어렵다. 누구나 아는 칭찬은 역효과만 불러올 뿐이다. 때문에 이미 알고 있는 사실을 확인하기보다는 의외의 사실을 칭찬할 필요가 있다. 당장 찾지 못했다면 '취재'를 해서라도 새로운 칭찬거리를 찾아야 한다. 이렇게 하면 상대방에게 호기심을 불러 일으켜 확실하게 각인될 뿐 아니라, 잠재능력을 개발시켜 주는 계기가 될 수도 있다.

(4) 칭찬 후에 비난하지 말라

칭찬과 질책에도 순서가 있다. 최효진 사장은 "사람들은 질책하는 것이 미안해 칭찬을 먼저 하고 비난 하는 것이 좋다고 착각한다."며 "그러나 사람들은 대화에서 남는 여운을 중요시하기 때문에 마지막에 한 말에 더 강한 메시지를 느끼게 된다는 사실을 잊어서는 안 된다."고 말한다. 칭찬 후에 질책하게 되면 기분을 증폭시켰다가 갑자기 떨어뜨리기 때문에 오히려 비난의 효과가 확대된다. 그리고 상대방은 칭찬을 했을 때 기쁨보다는 뒤에 이어질 비난을 두려워하기 쉽다. 결과적으로 칭찬을 했더라도 상대방은 비난만 기억하기 때문에 이런 사람과의 대화를 꺼리게 된다. 매도 먼저 맞는 것이 좋다는 말처럼 비난을 먼저 들은 후에 칭찬을 받게 되면, 뒤에 받은 칭찬에 대한 효과가 증폭될 수 있다.

자료원 : AM7 2007년 4월 2일자

사례 5 말을 잘하는 49가지 방법

사람은 태어나서 죽을 때까지 계속 말을 하는데, 어떤 학자의 연구에 따르면 한 사람이 평생 5백만 마디의 말을 한다고 한다.

말 한마디로 천 냥 빚을 갚는다는 말을 돈으로 계산하면(금 한 냥 곱하기 1000) 말 한마디가 6억 원이 되고, 이것을 다시 5백 만으로 곱하면 3천조 원이란 천문학적인 계산이 나온다.

원석도 갈고 다듬으면 보석이 되듯 말고 갈고 닦고 다듬으면 보석이 된다.

01. 같은 말이라도 때와 장소를 가려서 해야 한다. 한 곳에서의 히트곡이 다른 곳에서는 소음이 된다.

02. 이왕이면 다홍치마다. 말에도 온도가 있으니 썰렁한 말 대신 화끈한 말을 쓰도록 한다.

03. 내가 하고 싶은 말에 열을 올리지 말고, 상대방이 듣고 싶어 하는 말을 해야 한다. 나 이외에는 모두가 우수 고객이다.

04. 입에서 나오는 대로 말해선 안 된다. 체로 거르듯 곱게 말해도 불량률은 생기기 마련이다.
05. 상대방을 쳐다보며 말해야 한다. 눈이 맞아야 마음도 맞게 된다.
06. 풍부한 예화를 들어가며 말해야 한다. 예화는 말의 맛을 내는 훌륭한 천연 조미료다.
07. 한 번 한 말을 두 번 다시 해서는 안 된다. 듣는 사람을 지겹게 하려면 그렇게 해도 좋다.
08. 일관성 있게 말해야 한다. 믿음을 잃으면 진실도 거짓이 되어 버린다.
09. 말을 독점 말고 상대방에게도 기회를 주어야 한다. 대화는 일방통행이 아니라 쌍방교류다.
10. 상대방의 말을 끝까지 들어줘야 한다. 말을 자꾸 가로채면 돈 빼앗긴 것보다 더 기분이 나쁘다.
11. 내 생각만 옳다고 생각하면 큰 오산이다. 상대방의 의견도 옳다고 받아들여야 한다.
12. 죽는 소리를 해서는 안 된다. 죽는 소리를 하면 천하장사도 살아남지 못한다.
13. 상대방이 말할 때는 열심히 경청해야 한다. 지방방송은 자신의 무식함을 나타내는 신호다.
14. 불평불만을 입에서 꺼내선 안 된다. 불평불만은 불운의 동업자다.
15. 재판관이 아니라면 시시비비를 가리려 해서는 안 된다. 옳고 그름은 시간이 판결한다.
16. 눈은 입보다 더 많은 말을 한다. 입으로만 말하지 말고 표정으로도 말을 하도록 한다.
17. 조리 있게 말해야 한다. 전개가 잘못되면 동쪽이 서쪽이 된다.
18. 결코 남을 비판해서는 안 된다. 남을 감싸주는 것이 덕망 있는 사람의 태도다.
19. 편집하며 말해야 한다. 분위기에 맞게 넣고 빼면 차원 높은 예술이 된다.
20. 미운 사람에게는 각별히 대하여야 한다. 각별하게 대해 주면 적군도 아군이 된다.

21. 남을 비판해서는 안 된다. 남을 향해 쏘아올린 화살이 자신의 가슴에 명중된다.
22. 재미있게 말하여야 한다. 사람들이 돈 내고 극장가는 것은 재미가 있기 때문이다.
23. 누구에게나 선한 말로 기분 좋게 해주어야 한다. 그래야 좋은 기의 파장이 주위를 둘러싼다.
24. 상대방이 싫어하는 말을 해서는 안 된다. 듣고 싶어 하는 얘기를 하기에도 바쁜 세상이다.
25. 말에도 맛이 있다. 입맛 떨어지는 말을 하지 말고 감칠맛 나는 말을 해야 한다.
26. 또박또박 알아듣도록 말해야 한다. 속으로 웅얼거리면 염불하는지 욕하는지 남들은 모른다.
27. 뒤에서 험담하는 사람과는 가까이 해서는 안 된다. 모진 놈 옆에 있다가 정 맞는다.
28. 올바른 생각을 많이 해야 한다. 올바를 생각을 많이 하면 올바른 말이 나오게 된다.
29. 부정적인 말은 하지도 듣지도 전해서도 안 된다. 부정적인 말은 부정 타는 말이다.
30. 모르면 이해될 때까지 열 번이라도 물어야 한다. 묻는 것은 결례가 아니다.
31. 밝은 음색으로 말해야 한다. 듣기 좋은 소리는 음악처럼 아름답게 느껴진다.
32. 상대방을 높여서 말해야 한다. 말의 예절은 몸으로 하는 예절보다 윗자리에 있다.
33. 칭찬, 감사, 사랑의 말을 많이 사용해야 한다. 그렇게 하면 사람이 따른다.
34. 공통의 화제를 선택한다. 화제가 잘못 되면 남의 다리를 긁는 셈이 된다.
35. 입에서 나오는 대로 말하는 사람은 경솔한 사람이다. 가슴에서 우러나오는 말을 한다.
36. 대상에 맞는 말을 한다. 사람마다 좋아하는 음식이 다르듯 좋아하는 말도 다르기 마련이다.
37. 말로 입은 상처는 평생 간다. 말에는 지우개가 없으니 조심해서 말해야 한다.
38. 품위 있는 말을 사용한다. 자신이 하는 말은 자신의 인격을 나타낸다.

39. 자만·교만·거만은 적을 만드는 언어다. 자신을 낮춰 겸손하게 말한다.

40. 기어들어가는 소리로 말하지 않는다. 그것은 임종할 때 쓰는 말이다.

41. 표정을 지으며 온 몸으로 말한다. 드라마 이상의 효과가 나타난다.

42. 활기 있게 말한다. 생동감은 상대방을 감동시키는 원동력이다.

43. 솔직하게 말하고 진실하게 행한다. 그것이 승리자의 길이다.

44. 말에는 언제나 책임이 따른다. 책임질 수 없는 말은 하지 않는다.

45. 실언이 나쁜 것이 아니라 변명이 나쁘다. 실언을 했을 때는 곧바로 사과한다.

46. 말에는 메아리의 효과가 있다. 자신이 한말이 자신에게 가장 큰 영향을 미친다.

47. 말이 씨가 된다. 어떤 씨앗을 뿌리고 있는가를 먼저 생각한다.

48. 말하는 방법을 전문가에게 배운다. 스스로는 잘하는지 못하는지 판단하지 못한다.

49. 적게 말하고 많이 듣는다. 그래야 넉넉한 사람이 된다.

자료원 : 이상헌 : 산업교수, 칼럼니스트, 기쁨세상PD

사례 6 사람을 판단하는 5가지 원칙

춘추 전국시대 위나라의 왕이 자신의 스승인 이극에게 물었다. "선생이 저를 가르쳐 주시기를 '집안이 힘들고 가난하면 현명한 부인이 절실하게 생각나고, 나라가 혼란하면 어진 재상이 그립다.'라고 하셨습니다. 지금 제가 훌륭한 인재를 등용하고자 하는데, 어떤 사람이 정말 훌륭한 인재인지 가르쳐 주십시오."

왕의 질문에 이극은 인재를 평가하는 기준을 다음의 5가지로 대답하였다.

(1) 우선 평가하려는 사람이 말단에 있을 때 윗사람 중 누구와 친한지 살펴보아야 한다.

지위가 낮은 사람은 자신이 모시고 따를 상사를 찾기 마련이다.

❶ **적임자 천거는 조직을 위한 길**

김 대리와 신입 사원 이눈치는 과연 어느 줄에 서야 자신이 조직에서 살아남을 것인가를 늘 고민하는 사람들이다. 실세는 누구인지, 나를 끌어 줄 능력 있는 사람은 누구인지를 가장 궁금해 하고 어떻게 하든 핵심적인 상사 아래 줄을 서려고 한다. 이런 하급 직원은 훌륭한 인재가 될 수 없다.

자신의 출세를 보장해 줄 힘 있는 사람과 친해지려고 눈치만 보는 사람은 조직에 꼭 필요한 사람이 아니다. 그가 따르는 상관이 어떤 사람인가 하는 것이 결국 그 사람이 어떤 사람인가를 판별하는 중요한 판단 기준이라는 것이다. 실력 있고, 소신 있고, 배울 것 있는 상관을 찾고 모시려는 사람은 확실히 인재가 될 자격이 있다.

(2) 그 사람의 지위가 높아졌을 때 그 사람이 누구를 윗사람에게 천거하는지 살펴보아야 한다.

지위가 높은 사람이 자신보다 능력이 출중한 사람을 윗사람에게 천거하기란 쉽지 않은 일이다. 자신의 자리가 위협을 당할까 전전긍긍하기 때문이다.
전국시대 철학자인 순자는 "군주 곁에 질투하는 신하가 있으면 유능한 인재가 모여들지 않고, 친구 곁에 질투하는 친구가 있으면 훌륭한 친구를 사귈 수 없다."라는 말을 하였다.

유능한 인재를 발굴하여 윗사람에게 천거하는 것이야말로 진정으로 조직을 위하는 관리자의 자세다. 자신의 말에 무조건 복종하고 비위를 맞추는 무능한 사람만 등용하는 사람에 대한 경고다.

(3) 그 사람이 가난할 때 어떤 것을 취하지 않는지 살펴보아야 한다.

훌륭한 인재는 아무리 가난해도 취하지 않는 것이 있다.

자신의 소신을 태산처럼 여기기 때문에 명분 없는 돈과 물질은 취하지 않는다. 어려운 형편에 처하면 대부분의 사람들은 물질의 유혹에 넘어가기 마련이다.

물질의 유혹에 쉽게 넘어가는 사람은 조직에서 큰 그릇의 지도자로 성장할 자격이 없다. 돈 앞에 당당한 사람을 대장부라 했다. 어려운 상황에서 돈의 유혹을 뿌리칠 수 있는 사람이 진정한 인재다.

(4) 부자가 되었을 때 그 사람이 누구와 함께하는지 살펴보아야 한다.

후한을 세운 광무제가 그의 신하 송홍에게 지위가 높아졌으니 부인을 버리고 자신의 누이인 호양공주를 새로운 부인으로 맞이하는 것이 어떠냐고 권유했다.

강직했던 신하 송홍은 황제의 권유에 이렇게 대답했다. "힘들고 가난할 때 사귀었던 친구는 부자가 되었다고 잊어서는 안 되고, 고생과 어려움을 같이 했던 아내는 부자가 되었다고 친정으로 돌려보내서는 안 됩니다." '조강지처(糟糠之妻)'란 고사가 나온 배경이다.

어려울 때 함께했던 부인과 친구를 부자가 되었다고 바꾼다면 훌륭한 사람이 아니라는 것이다. 부자가 되어 지난 시절 자신과 함께 고생했던 사람들을 잊어버린 사람들이 귀담아 들어야 할 이야기다.

(5) 궁지에 몰렸을 때 그 사람이 어떤 일을 안 하는지 살펴보아야 한다.

사람들은 궁지에 몰리면 대부분 어떤 일이든 한다. 평소에 그렇게 깍듯이 모시던 상관을 비난하기도 하고, 자신의 안위를 위하여 조직의 비밀을 서슴지 않고 누설하기도 한다.

정말 자신이 위기에 처하더라도 사람으로서 차마 하지 말아야 할 일은 안 하는 때가 있는 법이다. 목숨을 걸고 의리와 신념을 지킬 수 있는 사람이 인재라 할 수 있다.

인생을 살다 보면 다양한 처지에 처하게 된다. 말단 사원에서 임원이 되기도 하고, 가난했다가 부자가 되기도 하고, 어려운 처지에 처해서 급박한 상황을 맞기도 한다. 중요한 것은 어떤 상황이 되던 그 상황을 정말 당당하게 맞이해야 한다는 것이다. 그런 당당함을 가진 사람이 진정한 인재라 할 수 있다.

박재희 : 민족문화콘텐츠연구원 원장

자료원 : http://blog.naver.com/oxen

사례 7 인품을 갖춘 사람이 되기 위한 키 포인트

우리는 학창시절을 통해 인격자에 대해 배웠다. 인격자란 아는 것, 믿는 것, 행하는 것이 조화를 이루면서 도덕적인 삶을 사는 사람이라 할 수 있다.

동양에서는 인격 완성을 덕(德)의 실현이라고 보았다. 이러한 철학은 오늘날 우리에게 새로운 삶의 방향을 제시하고, 상실된 인간성을 회복해 줄 수 있는 지혜를 제공해 주기도 한다. 우리나라의 대표적인 인격자 중 한 분으로 꼽히는 원효대사는 스스로 도를 깨달음으로써 자신의 인격완성을 추구하였고, 그것을 바탕으로 다른 사람들의 삶도 구제하려 하였다. 특히 원효의 수행 자세는 믿음을 통한 앎에 있었다고 해도 지나친 말이 아니다.

반면 서양에서는 가지고 있는 지식 못지않은 실천을 강조한다. 미국의 인격자 프랭클린은 바른 삶을 살기 위해 "배부르도록 먹지 말라. 취하도록 마시지 말라. 해야만 할 일은 할 결심을 하라. 결심한 일은 반드시 실행하라. 시간을 낭비하지 말라. 언제나 유익한 일에 종사하라. 쓸데없는 행위는 끊어버리자."고 강조한다.

동양에서는 인격 완성을 덕(德)의 실현이라고 보았다. 이는 오늘날 우리에게 새로운 삶의 방향을 제시한다. 선과 진리의 아름다움에 이끌려 또는 그것을 추구하는 숭고한 생각에 의해 자신이 드높아짐을 느끼지 않는 사람은 없을 것이다. 세상엔 고귀한 이상을 말하는 사람은 많으나 참된 인격자라고 말할 만한 사람은 적다. 비록 고귀한 이상을 갖고 있진 못하더라도, 또 참된 인격자라고 말하지 못하더라도 자신이 바라는 이상을 위해 열심히 노력하는 길이야말로 최선일 것이다.

자료원 : http://blog.daum.net/hopeclub

사례 8 진정한 성공의 열쇠는 무엇인가

- 행복경영 가이드 : 위대한 봉사자, 베푸는 자가 돼라

'자주 그리고 많이 웃는 것, 현명한 이에게 존경을 받고, 아이들에게서 사랑을 받는 것, 정직한 비평가의 찬사를 듣고, 친구의 배반을 참아내는 것, 아름다움을 식별할 줄 알며, 다른 사람에게서 최선의 것을 발견하는 것, 건전한 아이를 낳든, 한 뙈기의 정원을 가꾸든, 사회 환경을 개선하든 자기가 태어나기 전보다 세상을 조금이라도 살기 좋은 곳으로 만들어 놓고 떠나는 것, 자신이 한때 이곳에서 살았음으로 해서 단 한 사람의 인생이라도 행복해 지는 것'

이것이 진정한 성공이다. 랄프 왈도 에머슨의 유명한 '무엇이 성공인가' 라는 글이다. 사람들은 성공을 꿈꾸며 하루하루 살아가고 있지만, 정작 인생에서의 성공의 의미를 제대로 정립한 사람은 많지 않다.

하버드대학 의대 교수 조지 밸런트가 268명의 하버드대 졸업생, 456명의 보스턴 도심의 청소년, IQ 135이상인 682명의 캘리포니아 여성들의 수십 년간의 인생을 추적조사한 결과, 일에서 성공을 이룬 사람들은 자기가 가진 것을 남에게 나눠주고(give the self away) 보살펴주는(care) 삶에서 진짜 행복을 느끼는 것으로 밝혀졌다.

"성공이 행복의 열쇠가 아니라 행복이 성공의 열쇠다. 자신의 일을 진심으로 사랑하는 사람이라면 그는 이미 성공한 사람이다. 가장 행복한 사람으로 찬양 받을 만한 사람은 가장 많은 사람을 행복하게 해준 사람이다." 라는 알버트 슈바이처 박사의 말도 궤를 같이한다.

헨리 밀러는 '성공하고 싶다면 위대한 봉사자, 베푸는 자가 되어라. 그것이 바로 당신을 성공으로 이끄는 왕도이다'라고 말한다. 인생에 있어서의 성공은 돈을 많이 버는 것이 아니라, 내가 있음으로 인해 세상을 더 살기 좋은 곳으로 만들어 놓고 떠나는 데 있음을 기억해야 한다.

자료원 : 머니투데이 2007년 4월 9일자

사례 9 스마일의 힘 – 서비스·영업직에서 성공하는 '스마일 노하우'

"자, 제가 배우 장동건이라고 생각해 보세요. 그리고 환호성을 질러 보세요. 고객을 대할 때 그 정도의 자세가 돼야 합니다."

지난달 26일 오전 7시 서울 신촌 현대백화점 1층 화장품 매장이다. 아직 문을 열기 전 시간이지만 매장 중간 통로에 20명 남짓한 직원이 모여 앉아 강의를 듣고 있다. 이들은 '스마일 세일즈 교육'에 참가한 아모레퍼시픽 영업사원이다. 이들 앞에서 손짓 발짓을 해가며 웃음보를 터뜨리는 이는 유머경영연구소의 양내윤 소장이다. 양 소장은 매장에서 고객을 대하는 법, 손님을 편하게 하는 말투와 행동 등을 주로 가르치며 유머의 중요성을 강조한다.

이날 강의 내용을 바탕으로 서비스·영업직에 도전하는 이들이 갖춰야 할 소양이나 자세 등을 살펴본다.

도움말:취업포털 커리어 김기태 대표

(1) 면접관을 웃겨라

최근 삼성경제연구소가 국내 최고경영자(CEO) 631명을 대상으로 조사한 결과 직원 채용 시 "유머가 풍부한 사람을 눈여겨본다."고 응답한 비율이 50.9%로 절반 이상이었다. 어떤 분야든 재치 있는 사람이 일을 잘한다고 보는 것이다.

양 소장은 "특히 근무 시간 내내 사람을 대해야 하는 서비스·영업직의 경우 유머 감각이 더욱 필요하다"고 강조한다. 그에 따르면 누구든지 유머 감각은 타고난다. 누구나 자신의 스타일에 맞게 유머 감각을 개발하면 된다고 한다.

면접 자리에서 주눅 들지 않고 유머 감각을

발휘하려면 순발력이 중요하다. 이 역시 부단한 노력과 연습에 의해서만 가능하다고 한다. 평소 코미디 프로의 내용이나 유행하는 이야기 등을 익혀 두는 것도 많은 도움이 된다. 엄숙한 일대일 면접에선 적합하지 않겠지만 합숙 평가나 술자리 등에서 사용하면 효과 만점이다.

(2) 취업 후에도 아이디어를 내라

입사한 뒤 '재치 있는 사람'이라고 평가받으면 조직에 적응하는 게 한결 쉬워진다.

업무 중 여러 가지 아이디어를 내야 이런 평가를 받을 수 있다. 양 소장은 최근 매스컴에서 자주 소개된 '총각네 야채가게'의 성공 노하우를 예로 든다. 이들은 상품 팻말에 <당근-나 좋아하니? 당근이지>, <홍고추-나도 붉은 악마!>, <쪽파-어머! 쪽 팔려>라는 식으로 적절한 유머를 섞어 썼다. 이러한 상품소개는 주부 고객으로부터 큰 인기를 끌었고, 이런 유머 감각은 이 업체가 성장하는 데 크게 이바지했다고 한다.

(3) "진실함을 전하라"

양 소장은 사람의 감정은 말투와 언어 내용보다 눈빛에서 훨씬 많이 드러난다고 강조한다. 실제로 이날 직원들을 두 명씩 짝지어 한 명의 입과 코를 가리고 눈만 보여준 채 분노·기쁨·사랑·우울 등의 감정을 드러내게 했다.

그랬더니 70% 정도가 눈빛만 보고도 상대의 감정을 알아챌 수 있었다.

양 소장은 "옛 잠언 중 '물가에서 적응하려면 악어와 친해져라'는 말이 있다."며 "자신이 대하는 사람에 대해 귀하게 여기는 마음을 가져야 한다."고 강조한다. 억지웃음이나 과잉친절은 대부분 손님에게 금세 간파 당한다는 것이다. 양 소장은 "요즘 서비스·영업직을 뽑는 회사들은 고객과의 모의 상황 테스트를 거쳐 직원을 뽑기도 한다."며 "이때 역시 '내가 정말 사랑하는 사람을 대하고 있다'는 마음가짐을 갖는 게 가장 중요하다"고 조언한다.

: 취업포털 커리어 김기태 대표

자료원 : 중앙일보 2006년 11월 14일자

사례 10 성공한 리더의 10가지 특성

01. 당신이 어떻게 생각하느냐가 가장 중요하다! 항상 적극적으로…실패가 아니라, 성공을 생각하라. 부정적 환경을 경계하라. (How you think is everything! Always be positive. Think success, not failure. Beware of a negative environment.)

02. 당신의 참된 꿈과 목표를 정하라! 당신의 특별한 목표를 기록하고 그 목표에 도달할 계획을 개발하라. (Decide upon your true dreams and goals! Write down your specific goals and develop a plan to reach them.)

03. 행동으로 옮겨라! 행동이 없다면 목표는 아무런 의미가 없다. 지금 시작하는 것을 두려워하지 말라. 바로 시작하라. (Take action! Goals are nothing without action. Don't be afraid to get started now. Just do it!)

04. 쉬지 말고 학습하라! 학습을 위하여 학교로 되돌아가거나 독서를 하라. 교육훈련을 받고 스킬을 연마하라. (Never stop learning! Go back to school or read books. Get training and acquire skills!)

05. 끈기를 갖고 열심히 일하라! 성공은 단거리 경주가 아니라 마라톤과 같다. 결코 포기하지 말라. (Be persistent and work hard! Success is a marathon, not a sprint. never give up!)

06. 상세히 분석하는 것을 배우라! 모든 사실과 모든 정보데이터를 모으라. 당신의 실패로부터 배우라. (Learn to analyze details! Get all the facts, all the input. Learn from your mistakes!)

07. 당신의 시간과 돈에 집중하라! 다른 사람들이나 다른 것들이 당신을 미혹치 못하게 하라. (Focus your time and money! Don't let other people or things distract you!)

08. 혁신을 두려워하지 말라! 차별화 하라. 다수를 따르는 것은 평범한 사람이 되는 확실한 방법이다. (Don't be afraid to innovate! Be different! Following the herd is a sure way to mediocrity!)

09. 사람들을 효과적으로 대우하고 커뮤니케이팅하라! 사람은 고립된 섬이 아니다. 다른 사람들을 이해하고 동기부여 하는 방법을 배우라. (Deal and communicate with people effectively! No person is an island. Learn to understand and motivate others!)

10. 정직하고 신뢰할 수 있도록 하라! 책임을 지라. 그렇지 않으면, 1에서 9까지의 성공비밀숫자는 중요하지 않다. (Be honest and dependable! Take responsibility! Otherwise, success secrets number one through nine won't matter!)

원제 : Ten Secrets of Success

출처 : Daily page on "Leaders & Success" by Investor's Business Daily Newspaper

참고문헌

■ 권석만, 젊은이를 위한 인간관계의 심리학, 학지사, 2004.
■ 금한나, 이미지와 국제 매너, 한올출판사, 2007.
■ 김득중 외, 우리의 전통예절, 한국문화재보호협회, 1988.
■ 김세환, 친절과 에티켓, 학문사, 2003.
■ 김은희 외, 대학 이미지 연출, 학문사, 2004.
■ 김은희 외, 예절과 서비스, 대왕사, 2002.
■ 김창훈, 국제예절과 생활에티켓, 샘터, 2000.
■ 노버트 엘리아스 원저, 윤희수 옮김, 문명화 과정 매너의 역사, 도서출판 신서원, 1998.
■ 문화관광부, 1~3급 관광호텔 서비스 매뉴얼, 2003.
■ 미래서비스아카데미, 서비스 매너, 새로미, 2006.
■ 박종원, 읽으며 배우는 직장예절, 학현사, 2003.
■ 박한표, 글로벌문화와 매너, 한올출판사, 2005.
■ 박한표 외, 현대인과 국제매너, 한올출판사, 2004.
■ 박혜정, 고객서비스실무, 백산출판사, 2005.
■ 손일락·이채안·홍미선, 국제 매너의 이해, 한올출판사, 2007.
■ 양희옥, 대학 매너 실무, 형설출판사, 2004.
■ 오흥철 외, 글로벌 매너 완전정복, 학현사, 2005.
■ 이동희 외, 매너와 이미지 메이킹, 형설출판사, 2004.
■ 임붕영, 서비스 바이러스, 무한기획, 2002.
■ 정연아, 나만의 이미지가 성공을 부른다, 느낌이 있는 나무, 1999.
■ ---- , 성공하는 사람에겐 표정이 있다, 명진출판, 1998.
■ 진행규, 고객감동 대화기술, (주)CS 경영연구소, 1999.
■ 차석빈 외, 펼치면 매너가 보인다, 현학사, 2003.
■ 최광선, 인간관계 명품의 법칙, 리더북스, 2011.
■ 최동열, 관광서비스론, 기문사, 2000.
■ 최배영 외, 인간관계와 매너의 첫걸음, 이담북스, 2011.
■ 허순득, 생활 속의 이미지 연출, 형설출판사, 2004.
■ 호텔신라 서비스교육센터, 현대인을 위한 국제 매너, 김영사, 1994.

■ 비아이씨인터내쇼날(주), 전문가 양성과정 매뉴얼.
■ 서울힐튼호텔, 예절교육 매뉴얼.
■ --------- , Service Manual(기본편).
■ --------- , Standard Operating Procedures Manual(서비스기본매너).
■ 에이치디엠아이(주), 호텔같은 병원만들기 매뉴얼.

■ 웰비스서비스아카데미, Professional Service Innovation Course I 매뉴얼.
■ 이상헌(산업교수·칼럼니스트·기쁨세상PD)교수의 칼럼.
■ 청주대학교, 2006 취업가이드, 청주대학교 학생취업지원실.

■ 머니투데이, 2007년 4월 9일자.
■ 문화일보, 2008년 2월 4일자.
■ 세계일보, 2005년 11월 14일자.
■ 조선일보, 2007년 7월 25일자.
■ ------, 2008년 2월 27일자.
■ ------, 2008년 3월 8일자.
■ 중앙일보, 2006년 11월 14일자.
■ ------, 2007년 6월 5일자.
■ AM7, 2007년 4월 2일자.
■ --- , 2007년 4월 9일자.

■ Aliki, S.S, Manners, Morrow, 1993.
■ Beyer, Kay, The Value of Good Manners, Rosen Group, 1992.
■ Mary Mitchell, John, The Complete IDIOT's Guide to Etiquette, Alpha Books, 1999.

■ http://blog.daum.net/angelyy0830
■ http://blog.daum.net/hopeclub
■ http://blog.daum.net/ktmi-org
■ http://blog.empas.com/servicekorea
■ http://blog.naver.com/lmysunhp
■ http://blog.naver.com/oxen
■ http://blog.naver.com/songjayoo
■ http://cafe.daum.net/happinessdr
■ http://cafe.daum.net/HOTELKOREA
■ http://cafe.daum.net/printease
■ http://cafe.daum.net/WantSuccess
■ http://cafe.naver.com/prosvc
■ http://cafe.vipup.com/seon0656
■ http://community.yeongnam.com
■ http://en.wikipedia.org/wiki/Netiquette
■ http://myhome.naver.com/gcs1024/gcs/menu/table-manners.htm
■ http://www.bizforms.co.kr/bizcontents/manner
■ http://www.career.co.kr
■ http://www.gmarket.co.kr
■ http://www.positive.co.kr

▌저자약력

▪ 김영식

• 학력 사항
세종대학교 대학원 호텔경영학과 졸업(경영학 석사)
청주대학교 대학원 경영학 박사(관광·호텔경영 전공)

• 경력 사항
(주)씨디엘호텔코리아-밀레니엄 서울힐튼호텔
웰비스(주)-안양유스호스텔 총지배인
주식회사 레스쿨 대표이사
성덕대학교, 수원과학대학교, 대림대학교, 신흥대학교 겸임교수
상지대학교·동양대학교 등 강사

현) 한국산업인력공단 국가자격시험 출제위원 및 면접위원
한국능력교육개발원 커피자격검정시험 심사위원
한국관광협회, 제주관광협회 호텔 등급 결정 평가위원
한국소비자원 CCM(소비자 중심 경영 인증제도) 심사위원
청주대학교 관광호텔경영학부 교수

매너와 에티켓

발행일 I 2021년 3월 12일

발행인 I 모흥숙
발행처 I 도서출판 새로미

저 자 I 김영식

주 소 I 서울 용산구 한강대로 104 라길 3
전 화 I 02) 523-5903~4
팩 스 I 02) 2693-2437

E-mail I seromi@seromi.kr
Homepage I www.seromi.kr

ISBN I 978-89-6476-762-7 (93320)
정 가 I 19,000원